AF747810

Jacques Delga

L'ASSOCIATION SYNDICALE LIBRE (ASL)

Un mode de gestion alternative de la copropriété

L'Harmattan

© L'Harmattan, 2022
5-7, rue de l'École-Polytechnique ; 75005 Paris
http://www.editions-harmattan.fr
ISBN : 978-2-343-25540-8
EAN : 9782343255408

Sommaire

SOMMAIRE 7

INTERET DE L'OUVRAGE 11

REMERCIEMENTS 13

LIVRE I :
LES PRINCIPAUX DOCUMENTS CONCERNANT LE LOTISSEMENT RÉGI PAR UNE ASL

TITRE I : Le cahier des charges 23

Chapitre I : Approche globale du cahier des charges dans les ASL ... 25
Chapitre II : Approche plus spécifiquement juridique 31
Article L442-10 66

TITRE II « Le règlement intérieur dans les ASL » 83

TITRE III : Etude succincte des statuts de l'ASL 91

TITRE IV : Le règlement du lotissement 97

LIVRE II :
COMPARAISON ENTRE L'ASL ET DIVERSES FORMES D'ASSOCIATIONS SYNDICALES ET DISTINCTION ENTRE L'ASSOCIATION SYNDICALE LIBRE ET LA COPROPRIÉTÉ

Chapitre I : Comparaison entre l'Association syndicale libre ASL, l'association foncière urbaine, l'AFUL, association syndicale autorisée, l'ASA association syndicale d'office 105
Chapitre II : Distinction entre l'association syndicale libre et la copropriété 109
Chapitre III : De quelques problèmes particuliers dus au fait qu'un immeuble sous régime de copropriété soit situé dans le périmètre de l'ASL « Incidences possibles sur la participation des copropriétaires de l'immeuble aux assemblées de l'ASL et éventuellement sur les charges de la copropriété » 115

LIVRE III : CRÉATION ET INDIVIDUALISATION DES ASL

TITRE I : Création de l'association syndicale libre, brève comparaison avec la création d'une AFUL, mise en conformité des statuts 125

Chapitre I : Règles de fond relatives à la création de l'ASL 127
Chapitre II : Règles de forme « Formalités »......................................131
Chapitre III : Création d'une Association foncière urbaine AFUL..133
Chapitre IV : Mise en conformité des statuts de l'ASL.....................135

TITRE II : Individualisation de l'ASL 143

Chapitre I : Dénomination de l'ASL 145
Chapitre II : Membres de l'Association syndicale libre 147
Chapitre III : Objet de l'association syndicale libre 153
Chapitre IV : Siège social de l'association syndicale libre.................161
Chapitre V : Durée de l'ASL /Dissolution 163

LIVRE IV : LES ASSEMBLÉES

TITRE I : Composition et convocation 167

Chapitre I : Composition des assemblées et représentation des colotis..169
Chapitre II : Convocation des assemblées et représentation des colotis..173

TITRE II : Voix Quorum Majorités..175

Chapitre I : « Les voix dans les assemblées et la représentation des colotis...177
Chapitre II : Le Quorum dans les ASL..181
Chapitre III : Les conditions de Majorités dans les assemblées (ASL) 185

TITRE III : Rôle des assemblées, Tenue des Assemblées, Ordre du jour, Délibérations des assemblées..201

Chapitre I : Rôle de l'Assemblée »..203
Chapitre II : Tenue des assemblées dans les ASL *(dispositions usuelles hors crise sanitaire)* 211
Chapitre III : L'Ordre du jour...213
Chapitre IV : «Délibération générale dans les « assemblées » 217

LIVRE V : LES ORGANES DE GESTION DIRECTE, LE PRÉSIDENT, LE SYNDIC ET LE SYNDICAT

TITRE I : Le président au regard des règles de l'ASL 229

Chapitre I : Règles relatives à la situation personnelle du dirigeant d'ASL en général.......231
Chapitre II : Règles relatives aux attributions du président d'ASL « Attributions réduites et pouvoir de gestion incertain (recours à la jurisprudence ou à un raisonnement par analogie pour déterminer l'étendue de ses pouvoirs) » 241
TITRE II : Syndic et syndicat dans les ASL. Quel droit appliqué dans le silence des textes ?.......261
Chapitre I : Les syndics.......263
Chapitre II : Le syndicat.......283

LIVRE VI DE L'ASL :
CREANCIERE (CHARGES/ REPARTITION DES CHARGES /IMPAYES /REGLES COMPTABLES, RECOUVREMENT DES CHARGES) A L'ASL DEBITRICE

TITRE I : L'ASL créancière.......293
Chapitre I : Charges et répartition des charges.......295
Chapitre II : Charges et règles comptables dans les ASL.......303
Chapitre III : Recouvrement des charges impayées.......309
TITRE II : L'ASL débitrice.......317

LIVRE VII : LA DISSOLUTION D'UNE ASL.......321

CONCLUSION.......343

TABLE DES MATIERES.......347

Intérêt de l'ouvrage

Le droit des associations syndicales libres (ASL) n'est que très rarement enseigné dans les facultés de droit. Les livres de référence sur ce thème sont quasi inexistants. Ce sujet ne fait l'objet que de très peu d'articles de doctrine. Ils sont en nombre bien inférieur à ceux qui dans un domaine un peu voisin en fait mais différent en droit sont consacrés au droit de la copropriété. L'ASL qui offre de grandes libertés est d'une certaine complexité juridique au point qu'il est souvent conseillé aux membres d'avoir recours à un véritable spécialiste lorsqu'ils désirent modifier ou compléter les documents, statuts, cahiers des charges, règlements intérieurs, etc.

Cet ouvrage qui s'appuie sur une certaine expérience de terrain tente de mettre à mal les lieux communs souvent erronés. Les membres des ASL raisonnent souvent par mimétisme, recopient les statuts antérieurs ou ceux de proches, s'appuient sur le droit de la copropriété et imaginent qu'il ne peut exister d'autres solutions. Volontairement nous avons mis implicitement parfois en relief des possibilités souvent ignorées ou qui paraissent interdites ou du moins qui sont rarement utilisées.

Ce livre de nature juridique sous forme de décodage explicatif théorique et pratique s'adresse plus particulièrement aux professionnels de la gestion immobilière, aux juristes avocats, magistrats, notaires chargés du droit immobilier, aux architectes et géomètres, aux membres de la fonction publique chargés de l'urbanisme, ou de l'environnement à tout copropriétaire immobilier désireux de comprendre l'intérêt, le fonctionnement et les textes propres aux associations syndicales libres. Les dirigeants des ASL, les colotis sont naturellement les premiers intéressés.

L'ouvrage concerne aussi les étudiants de droit, comme les étudiants de grandes écoles qui abordent les problèmes d'environnement.

Remerciements

Mes premiers remerciements vont à Anne Marie qui m'a supporté dans tous les sens du terme pour la rédaction de ce livre sur les associations syndicales libres (ASL).

Mes seconds remerciements s'adressent à l'ASL du domaine des étangs de Béon situé à moins d'une centaine de kilomètres de Paris, petit paradis encore peu connu. Les divers colotis qui se croisent n'oublient jamais de se dire bonjour ce qui est significatif d'un état d'esprit.

Mes remerciements s'adressent enfin aux membres du comité syndical et notamment à David Durand président, Véronique Viaud (vice-présidente), Maria Ferreira, Christian Pegriliasco, et bien d'autres dont j'ai pu mesurer les diligences. Tout coloti ne peut être que sensible aux tâches tout terrain (voirie, étangs, station d'épuration, électricité, etc.) de ces bénévoles. Tout juriste serait impressionné par le travail d'un président qui au-delà des tâches matérielles dans lesquelles il s'investit physiquement tente simultanément de comprendre des documents complexes parfois peu compréhensibles pour un professionnel.

Ce livre sur les ASL a pour point de départ le sentiment à l'écoute de divers responsables que le lien social dans un certain nombre d'ASL est affecté par des dissensions du fait d'interprétations distinctes des documents. C'est sans doute en partie vrai. Mais c'est insuffisant. Une étude plus poussée montre que l'ASL est un sujet qui mérite une grande attention, est mal connu, voire volontairement inutilisé par les gestionnaires professionnels de l'immobilier.

Rares sont les ouvrages consacrés à ce thème

Je ne saurais oublier l'apport de divers collègues et confrères. Parmi ces derniers Vanessa Sorin, Docteur ès lettres, enseignante, Le Professeur Julien Laurent (Université Toulouse Capitole Institut des Études juridiques de l'urbanisme et de la construction), Paul Laurent Latapie Avocat spécialisé en droit immobilier, Docteur en droit et enseignant, Fabrice Bien, Professeur de Droit au Groupe ESC Clermont BS et chargé d'enseignement à l'Université Paris-Dauphine, auteur ou coauteur de divers ouvrages juridiques, Bernard Bizet Docteur en Droit ancien avocat, ancien géomètre, professeur de droit et de l'environnement à l'ESSEC.

LIVRE I :

LES PRINCIPAUX DOCUMENTS CONCERNANT LE LOTISSEMENT RÉGI PAR UNE ASL

Introduction
Bref récapitulatif des principaux documents qui régissent le lotissement

Le lotissement selon le Code de l'urbanisme (article 442-1) est défini de la manière qui suit : « constitue un lotissement la division en propriété ou en jouissance d'une unité foncière ou de plusieurs unités contiguës ayant pour objet de créer un ou plusieurs lots destinés à être bâtis ». En bref est qualifié de lotissement le fait de constituer des parcelles sur un terrain en vue de construire sur l'une ou plusieurs d'entre elles. Il s'agit pour le propriétaire d'un terrain de le diviser en plusieurs parcelles chacune bénéficiant du droit de construire puis de vendre cette parcelle. Initialement l'opération était de nature civile. Le rapport entre le propriétaire et les acquéreurs était de nature contractuelle et soumis au droit civil. Mais progressivement les pouvoirs publics qui manquaient de terrain et qui constataient une multiplication anarchique du recours au lotissement sont intervenus. Le lotissement est soumis désormais à un règlement. Le lotissement est donc assujetti de nos jours à des règles de droit public et des règles de droit privé. De là a pu naître un certain nombre de conflits.

Ces lotissements et notamment les parties communes peuvent être gérés par une ASSOCIATION SYNDICALE LIBRE (ASL) régie par plusieurs documents. La liste ne peut être exhaustive. Les trois plus classiques documents concernant l'ASL sont « Les statuts », « Le cahier des charges, » « Le règlement du lotissement ».

Il convient de noter que les lotissements communaux ne connaissent pas d'association syndicale libre (ASL), puisque la gestion des espaces et des équipements communs du lotissement est du ressort de la commune.

– §1 Les statuts de L'ASSOCIATION SYNDICALE LIBRE (ASL)

Les statuts sont relatifs au fonctionnement de la personne morale. Cette personne morale a pour objet la gestion et l'entretien des parties communes et des équipements communs du lotissement (entretiens d'espaces verts, réseaux des eaux, d'électricité, voirie, station d'épuration, équipements sportifs, etc.). Il est des cas où l'ASL est propriétaire (propriété en indivis plus que copropriété de certaines parties communes (le plus souvent les espaces verts et la voierie mais pas toujours). Il en est d'autres où le lotisseur a pu se réserver la propriété des parties communes rarement de toutes ou de certaines d'entre elles.

Les statuts par ailleurs visent souvent mais pas toujours à faire respecter le cahier des charges. Cette mission du cahier des charges (infra) concerne non seulement le respect des biens communs mais aussi le respect de l'usage des parcelles et donc des parties privées (et non privatives) afin d'établir un mode de vie harmonieux (ex réglementation des barbecues, des nuisances sonores (moteurs de tondeuses, de scie, de piscine, etc.).

Les statuts des ASL qui sont de nature contractuelle peuvent être modifiés en assemblée à la majorité, dans des conditions qui ne sont pas nécessairement les mêmes que celles plus « réglementaires » prévues par le droit de la copropriété. En d'autres termes on pourrait imaginer que les décisions ne soient prises qu'à la majorité simple.

– § 2 Le cahier des charges

Un petit historique physique

À l'origine le cahier des charges était joint au règlement du lotissement et soumis à approbation préfectorale. Il s'agissait d'un document unique. Le cahier des charges régissait notamment les rapports entre colotis, le règlement du lotissement, visait la nature des constructions à édifier. Il existait une certaine confusion et parfois ces deux éléments étaient réunis et présentés sous un document unique dont le nom était « règlement et cahier des charges ». Aux environs de fin 1978 un décret sépara cahier des charges et règles d'urbanisme. Par la suite le cahier des charges cessa d'être approuvé par l'administration. Dès lors il ne pouvait s'opposer aussi fortement à l'administration et à une autorisation de construire car il perdait son caractère réglementaire.

Le cahier des charges applicable entre les copropriétaires au sein du lotissement est relatif essentiellement à la bonne entente et à la vie sociale commune entre colotis plus qu'à celle des biens. C'est un élément clef. Il peut édicter des interdictions de nuisances sonores, de divagations d'animaux, de panneaux publicitaires, de divisions ou subdivisions de lots ou autres. Il prévoit souvent des réglementations concernant la hauteur des haies, la possibilité ou non d'activités commerciales ou professionnelles, etc.). Ce cahier des charges réglemente aussi la mise en valeur des propriétés et donc l'usage des parcelles privées (et pas simplement des parcelles communes) dans l'intérêt général en vue de préserver l'harmonie du lotissement[1] (interdiction de caravanes à demeure, interdiction d'abri de jardin, etc.)

Le cahier des charges de nature contractuelle est en principe sans limitation de durée. Il ne devient jamais caduc. Il peut poser en droit un certain nombre de problèmes car s'il contenait à l'origine des clauses de droit privé il contient aussi parfois des clauses qui sont liées au droit de l'urbanisme en raison notamment de la disparition, du règlement du lotissement et de l'insertion de clauses du règlement du lotissement dans le cahier de charges (voir infra).

Dans l'étude juridique (infra) qui suit **il sera souligné les difficultés liées à ce caractère hybride du cahier des charges. Il sera aussi souligné la manière dont il est désormais possible de modifier des clauses du cahier des charges**. À l'origine l'unanimité était requise. La modification d'un contrat n'était possible en principe qu'avec l'accord de tous les signataires.

– §3 Le règlement du lotissement

Le règlement du lotissement de nature réglementaire a son origine dans le décret du 31 décembre 1958 qui fixait les règles et servitudes d'intérêt général concernant les propriétés de biens et notamment les règles d'urbanisme propres au domaine. Il en était ainsi des règles architecturales concernant les constructions, la tenue des clôtures à édifier, etc. **Les conditions (sont) étaient souvent plus sévères que celles du plan local d'urbanisme de la commune (PLU).** Mais ce règlement du lotissement (aujourd'hui aboli) empiétait aussi sur les dispositions du cahier des charges et générait des confusions. Ces considérations peuvent être illustrées en pratique par le fait que dans de nombreuses ASL il n'existait pas de document physiquement distinct. Un seul document était intitulé « règlement et cahier des charges ». De la même manière le règlement du lotissement était parfois confondu en pratique avec les statuts de l'ASL.

---

[1] À propos de la démolition d'un abri de jardin Cass 3 civ 27 juin 2019.

Il convient de souligner à titre annexe et afin de faciliter la lecture de ceux ou celles qui voudraient plus amplement poursuivre que le cahier des charges approuvé (cette notion n'existe plus) pouvait être considéré comme synonyme de règlement du lotissement (qui a disparu).

– §4 Le règlement intérieur

L'établissement d'autres documents est possible et souvent fonction des pratiques. Il existe notamment un document dit « règlement intérieur » qui est présent dans de nombreuses associations classiques et dans un certain nombre d'ASL. L'objet est de préciser ou compléter les statuts. L'intérêt est d'éviter la réunion d'une assemblée modificative des statuts lorsqu'on désire sur des points de détails qui peuvent varier chaque année opérer des modifications (par exemple sur le montant de cotisations ou la date des versements). **Mais il existe aussi dans les faits sous ce même titre « règlement intérieur » des documents de nature distincte qui n'ont rien à voir avec le règlement intérieur tel que décrit ci-dessus** et qui de ce fait génèrent des difficultés de compréhension et qualification comme nous le verrons ultérieurement.

§5 La multiplicité des confusions

En définitive il importe de souligner la diversité des règles, la multiplicité de confusions et la complexité des problèmes rarement perçus, ou qui n'intéressent que peu les colotis. Ces questions sont en pratique souvent réglées non par des professionnels du droit mais par des arrangements peu juridiques qui à la longue peuvent nuire ou mettre en péril l'intérêt général de l'ASL.

Les documents du lotissement bien qu'anciennement souvent matériellement réunis dans un seul cahier ou classeur au titre parfois discutable ou trompeur « ex règlement intérieur » sont régis pour chacun d'eux par des règles propres et ont des durées de validité distincte. On ne peut pour des raisons d'ordre juridique établir un amalgame comme tel est parfois le cas dans la pratique et confondre cahier des charges, règlement du lotissement et statuts ou le droit applicable au cahier des charges et celui applicable aux statuts. Il convient d'ajouter qu'à l'intérieur d'un même document, d'un même intitulé (ex cahier des charges infra) les clauses peuvent être de nature distincte et soumises à des règles différentes. Ainsi en matière de modification du cahier des charges on distinguera les clauses purement contractuelles soumises au droit privé, des clauses d'urbanisme dites réglementaires soumises au Code de l'urbanisme (droit public), des clauses liées à l'urbanisme mais qui ne sont pas dites réglementaires et ne sont donc pas soumises au Code de l'urbanisme car elles ne visent que les seuls colotis sans incidence sur les tiers[2]. Un tel sujet oppose souvent les maires au président du syndicat de l'ASL chacun s'estimant dans son bon droit, désireux de garder ses prérogatives. Des animosités peuvent naître de la sorte. Le juriste pourrait sans doute dénouer le conflit si on veut bien l'écouter !

Une étude juridique approfondie de chacun de ces documents d'ASL fait suite à cette courte présentation.

[2] Sur le sujet voir infra modification du cahier des charges et les Annexes concernant les décisions de la Cour de cassation relatives à la hauteur des haies ou à la réduction de la largeur d'une voie privée d'un lotissement.

TITRE I :

Le cahier des charges

Le nouveau président bénévole élu est souvent à la recherche du cahier des charges. On lui en a parlé. Il sait que cela existe. Il en a fait la demande auprès du gestionnaire. On lui a adressé des statuts. On lui a adressé un règlement. Il n'a pas reçu le cahier des charges. En réalité le cahier des charges figure bien souvent dans un dossier que certains dénomment règlement intérieur. Mais il ne s'agit nullement d'un véritable règlement intérieur des statuts. Ce dossier quand il existe contient un certain nombre de documents du lotissement dont souvent, pas toujours, le cahier des charges.

Chapitre I :

Approche globale du cahier des charges dans les ASL

Préambule : le cahier des charges n'est pas obligatoire à la différence des statuts

Un cahier des charges n'est pas obligatoire dans un lotissement mais il est généralement établi. À partir du moment où il existe, il s'impose à tous les colotis. Il demeure un des éléments essentiels pour régir la vie du lotissement et surtout celle des colotis entre eux. C'est un document dit de droit purement privé et de nature contractuelle qui, quels que soient son contenu et son ancienneté, fait la loi entre les colotis et entre le lotisseur et les colotis.

Section 1 Approche du cahier des charges par comparaison avec le règlement du lotissement

Le cahier des charges était élaboré à l'origine par le lotisseur. Le rédacteur de nos jours est le notaire. Le cahier des charges régit les relations de vie sociale entre les acquéreurs des lots (les colotis) et ces acquéreurs et le lotisseur. Il a pour but de permettre en édictant des droits et obligations de chacun dans la communauté de générer une certaine harmonie entre les acquéreurs des lots (les colotis). Il se préoccupe de la gestion des parties communes, des nuisances, des règles de bon voisinage essentielles dans un lotissement. De manière plus générale le cahier des charges vise la qualité de vie sociale que l'on veut donner au domaine. Le cahier des charges poursuit un but un peu similaire à celui du règlement du lotissement mais d'une autre façon afin de protéger par exemple l'unité, le charme, l'intégrité, l'harmonie de la vie collective. Il se distingue du règlement du lotissement qui a (avait) surtout pour finalité de compléter les règles d'urbanisme, de les rendre parfois plus contraignantes afin d'enjoliver le paysage et d'améliorer la qualité de vie.

On aurait souhaité écrire dans un souci de simplification et de mémorisation que le cahier des charges, sorte de charte contractuelle du lotissement à la différence du règlement de lotissement, n'est pas concerné par les règles d'urbanisme. Mais là est bien tout le problème. D'une part la frontière est parfois étroite entre ce qui relève des règles de l'urbanisme (règlement du lotissement) et ce qui relève du bien-vivre entre colotis (règlement du cahier des charges). D'autre part volontairement, suite à la disparition du règlement du lotissement, de nombreux cahiers des charges incorporent des règles d'urbanisme. Il conviendra ultérieurement de procéder à cet examen et d'en tirer les conséquences (infra).

Section 2 Contenu du cahier des charges « quelques exemples »

Sous-section 1 Contenu originaire

Le cahier des charges se préoccupe notamment des nuisances, de la répartition des charges, de la nature des clôtures, des règles de bon voisinage essentielles dans un lotissement, etc. Le cahier des charges peut instaurer à titre d'exemples et à la lumière de l'étude de nombreuses ASL une réglementation concernant le bruit, notamment des tondeuses, des moteurs de piscine, de scies, etc., les jours et les horaires de tonte de gazon, les horaires où il est possible d'utiliser un matériel bruyant (tronçonneuse) le rangement des poubelles en attente d'être vidées, le séchage du linge à l'extérieur, les obligations de bon entretien des propriétés privées ou des abords communs, l'aménagement des jardins et des façades, des haies ou des arbres ; les arbres pouvant être coupés, et ceux interdits d'abattage dans les propriétés privées, le choix des essences à privilégier concernant la végétation, l'entretien et l'usage des jardins, la nature des clôtures autorisées, végétales ou en pierre, la hauteur des haies (la hauteur des haies relève bien du cahier des charges sans caractère réglementaire[1], la pose des antennes (en sens contraire absence d'effet du cahier des charges sur la pose d'antennes[2] du fait de la loi sur le droit à l'antenne du 2 juillet 1966), l'usage des parties communes, la possibilité d'exercer ou non dans le lotissement des activités commerciales, industrielles ou libérales, la possibilité de faire de la publicité, les

---

[1] Cass 3 civ, 12 juillet /2018 RG n° 17-21.081

[2] Cass 3 civ, 25 septembre 2002

servitudes privées entre les divers lots pour passage des canalisations ou ouverture de vannes individuelles ou compteurs qui sont parfois chez le voisin, l'usage des parties communes, etc., etc. Les servitudes qui existent entre les lots peuvent aussi figurer dans le cahier des charges.

Sous-section 2 Insertion possible dans le cahier des charges de dispositions liées à l'urbanisme.

Dans les faits de nombreux cahiers des charges comportent non seulement des règles de droit privé comme précisé antérieurement mais aussi des règles de droit public et plus précisément des clauses liées à l'urbanisme. On dit ainsi que le cahier des charges a un caractère hybride (de là naissent bien des difficultés) bien que par nature ce contrat indépendamment des clauses soit considéré comme un contrat de droit privé. La notion de caractère hybride en l'espèce n'a pas de signification juridique. Il s'agit d'un constat de fait.

La raison du caractère dit hybride des clauses figurant dans le cahier des charges repose sur une double considération.

La première est que la frontière est parfois étroite entre ce qui relève des règles de l'urbanisme (règlement du lotissement Code de l'urbanisme) et ce qui relève du bien-vivre social entre colotis (règlement du cahier des charges). Il peut donc exister des confusions voire des chevauchements entre les réglementations (hauteur des haies par exemple, nombre maximum de lots, réduction de la largeur d'une voie privée). Des décisions contradictoires ont déjà été rendues. Tantôt le droit privé a été appliqué, et donc les prescriptions du cahier des charges tantôt l'aspect réglementaire du droit public a prédominé et donc le Code de l'urbanisme (voir Annexes infra hauteur des haies).

La seconde est que les colotis, à partir du moment où ils ont appris la disparition du règlement du lotissement (voir supra le cahier des charges), ont cherché à insérer dans le cahier des charges un certain nombre de clauses qui existaient dans le règlement du lotissement. Or ces clauses visaient le plus souvent et très naturellement des règles liées à l'urbanisme. Certes de telles clauses ne sont pas opposables aux tiers. Mais elles sont contractualisées dans le cahier des charges et pourraient être opposables aux colotis (voir infra).

Section 3 Pratique « La remise du cahier des charges »

La loi (art L 442-7 Code urbanisme) prévoit que le cahier des charges doit être remis à tout acquéreur (ainsi qu'à tout locataire (art L 442-7 Code urbanisme). En pratique le notaire procède à cette remise lors de l'acte d'acquisition du lot. Le cahier est annexé aux actes de vente successifs du lot. Il s'impose à tous les colotis. En sus d'un écrit réglementant la vie collective du lotissement, l'utilisation des parties communes et l'usage des biens, le cahier des charges comporte souvent en annexe un plan des parcelles que le géomètre a pu établir et les caractéristiques des bâtiments privés ou communs ainsi que les servitudes.

Il apparaît à l'expérience que dans certaines ASL le cahier des charges ou son contenu n'est pas évident en fait à repérer. Cela ne signifie pas nécessairement qu'il n'existe pas, bien qu'il ne soit nullement obligatoire. Le terme cahier des charges ou son contenu apparaît parfois dans un document sous un autre intitulé plus général tel par exemple celui de « Règlement » ou même de « règlement intérieur » Sous le titre de règlement intérieur sont parfois insérés le règlement du lotissement, le cahier des charges voire aussi les statuts. Cette appellation « règlement intérieur » risque de générer des confusions dans la mesure où le terme règlement intérieur est généralement utilisé pour désigner le document qui complète ou précise les statuts. Cet intitulé d'ordre général risque aussi de donner à penser ce qui serait grave qu'un même droit régit les statuts et le cahier des charges.

Section 4 Distinction entre le cahier des charges et les statuts

Les statuts portent sur la personne morale associative ASL, son organisation et son fonctionnement. Le règlement du lotissement concerne les biens du lotissement de l'ASL essentiellement régis par le Code de l'urbanisme ou complémentaire au Code de l'urbanisme. Le cahier des charges concerne les règles destinées à favoriser un bon voisinage entre colotis d'où des dispositions relatives aux conditions d'utilisation et d'aménagement des biens et du matériel (exemples : limitations de véhicules, limitation des nuisances sonores, entretien des parcelles et des raccordements privés, horaires d'utilisation des espaces en commun dont aire de repos, espaces verts, espaces de stationnement, etc.).

Il peut arriver que des clauses des « statuts » de certaines ASL déterminent les modalités de modification du cahier de charges. Il n'est donc pas évident en pratique de trouver ce renseignement en feuilletant le seul cahier des charges. Il convient de nos jours de le savoir car en droit jusqu'à ces dernières années la clause de modification du cahier des charges ne pouvait être insérée à peine de nullité dans les statuts. Un arrêt récent de la Cour de cassation reconnaît actuellement la validité d'insertion de la clause dans les statuts et non dans le cahier des charges.

Il convient de noter de même que les conditions relatives à la modification du cahier des charges ont évolué. À l'origine l'unanimité des signataires était nécessaire. De nos jours les modifications des règles du cahier des charges touchant à l'urbanisme[3] ont été adoucies. Elles ne nécessitent plus l'unanimité mais une majorité qualifiée dite des deux tiers[4]. En revanche une clause des statuts autorisant la modification à la majorité moindre nous paraît invalide.

[3] Application l'article L 442-10 Code de l'urbanisme

[4] Infra art L442-10 Code urbanisme

Chapitre II :

Approche plus spécifiquement juridique

Le cahier des charges dans l'ordre juridique hiérarchique se situe en théorie au-dessus de statuts. Mais il arrive que les magistrats privilégient parfois les statuts. Un arrêt en date du 12 mars de la 4e chambre A de la cour d'appel d'Aix indique ainsi que le cahier des charges ne peut déroger aux stipulations des parties. L'étude juridique du cahier des charges est complexe, notamment en cas de modifications des clauses car il n'est pas toujours évident de savoir le droit applicable (droit privé des contrats ou droit de l'urbanisme ?). Le Conseil constitutionnel, le Conseil d'État, la Cour de cassation ont eu à se prononcer à diverses reprises.

Sous-chapitre 1 Généralités

Section 1 Un document intitulé « cahier des charges » n'est pas nécessairement un cahier des charges

On ne peut se fier à la seule appellation formelle de « cahier des charges » pour qualifier un document de cahier des charges, de même qu'on ne peut se fier à la mention « mise en conformité des statuts » pour avoir la certitude que les statuts de l'ASL ont bien été mis en conformité (sur le sujet voir infra « Mise en conformité »). Le fond l'emporte sur la forme, sur la qualification formelle. Ainsi le juge doit restituer leur exacte qualification aux actes litigieux invoqués[1]. Les tribunaux doivent donc vérifier la réalité juridique de la contractualisation. Le fait de remettre des documents du lotissement à un acquéreur de lot (le règlement du lotissement est de nos jours caduc) qui affirme en avoir intégralement pris connaissance et y être assujetti

[1] Cass. 3e civ., 3 mai 2018, n° 17-17294

ne permet pas de caractériser une volonté non équivoque des colotis de contractualiser ce règlement ou certaines de ses dispositions[2].

La volonté de faire partie du contrat doit être manifeste. Le Code de l'urbanisme indique[3] que « la seule reproduction ou mention d'un document d'urbanisme ou d'un règlement de lotissement dans un cahier des charges, un acte ou une promesse de vente ne confère pas à ce document ou règlement un caractère contractuel ». Les règles spécifiques d'urbanisme intégrées dans le cahier des charges doivent faire l'objet de dispositions explicites et non équivoques[4].

Ainsi dans une décision de la Cour de cassation du 29 septembre 2016[5]. les magistrats ont considéré qu'il appartient au juge du fond d'estimer si une clause du cahier des charges est suffisamment distincte de la seule reproduction d'un document ou d'un règlement pour démontrer la volonté de contractualisation. Tel était le cas dans l'affaire résumée ci-dessous[6].

Selon l'arrêt attaqué (Aix-en-Provence, 13 mai 2015), M. et Mme H..., propriétaires du lot n° 15 situé dans un lotissement, l'ont divisé en trois nouveaux lots, un bâti (C) et deux non bâtis (A et B), et ont vendu, par acte du 19 septembre 2007 dressé par M. X..., notaire, le lot A à Mme I... et M. J..., qui ont entrepris l'édification d'une maison et d'un garage ; Plusieurs colotis, estimant le projet contraire au cahier des charges du lotissement, ont assigné en démolition de la construction entreprise, M. et Mme H..., Mme I... et M. J..., lesquels ont formé une demande subsidiaire en nullité de la vente et ont appelé M. X... en garantie ;

Mais attendu selon la Cour de cassation qu'ayant retenu souverainement que l'article 3-02 **du cahier des charges du lotissement, prévoyant la création d'une construction par lot d'un ou plusieurs logements, n'était pas la reproduction de la règle d'urbanisme plus contraignante prévoyant une seule construction d'un logement par lot** et exactement que cette règle du cahier des charges avait un caractère contractuel et était justifiée par la destination du lotissement et engageait les colotis entre eux, la cour d'appel, qui a relevé qu'une construction à usage d'habitation avait déjà été édifiée

---

[2] Cass. 3e civ., 21 mars 2019, n° 18-11424, publié au Bulletin

[3] art 115-1 Code urbanisme

[4] Rép. min. n° 8903 : JOAN 10 mars 2003, p. 1847 ; Rép. min. n° 10317 : JOAN 28 avril. 2004, p. 3346

[5] Cass 3 civ III du 29sept 2016, 15-25 .017

[6] Cass. 3e civ., 29 sept. 2016, n° 15-22.4

sur le lot n° 15, n'a pu qu'en déduire, sans dénaturation, que M. J... et Mme I... devaient démolir la construction édifiée ;

D'où il suit que le moyen n'est pas fondé ;

Il convient d'ajouter qu'à l'inverse du titre de la section 1 un document intitulé par exemple « Règlement » pourrait être qualifié de cahier des charges par les magistrats au regard d'une situation donnée. La décision de la cour d'appel de Rennes en date du 16 janvier 2018 numéro 16 /03850 illustre ce sujet[7].

En l'espèce un document sans nom ou du moins intitulé sans précision autre que « règlement » (mais il y a tant de documents intitulés règlement qu'on ne sait de quoi il s'agit) intégrait dans son contenu des règles d'urbanisme (nombre d'étages, toiture, profondeur mais aussi des dispositions relatives aux rapports des colotis entre eux et des interdits De plus ce document précisait qu'il devait être obligatoirement inséré dans son intégralité à tout acte de vente lors d'aliénations successives. Dès lors ce document est apparu comme un véritable cahier des charges.

Se pose alors la question du contenu du cahier des charges, de la définition d'une clause réglementaire, de l'opposabilité de ces clauses et/ou pour aller plus loin mais dans un sens similaire celui de la modification du cahier des charges.

Section 2 le cahier de charges contrat de droit privé au caractère hybride de facto (clauses contractuelles et clauses réglementaires d'urbanisme)

Le cahier des charges est un contrat de droit privé. Depuis 2017 ce contrat est facultatif.

Toutes les clauses du cahier des charges approuvées ou non approuvées sont contractuelles selon la Cour de cassation[8] bien que certaines soient aussi d'ordre, de nature réglementaire telles les clauses d'urbanisme (sans pour autant comme on le soulignera avoir « valeur » réglementaire).

Lorsqu'on évoque la modification de clauses du cahier des charges il n'est envisagé souvent que la modification des clauses d'urbanisme de nature réglementaire fondée sur l'article 442-10 du Code de l'urbanisme. Il semble pourtant pertinent de prendre en considération

[7] CA Rennes 1ere ch. 16 janvier 2018 numéro 16 /03850
[8] Cass 3 Civ 30 juin 1993 n° 90-19672

les modalités de modification des clauses contractuelles qui ne sont pas par nature réglementaire ou si l'on préfère en l'espèce qui ne sont pas des clauses d'urbanisme au regard du moins de l'article 442-10 qui régit les modifications des clauses du cahier des charges. Une distinction doit être opérée entre la modification de ces clauses purement contractuelles et celles d'urbanisme afin d'éviter des confusions car elles ne sont pas régies de la même manière selon le Conseil d'État (voir infra).

Une définition préalable ou plutôt un essai de définition d'une clause d'urbanisme (en droit il existe peu de définition tant les faits évoluent rapidement) doit être proposée. Un des problèmes réside en effet dans la difficulté de définir la clause d'urbanisme. En substance une clause réglementaire d'urbanisme figurant dans le cahier des charges est une clause dont le contenu est susceptible d'être soumis au droit de l'urbanisme. Les règles d'urbanisme sont des dispositions légales[9] et réglementaires[10] inscrites ou susceptibles d'être inscrites dans le Code de l'urbanisme. À titre d'exemple, les propriétaires qui souhaitent construire ou modifier leur habitation sont soumis à ces règles. Le PLU (Plan local d'urbanisme) en est une illustration. Il a succédé aux POS (Plans d'occupation des sols). Il régit les projets urbains d'une commune (densité des constructions mais aussi environnement) ou d'un groupement de communes (intercommunal). Le Conseil constitutionnel (infra) a compliqué cette approche déjà imparfaite. Il oppose dans le cadre d'une question liée à la modification des clauses du cahier des charges la clause comprenant des règles d'urbanisme à caractère réglementaire « aux clauses intéressant les seuls colotis » de nature contractuelle (infra). La signification de cette affirmation n'est pas a priori évidente. La distinction est importante. Seules ces dernières clauses dites purement contractuelles intéressant les seuls colotis ne pourraient être modifiées qu'à une unanimité de principe, mais cette unanimité est une unanimité « par défaut » comme toute clause contractuelle d'un contrat. En d'autres termes l'unanimité est le principe à moins qu'il n'en soit décidé autrement par toutes les parties au contrat. Ainsi des colotis doivent par principe à l'unanimité modifier une clause purement contractuelle du cahier des charges mais pourraient décider unanimement de ne plus respecter ce principe d'unanimité et établir une clause dans le cahier des charges selon laquelle la modification d'une clause purement contractuelle ne sera

[9] art. L. 111-1

[10] R. 111-1 à R. 111-24

prise qu'à la majorité (voir jurisprudence infra). En revanche les clauses d'urbanisme figurant au cahier des charges ne peuvent être modifiées que par application et selon les diverses conditions de l'article 442 al 10 du Code de l'urbanisme sans autre possibilité.

Section 3 La disparition du règlement du lotissement, et l'intégration de certaines des clauses dans le cahier des charges

On pourrait se demander pourquoi évoquer des règles d'urbanisme figurant dans le cahier des charges. À quoi bon puisqu'un règlement du lotissement a été spécifiquement créé et dédié pour les intégrer (et que par ailleurs des clauses d'urbanisme du cahier des charges ont été en substance introduites dans le cahier des charges). Ce règlement du lotissement et ces clauses d'urbanisme permettaient à l'ASL de prévoir par exemple des normes de construction bien supérieures à celles requises par l'administration. Mais il a été mis fin au règlement du lotissement. Pourquoi revenir sur le sujet ? La réalité est que suite à la disparition du règlement du lotissement les colotis ont cherché à intégrer ces clauses d'urbanisme dans le cahier des charges. Bien que ce ne soit pas son objet, le cahier des charges incorpore donc fréquemment des règles d'urbanisme. Quelle valeur et quel impact de nos jours attacher à ces règles et à ces clauses qui figurent de manière inopinée dans un cahier des charges qui ne leur a pas été dédié à l'origine ?

L'historique de la situation mérite d'être précisé pour mieux comprendre les effets qui subsistent de fait et seront soulignés.

Le cahier des charges rédigé par le lotisseur était à partir de 1924 soumis à l'approbation administrative (arrêté préfectoral). Depuis janvier 1978, date d'entrée en vigueur du décret n° 77-860 du 26 juillet 1977 relatif aux lotissements, le cahier des charges n'a plus à être approuvé par l'autorité administrative. Les cahiers des charges qui ne sont plus approuvés par l'administration, en substance ceux établis après 1978, ont perdu toute valeur réglementaire (inopposabilité aux tiers de leurs clauses d'urbanisme). Cependant les cahiers des charges comportent encore en dépit de la caducité réglementaire des clauses d'urbanisme. Ces dites clauses d'urbanisme sont donc de nature réglementaire, mais sans valeur réglementaire. Bref elles ne pourraient pas pour la plupart être opposées à l'administration pour empêcher d'accorder le permis de construire.

En résumé donc : les cahiers des charges avant 1978 qui étaient des cahiers approuvés par l'administration étaient opposables aux colotis mais aussi à l'administration (valeur réglementaire du cahier des charges). Ainsi le permis de construire n'était accordé que sous réserve de conformité avec les clauses du cahier des charges.

Les cahiers des charges non approuvés par l'administration et de nos jours le plus souvent postérieurs à 1978 ne sont opposables qu'aux colotis et n'ont plus de valeur réglementaire. À titre d'exemple, le cahier des charges non approuvé interdit de construire une habitation de plus de cinq mètres de haut. Or un permis de construire a été accordé par l'administration pour une maison de six mètres. Mais le coloti propriétaire risque un procès de la part de l'ASL et une demande de réduction de hauteur ou de destruction de la maison du fait de règles plus contraignantes du cahier des charges.

La situation est un peu plus complexe et peut intéresser le lecteur qui désire aller plus loin.

La loi du 23 nov. 2018 indique précisément que les clauses de valeur réglementaire du cahier des charges s'il n'a pas été approuvé, deviennent caduques au terme de dix années à compter de la délivrance de l'autorisation de lotir si, à cette date, le lotissement est couvert par un plan local d'urbanisme ou un document d'urbanisme en tenant lieu (ce qui est la situation dans la quasi-totalité des communes). Mais ces clauses de nature réglementaire bien que caduques sans « valeur » réglementaire, inopposables aux tiers demeurent et ont un certain effet (infra).

Par exception les cahiers des charges approuvés par le préfet avant 1978 et dont les colotis ont demandé à la majorité le maintien des règles d'urbanisme peuvent avoir une valeur réglementaire. Ils sont très peu nombreux car tous les dix ans il était nécessaire de formuler une requête et cette modalité fastidieuse n'a guère été suivie. Par ailleurs le cahier des charges devait disparaître en 2019.

On évoque ainsi la « caducité » des règles d'urbanisme des cahiers des charges. Mais cette caducité des règles d'urbanisme à l'égard des tiers (on ne peut plus demander à l'administration de ne pas accorder de permis de construire) dans le cahier des charges n'exclut pas certains effets qui peuvent être un frein à la construction (infra section 4).

Section 4 la caducité, l'inopposabilité aux tiers des clauses d'urbanisme figurant dans le cahier des charges n'exclut pas les obstacles à la construction

La plupart des cahiers des charges ne sont pas (plus) approuvés par l'administration, et ceux établis après 1978 ont perdu toute valeur réglementaire. Les clauses d'urbanisme sont caduques.

Ont-elles pour autant perdu tout intérêt ?

La question qui peut se poser en pratique à titre d'exemple est de savoir si lors de l'instruction d'un permis de construire des clauses d'urbanisme contenues dans le cahier des charges peuvent être opposées à l'administration délivrant par exemple le permis de construire. À défaut à quoi servent-elles ?

Il convient d'indiquer que si les dispositions précitées du cahier des charges sont caduques au sens où en tant que règlement d'urbanisme elles ne peuvent s'opposer lors de l'instruction du permis de construire sur un lot à la délivrance du dit permis de construire accordé à un tiers par l'autorité compétente, elles peuvent en revanche régir les rapports contractuels entre colotis. En ce sens un tiers peut bénéficier du permis de construire mais peut être condamné à la démolition une fois devenu coloti membre de l'ASL en raison du contenu contractuel du cahier des charges. La Cour de cassation s'est prononcée en ce sens à diverses reprises[11].

La décision de la Cour de cassation[12] illustre ci-dessous ce sujet.

En résumé

M. et Mme X.., propriétaires d'une maison édifiée sur un lot de lotissement, ont assigné M. et Mme Y..., colotis, en démolition d'un bâtiment annexe et de clôtures qui auraient été édifiés en méconnaissance des dispositions du cahier des charges ; M. et Mme Y...font grief à l'arrêt de leur déclarer opposable le cahier des charges et d'ordonner la démolition sous astreinte du bâtiment annexe et des clôtures ;

Selon la Cour « » le cahier des charges d'un lotissement, quelle que soit sa date, constitue un document contractuel dont les clauses engagent les colotis entre eux pour toutes les stipulations qui y sont contenues ; qu'ayant relevé que le cahier des charges, qui était expressément mentionné dans l'acte de vente de M. et Mme Y..., n'avait

---

[11] Cass 3 civ 9 mars 2017 - 16-13. 085 inédit / Cass 3 civ 21 janvier 2016 (n°15 .10.566)

[12] Cass 3e civ 9 mars 2017 n°16-13.085

pas fait l'objet de modification conventionnelle et demeurait applicable dans les rapports entre colotis et retenu, par des motifs non critiqués, que les constructions litigieuses avaient été réalisées en méconnaissance de ses dispositions, la cour d'appel en a déduit à bon droit que les demandes de M. et Mme X...devaient être accueillies ». En définitive le principe est que les clauses du cahier des charges d'un lotissement, peu importe la date, n'engagent pas les tiers mais sont des clauses contractuelles qui engagent les colotis (par exception le cahier des charges approuvé par le préfet avant 1978 et ayant fait l'objet d'une demande de maintien des règles d'urbanisme par les colotis peut avoir une valeur réglementaire et permettre le refus d'octroi de permis de construire).

Les clauses d'urbanisme de nature réglementaire bien que ne s'imposant pas aux tiers s'imposeront en revanche à ces derniers devenus colotis signataires du contrat et adhérents au cahier des charges lors de l'acquisition du lot. Ces clauses sont ainsi contraignantes car elles peuvent faire obstacle à l'achat comme à la réalisation d'opérations de construction à une époque de recherches d'aménagement du territoire. Ainsi un permis de construire peut être valablement délivré en dépit de l'interdiction de construction sans que le cahier des charges puisse opposer son refus à l'administration. En revanche le propriétaire devenu coloti pourra être condamné à faire abattre sa construction. De telles clauses peuvent paralyser des projets et rendre craintifs les investisseurs immobiliers dans la mesure où il pourrait être demandé aux colotis ou futurs colotis la démolition d'une habitation non conforme au cahier des charges alors même que l'autorisation de construire a été accordée. Se pose alors la question de la modification du cahier des charges ?

C'est en raison du fondement constitutionnel reposant sur le consensualisme du contrat qui fait la loi des parties rappelé à diverses reprises par les tribunaux que le cahier des charges a été maintenu alors que sa suppression de manière réglementaire avait été programmée en 2019. Mais c'est aussi en raison de la volonté de permettre une évolution liée à la politique publique d'urbanisme que des modalités particulières facilitant la modification de certaines clauses d'urbanisme inscrites dans le cahier des charges ont été prévues.

Le cahier des charges auquel adhèrent les acquéreurs de lots est en principe libre. C'est le principe de la liberté contractuelle. Toute modification ne devrait avoir lieu en principe qu'avec l'accord de l'unanimité. Toutes sortes de clauses peuvent être insérées entre les colotis et le lotisseur. Il en est ainsi naturellement et classiquement de clauses sans lien avec le droit de la construction ou le Code de l'urbanisme. Mais l'intégration des clauses qui concernent l'urbanisme et notamment de clauses qui proviennent du règlement du lotissement et donc de clauses réglementaires sont aussi fréquentes pour les raisons déjà exposées (caducité du règlement du lotissement). Le cahier des charges peut donc intégrer des clauses ayant une valeur uniquement contractuelle mais aussi des règles d'urbanisme et donc réglementaires qui sont aussi contractualisées. Les pouvoirs publics ont cherché à modifier le cahier des charges et notamment les clauses réglementaires qui faisaient obstacle à la construction. D'où l'article L 442-10 du Code de l'urbanisme.

Section 5 Impact du cahier des charges en dépit de la caducité des clauses d'urbanisme du cahier des charges et (ou) de la délivrance d'un permis de construire

Seuls quelques cas seront cités. La liste ne peut être exhaustive.

– Démolition nonobstant le respect du plan d'urbanisme et celui du permis de construire

Sur la base du cahier des charges « qui doit rester la loi des parties ». La Cour de cassation en 2016[13] a estimé que nonobstant le plan d'urbanisme en vigueur une action en démolition peut être intentée en dépit d'un permis de construire accordé.

– Interruption de travaux de construction d'une deuxième maison sur un même lot en dépit du permis de construire

Un propriétaire avait obtenu la délivrance par le maire d'un permis de construire pour deux bâtiments sur un même lot. Or le cahier des charges interdisait qu'il existe plus d'une seule habitation par lot. En dépit d'une autorisation régulière de permis de construire, en dépit même du fait qu'on pouvait se demander si cette interdiction de plus d'une habitation par lot n'était pas plus du ressort du règlement du lotissement que du cahier des charges la Cour de cassation en 2014 a ordonné l'interruption des travaux d'une des deux maisons[14].

– Démolition ordonnée fondée sur une clause du cahier des charges alors que le règlement du lotissement n'était pas hostile, voire était favorable à une extension immobilière.

---

[13] Cass 3 civ13 oct. 2016 n° 15-23674

[14] Cass 3eme 17-11-2004 n° 03 .15 193

Il arrive souvent en pratique que les cahiers des charges comportent des dispositions liées aux règles d'urbanisme et donc au règlement du lotissement car il est difficile de bien faire la distinction (ex couleurs des matériaux utilisés pour les maisons ou volets, etc., type de clôture végétale ou en pierre, préservation de la vue sur la mer[15]). Les règles ne sont pas les mêmes (le cahier des charges est pérenne alors que le règlement du lotissement est en principe d'une durée de dix ans). L'intérêt de l'intégration de règles du lotissement dans le cahier des charges est souligné ci-dessous et mentionné aussi dans l'examen du règlement du lotissement.

– Suppression de l'extension d'une construction interdite par le cahier des charges

Dans la mesure où le cahier des charges est fondé sur le consentement des colotis et que ces derniers ont accepté l'intégration de clauses fussent-elles propres au règlement du lotissement on peut se demander si de telles dispositions du fait du consensualisme ne doivent pas être validées. La Cour de cassation[16] semble avoir adopté cette solution à propos de l'extension d'une construction interdite par le règlement du lotissement à travers l'attendu qui suit.

« Attendu que le cahier des charges quelle que soit sa date constitue un document contractuel dont les causes engagent les colotis entre eux, pour toutes les stipulations qui y sont contenues et que les dispositions continuaient à s'appliquer entre les propriétaires au sein du logement.

Que la réalisation de l'extension du contrevenant au cahier des charges constituât pour le voisin un trouble manifestement illicite et que la démolition de la totalité de l'extension devait être ordonnée pour faire cesser ce trouble subi, une telle mesure poursuivant le but légitime d'assurer le respect du cahier des charges régissant les droits des colotis et n'apparaissant pas disproportionnée eu égard à la gravité de l'atteinte causée par l'extension litigieuse ».

Section 6 Incidences du cahier des charges sur les propriétaires acquéreurs d'une habitation dans un lotissement

« Le cahier des charges prévaut sur l'acte individuel d'acquisition du propriétaire. »

---

[15] Cass 3e civ en date du 19/06/07 n°06-15715

[16] Cass 3e civ 21 janvier 2016 n° 15-10 .566

À défaut d'adhésion au cahier des charges (ou à l'ASL qui renvoie au cahier ou vice versa) le propriétaire dans un lotissement n'a pas à régler les charges du lotissement (voir jurisprudence citée supra). Il est renvoyé à l'étude supra sur ce sujet (tout propriétaire d'un lotissement n'est pas nécessairement membre de l'ASL).

La jurisprudence de la Cour de cassation pose le principe de l'adhésion automatique à l'ASL du coloti dès la signature du cahier des charges au moment de son acquisition[17]. Encore faut-il que cette clause d'adhésion au cahier des charges de l'ASL soit mentionnée, claire, voire indiquée et expliquée par le notaire (qui oublie parfois l'explication ou même la remise du document).

Toute personne membre de l'ASL est soumise au cahier des charges qui doit être respecté à l'instar des statuts. En cas de non-respect par un coloti du cahier des charges ce dernier peut être condamné à la demande de l'ASL à la remise en état (ex abattage des arbres).

Selon la Cour de cassation les colotis peuvent invoquer les clauses du cahier des charges pour s'opposer à des mesures contraires sans avoir à justifier un grief ou à démontrer un préjudice[18]. L'ASL elle-même ne peut prendre de décisions qui iraient à l'encontre des dispositions du cahier des charges.

On peut estimer que le cahier des charges peut aussi avoir indirectement des effets sur les futurs acquéreurs et la construction. Ainsi le fait d'imposer concernant la construction des distances séparatives ou des superficies de terrain trop importantes constitue un frein au développement immobilier et des atteintes à la libre propriété. C'est sans doute une des raisons pour lesquelles la modification du cahier des charges a été prévue à des conditions autres qu'à l'unanimité sous certaines conditions (voir ci-dessous).

Sous chapitre 2 La Modification du cahier des charges

Section 1 Raisons et importance de la modification du cahier des charges

Divers motifs essentiels peuvent justifier la modification du cahier des charges. D'une part les pouvoirs publics, les urbanistes sont à la

---

[17] Cass. 3 Civ : 18.2.15 pourvoi 13-25122

[18] Cass 3 17 juin 2009 n° 08-14.792 et Cass, 3e civ 23 mai 1978

recherche de terrains pour bâtir. Les ASL qui peuvent privilégier et d'une certaine manière privatiser des espaces verts et ont des normes en matière de construction parfois plus contraignantes que les normes officielles constituent un obstacle au développement immobilier (en dépit de la perte de la valeur réglementaire de leur clause relative à l'urbanisme à l'égard des tiers comme expliqué précédemment). C'est sans doute selon des auteurs une des raisons qui a motivé l'élaboration du contenu de l'article 442-10 Code de l'urbanisme (anciennement article 315 du Code de l'urbanisme) qui autorise la modification de clauses d'urbanisme du cahier des charges à des conditions qui ne nécessitent pas l'unanimité de principe comme tel était le cas avant mais une double majorité appelée majorité qualifiée (nous ne partageons pas toutefois cet avis infra). D'autre part les ASL sont parfois très anciennes et les colotis peuvent vouloir modifier certaines clauses contractuelles du cahier des charges qui ne sont pas qualifiées nécessairement de clause d'urbanisme. On a souvent tendance à oublier ce second cas qui relève plus du droit privé des contrats que du droit public. Dès lors comment procéder faute d'une unanimité difficile à obtenir sauf à avoir établi une clause dérogatoire car cette unanimité contractuelle de principe n'est qu'une unanimité par défaut ?

Section 2 La modification du cahier des charges est expressément prévue de nos jours par l'article L 442-10 du Code de l'urbanisme.

L'article L442-10 Code de l'urbanisme vise les clauses d'urbanisme dites réglementaires du cahier des charges. Il permet une modification à la majorité qualifiée. Mais cet article L442-10 Code de l'urbanisme n'a pas eu originellement à notre sens la volonté de contrer le principe de l'unanimité qui caractérise la modification de tout contrat, ou plus précisément de toute clause strictement contractuelle par application de l'article 1193 du Code civil.

L'article 442-10 fait suite à une décision du Conseil d'État en date du 22 octobre 1965[19] qui avait voulu subordonner la possibilité de modifier le cahier des charges et donc notamment les clauses d'urbanisme (à cette époque le cahier des charges était obligatoirement approuvé par le préfet) à l'accord unanime des colotis. Cette précision n'est pas sans intérêt pour la bonne compréhension des solutions ainsi qu'il sera indiqué (infra). Le texte de l'article 442-10 Code de

[19] Giraudon n° 59886

l'urbanisme visant les règles d'urbanisme est d'ordre public, (même si la jurisprudence en a atténué parfois les conditions). Ce n'est donc pas un texte par défaut par comparaison avec le principe de modification qui régit le droit des contrats et permet aux contractants s'ils le désirent tous de déroger de la manière qu'ils souhaitent à cette unanimité d'origine et de principe.

Afin de permettre une adaptation des textes aux évolutions de l'urbanisme le législateur de l'époque a autorisé la possibilité de modifier les documents du lotissement sous réserve que la modification soit compatible avec la réglementation d'urbanisme. Les conditions, car la modification n'était nullement automatique, étaient que comme l'indiquait le sénateur Dailly[20] une large majorité des propriétaires y soient favorables. De nos jours (postérieurement donc à la loi Alur qui exigeait une majorité plus élevée) cette modification nécessite l'accord de la moitié des propriétaires détenant les deux tiers au moins de la superficie soit les deux tiers des propriétaires détenant au moins la moitié de la superficie. Il convient de souligner à titre annexe que le mode de calcul des majorités diverge selon que la question est posée devant la Cour de cassation ou le Conseil d'État.

Section 3 La modification des clauses réglementaires (d'urbanisme) fondée sur l'article L442-10 du Code de l'urbanisme n'exclut pas une modification des clauses contractuelles selon les conditions du droit des contrats

On pourrait imaginer et on a pensé que l'article 442-10 du Code de l'urbanisme a été envisagé comme une modalité dérogatoire au principe du consensualisme des contrats qui veut que la modification d'un contrat ne puisse être réalisée qu'à l'unanimité. Or tel n'est pas le cas. Il nous paraît important de souligner que l'origine de l'article 442-10 est distincte. Cette précision n'est pas sans intérêt et peut permettre peut-être d'éviter des équivoques ou de générer des incidences malencontreuses (voir infra). La modification des clauses strictement contractuelles d'un contrat nécessite l'unanimité des signataires ce par application de l'article 1193 du Code civil. Mais cette unanimité est une unanimité de principe par défaut. On pourrait donc prévoir en matière de modification de clauses contractuelles des conditions moindres et notamment inférieures à celles prévues par l'article L 442-10.

[20] Compte rendu du 10 Nov. 1967

En définitive le cahier des charges est avant tout un contrat et la disposition de l'article 442-10 Code de l'urbanisme n'a pas porté une atteinte aussi importante qu'on ne le dit au droit des contrats. Il convient de souligner qu'il existe des clauses de nature distincte. Les clauses contractuelles régies par le droit des contrats demeurent. C'est même en raison de ce fondement reposant sur le consensualisme qui fait la loi des parties rappelé à diverses reprises par les tribunaux que le cahier des charges a été maintenu alors que sa suppression de manière réglementaire avait été programmée en 2019.

Sur le plan pratique à la lecture de nombreux cahiers des charges il est souvent indiqué que les modalités de modification des clauses du cahier des charges se feront à la majorité qualifiée prévue par l'article 442-10 du Code de l'urbanisme (ex article L 315 al) sans distinction sur la nature des clauses. On doit pourtant se poser la question du champ d'application du texte. Quelles sont les clauses qui sont visées par cette modalité de modification prévues par l'article 442-10 ? Toutes les clauses ou seulement celles dites d'urbanisme ?

Section 4 La modalité de modification de chacune des clauses de nature réglementaire d'urbanisme ou purement contractuelle demeure distincte

Il faut relever, ce qui est parfois voire souvent omis, qu'il existe deux types de modifications de nature distincte. Celle prévue par l'article 442-10 Code de l'urbanisme et celle résultant du droit des contrats et de l'article 1193 du Code civil selon lequel « les contrats ne peuvent être modifiés ou révoqués que du consentement mutuel des parties, ou pour les causes que la loi autorise ». L'article L 442-10 n'exclut donc pas l'application de l'article 1193 du Code civil.

La modalité de modification de chacune des clauses de nature réglementaire d'urbanisme ou purement contractuelle est donc distincte. La difficulté est qu'il est parfois difficile de déterminer la nature d'une clause et donc la solution. La seconde source de problème résulte de la pratique. Il est parfois inséré dans le cahier des charges des modalités de modification qui correspondent aux cas de clauses réglementaires légales d'urbanisme[21] alors que la clause à traiter n'est pas d'une telle nature. Bref, il peut être difficile, dans certains cas d'identifier avec certitude si une règle est de nature réglementaire ou

[21] art L 442-10 Code urbanisme

contractuelle ce d'autant que l'analyse de la jurisprudence prise par référence n'est pas toujours évidente (infra). Or, la distinction est déterminante compte tenu des conséquences légales qui s'y attachent.

Section 5 Les conditions de modification du cahier des charges selon l'article 442-10 Code de l'urbanisme

L'article L442-10 du Code de l'urbanisme est initialement le suivant :

Al.1 « Lorsque la moitié des propriétaires détenant ensemble les deux tiers au moins de la superficie d'un lotissement ou les deux tiers des propriétaires détenant au moins la moitié de cette superficie le demandent ou l'acceptent, l'autorité compétente peut prononcer la modification de tout ou partie des documents du lotissement, notamment le règlement, le cahier des charges s'il a été approuvé ou les clauses **de nature réglementaire du cahier des** charges s'il n'a pas été approuvé. Cette modification doit être compatible avec la réglementation d'urbanisme applicable.

Al.2 Le premier alinéa ne concerne pas l'affectation des parties communes du lotissement ».

Les précisions modificatives suivantes doivent être de nos jours apportées. D'une part le cahier des charges n'est plus approuvé par l'autorité administrative selon le décret n°77-860 du 26 juillet. D'autre part l'autorité administrative peut suite à la loi ELAN de 2018 modifier l'affectation des parties commune. Le deuxième alinéa de l'article doit donc être supprimé.

Section 6 Divergence jurisprudentielle entre la Cour de cassation et le Conseil d'État concernant le nombre de voix par lot en cas d'application de l'article 442-10

La modification d'une règle d'urbanisme nécessite l'accord soit de la moitié des propriétaires détenant ensemble les deux tiers au moins de la superficie du lotissement soit les deux tiers des propriétaires détenant au moins la moitié de cette superficie. (Antérieurement l'article L 315-3 du Code de l'urbanisme faisait mention d'une majorité plus élevée. L'accord des deux tiers des propriétaires détenant ensemble les trois quarts de la superficie ou les trois quarts des propriétaires détenant au mois les deux tiers de la superficie était nécessaire). Il convient toutefois d'ajouter que l'application de ce texte à la demande d'une majorité qualifiée à des conditions difficiles à obtenir (majorité des deux tiers) peut poser problème en raison de divergences de la jurisprudence de la Cour de cassation et du Conseil d'État sur le mode de calcul du décompte des voix. Pour la Cour de cassation[22] le décompte doit être effectué par lot chaque coloti ayant autant de voix que de lots. Pour le Conseil d'État, chaque propriétaire n'a qu'une voix quel que soit le nombre de lots[23].

Section 7 Les conditions d'application de l'article 442-10 sont diverses et complexes

Une question délicate se pose. Elle provient du fait que la notion de règle d'urbanisme au sens de ce texte n'est pas strictement définie et qu'on peut hésiter dans un certain nombre de cas (ex nombre maximal de lots contenus dans le cahier des charges approuvé d'un lotissement, hauteur des haies d'un lotissement, réduction de la largeur d'une voie privée, etc., etc.). La modification n'est possible de plus que sous certaines conditions et notamment que si elle est compatible avec la réglementation d'urbanisme et si elle poursuit un motif d'intérêt général en lien avec la politique d'urbanisme. Elle ne doit pas de plus aggraver les contraintes pesant sur les colotis sans que cette aggravation ne soit rendue nécessaire pour respecter les documents d'urbanisme en vigueur (voir note).

La modification prévue par l'article 442-10 (note 1) ne devait pas à l'origine porter selon l'al.2 de» l'art 442 (d'après le Conseil constitutionnel) sur l'affectation de parties communes et donc le changement dans ce cas nécessitait comme pour tout contrat l'unanimité de principe sauf disposition spécifique dérogatoire du cahier des charges puisqu'il s'agit d'une unanimité par défaut.). Toutefois il est à noter que, depuis la loi Elan (loi n° 2018-1021 du 23 novembre 2018), l'affectation des parties communes (ex espace vert) peut également être modifiée par l'autorité administrative à la majorité qualifiée de l'article 442-10._On a pu se demander de ce fait si l'intervention de l'administration n'était pas excessive. À l'expérience il faut reconnaître que ce texte peut servir des colotis assujettis à des

[22] Civ 3 17 juillet 1973 D 1973 p 758
[23] CE 7 janvier 1991 Commune de Cruis c Moulin numéro 89380

dispositions statutaires trop anciennes, statuts impossibles à modifier faute d'unanimité.

En sus de ces considérations et de l'obtention de cette double majorité dite qualifiée s'ajoutent d'autres conditions. Parmi ces dernières notamment l'intervention du maire ou de l'autorité compétente est selon le texte indispensable (contra jurisprudence). La compatibilité de la modification avec la réglementation d'urbanisme est nécessaire. Le texte qui a fait l'objet d'interprétation restrictive par la jurisprudence (infra) est le suivant :

Section 8 L'interprétation restrictive par le Conseil constitutionnel en date du 19/10/2018 (suivi par la Cour de cassation) de la notion de clause d'urbanisme au regard de l'article 422-10 du Code de l'urbanisme en raison de la décision d'opposer « la règle d'urbanisme aux clauses étrangères à cet objet intéressant les seuls colotis ».

Le Conseil constitutionnel comme la Cour de cassation ont fait évoluer les dispositions légales prévues par l'article 442-10. On a tendu à maintenir le respect de la liberté contractuelle et de la propriété privée en limitant l'application de l'article 442-10 et en privilégiant le caractère non réglementaire de certaines situations équivoques. Il existe toutefois parfois un flou dans les solutions rendues qui oblige à interprétation.

De manière générale une clause d'urbanisme peut être définie comme « toute prescription qui a pour objet et pour effet d'organiser l'occupation et l'utilisation des sols » (prescriptions d'un Règlement de PLU par exemple). Pourtant l'approche du Conseil constitutionnel suivi majoritairement par la Cour de cassation est plus restrictive.

Par un arrêt en date du 18 juillet 2018 le Conseil d'État a invité le Conseil constitutionnel à se prononcer sur la constitutionnalité de l'article L. 442-10 du Code de l'urbanisme. Le Conseil constitutionnel qui a été saisi de cette affaire et a compris le risque d'atteinte au droit privé n'a pas manifesté de contestation à l'encontre de ce texte[24] mais a fait part de diverses observations et restrictions concernant son application.

---

[24] Validation du texte par le Conseil constitutionnel Décision n° 2018-740 QPC du 19 octobre 2018

Il a été déclaré par le Conseil constitutionnel lors d'une question prioritaire de constitutionnalité[25] que la procédure de l'article 442-10 vise «uniquement la modification des clauses du cahier des charges» (cahier approuvé ou non) qui constituent des règles d'urbanisme qu'il faut distinguer des clauses étrangères à cet objet, « intéressant les seuls colotis ». À la lecture de cette décision figurant en point 8 du Conseil constitutionnel on peut se demander la signification des derniers mots « intéressant les seuls colotis » Faut-il comprendre que le Conseil constitutionnel cherche à distinguer les clauses d'urbanisme qui visent des tiers et s'imposent à tous pour des motifs généraux, la sécurité par exemple, de celles qui ne concernent strictement que les seuls colotis ? Rien n'est absolument certain mais cette interprétation est la plus probable Elle nous permet de mieux comprendre certaines décisions de jurisprudence et notamment celles relatives à la réduction de la largeur d'une voie privée, ou à la hauteur des haies (infra).

Section 9 Rappel et synthèse Les divers types de clauses (réglementaire et d'urbanisme ou purement contractuelle) et leur réglementation

Il semble à l'analyse de la décision du Conseil constitutionnel que deux types de clauses contractuelles liées puissent être mises en relief au regard de l'interprétation par le Conseil de l'article 442-12. L'une a valeur réglementaire par nature, l'autre sans valeur réglementaire ne concerne que les parties au contrat et non les tiers. Cette dernière catégorie dite à valeur « purement » contractuelle ne serait alors pas concernée par l'article 442-10. Il en serait ainsi dans le dernier cas d'une clause figurant dans le cahier des charges interdisant toute construction autre que des constructions d'habitation. Cette dernière clause ne serait donc pas soumise en cas de modification à l'article 442-10. Elle n'intéresse que les colotis. L'accord unanime des parties serait nécessaire pour toute modification. Cette unanimité toutefois n'est pas d'ordre public. Les parties ensemble dans un même contrat peuvent explicitement y déroger et convenir pour la suite que toute décision de modification sera prise à la majorité. Cette unanimité ne serait qu'une unanimité par défaut ce qui est rarement précisé. Mais plus hardis encore et novateurs certains arrêts de jurisprudence autorisent les colotis à déroger à la règle de l'unanimité alors que la clause de

[25] QPC n°20186 -740 du 19/10/2018

dérogation ne figure pas dans le cahier des charges mais dans les « statuts » de l'ASL[26].

Sous chapitre 3 La volonté de la jurisprudence de contractualiser certaines clauses d'urbanisme (ne visant que les seuls colotis)

La nature hybride des lotissements, qui sont régis à la fois par des règles d'urbanisme de droit public et des règles procédant de volontés privées, est source de complexité juridique.

Section 1 Le fondement de la contractualisation : « La décision du Conseil constitutionnel restreignant la définition de la notion d'urbanisme ».

La décision du Conseil constitutionnel du 19/10/2018 à propos de l'interprétation de l'article L442-10 oppose « la règle d'urbanisme » aux clauses étrangères à cet objet intéressant « les seuls colotis. ». Il semblerait ainsi que lorsque seuls les colotis sont visés, la Cour de cassation n'impose plus le respect intégral de la procédure de l'article 442-10 nécessitant par exemple une autorisation de l'autorité d'urbanisme. On pourrait même se demander si elle impose une quelconque autre obligation prévue par ledit article. On pourrait alors considérer que la clause de majorité citée par l'article L442-10 est devenue une sorte de clause contractuelle par défaut. Deux arrêts récents de la Cour de cassation (infra) sont en ce sens. Ils concernent la réduction de la largeur d'un chemin privé et la hauteur des haies d'un lotissement. On notera que dans chacun des cas il n'était nulle question de la sécurité ce qui aurait modifié sans doute la solution du fait de l'objet qui n'intéresse plus alors les seuls colotis mais tout tiers.

Si le Conseil a validé l'application de l'article 442-10 permettant de faciliter l'évolution, au regard de la politique d'urbanisme, des règles propres aux lotissements qui sont contenues dans le cahier des charges, il n'a pas manqué de souligner les risques d'atteinte à la propriété et au droit de contrats. Tout est affaire de proportion pour reprendre l'expression initiée souvent par le droit européen.

« Les dispositions contestées ne portent pas aux conditions d'exercice du droit de propriété une atteinte disproportionnée au regard

[26] Cass 3 civ 27 juin 2019 numéro 18-14.003 à propos de la réduction de la largeur d'une voie privée

de l'objectif poursuivi » et » ne méconnaissent pas non plus le droit au maintien des conventions légalement conclues[27]». Le Conseil n'a pas manqué de souligner entre autres ce qui a fait et fait débat que l'affectation de parties communes du lotissement n'est pas concernée par les dispositions de l'article 442-10 en raison d'un alinéa 2 d'exclusion. Ainsi les espaces verts notamment seraient préservés ou du moins ne seraient pas visés par ce texte. Ils ne pourraient devenir plus aisément des terrains constructibles. En d'autres termes la modification de l'affectation des parties communes ne pourrait avoir lieu qu'à l'unanimité. Il se trouve néanmoins que l'affectation des parties communes a fait l'objet d'une modification en 2018. La loi ELAN, loi portant sur l'évolution du logement, de l'aménagement et du numérique a supprimé l'alinéa 2 d'exclusion. L'affectation des parties communes est soumise désormais aux dispositions de l'article 442-10 alinéa 1.

On a pu se demander à l'époque la conception que le Conseil constitutionnel pouvait véritablement avoir de l'article L442-10 Code de l'urbanisme car les motivations n'étaient pas des plus claires.

Section 2 Les décisions de la Cour de cassation reprenant à travers divers arrêts l'idée de contractualisation de règles d'urbanisme

Les opérations de lotissement de nature privée à l'origine sont de plus en plus encadrées par la puissance publique. Néanmoins la jurisprudence de la Cour de cassation tend à tempérer cet encadrement réglementaire.

Sous-section 1 Réduction de la largeur d'une voie privée

L'arrêt rendu le 27 juin 2019 par la 3e chambre civile de la Cour de cassation[28] relatif à la réduction de la largeur d'une voie privée paraît faire application de la décision du Conseil constitutionnel du 19/10/2018.

« Mais attendu qu'ayant, par motifs propres et adoptés, constaté que «les statuts» de l'ASL, adoptés à l'unanimité des colotis, prévoyaient que la décision portant sur une modification des pièces du lotissement devait être prise à la majorité qualifiée de l'article L. 315-3

[27] Conseil constitutionnel, Décision n° 2018-740 QPC du 19 octobre 2018 référence (QPC 2018-740 du 19/10/218)

[28] Cass 3 civ 27 juin 2019 pourvoi n° 18-14003

du Code de l'urbanisme et que la résolution du 1er juin 2007 avait été adoptée à cette majorité, la cour d'appel en a exactement déduit, abstraction faite des motifs critiqués par la troisième branche qui sont surabondants dès lors que la modification du cahier des charges n'avait pas à être approuvée par l'autorité compétente, que la résolution avait été valablement adoptée. D'où il suit que le moyen n'est pas fondé ; »

En l'espèce, le Cahier des charges du Lotissement du Parc Basque a été approuvé le 10/09/1925 par la préfecture. Les « statuts » (et non le cahier des charges) de l'ASL indiquaient que la modification des clauses du cahier s'effectue à la majorité qualifiée de l'ancien art. L. 315-3 (actuel L. 442-10), sans l'intervention du Maire.

Par résolution du 1er/06/2007, les colotis ont majoritairement en assemblée générale par application de l'article 313-3 du Code de l'urbanisme devenu article 442-10 décidé de réduire la largeur de la voie privée de desserte du lotissement. Les époux B. assignent l'ASL en annulation de cette délibération. Selon ces derniers le législateur impose que l'accord de la majorité qualifiée des colotis décidant de la modification de toute clause d'un cahier des charges, soit entérinée par un arrêté signé par le Maire en sa qualité d'autorité d'urbanisme. Or cette condition n'a pas été respectée.

La 3e chambre civile rejette le pourvoi des époux B. : Puisque « les statuts de l'ASL, adoptés à l'unanimité des colotis, prévoyaient que la décision portant sur une modification des pièces du lotissement devait être prise à la majorité qualifiée de l'art. L. 315-3 du Code de l'urbanisme et que la résolution du 1er/06/2007 avait été adoptée à cette majorité, la cour d'appel en a exactement déduit, (...) que la résolution avait été valablement adoptée ».

Une telle solution qui déroge incontestablement à la stricte application de l'article 442-10 anciennement L315-3 peut trouver explication tant dans l'évolution historique que dans l'analyse qui suit.

« La Cour de cassation avait reconnu déjà en 2008 la validité d'une modification du cahier des charges décidée à l'unanimité des colotis sans arrêté modificatif[29], autorisant ainsi les colotis réunis en assemblée générale soit à procéder eux-mêmes à la modification du cahier des charges à l'unanimité, soit à saisir l'autorité compétente, à la majorité qualifiée de l'article L 315-3, afin qu'elle se prononce sur la demande

[29]Cass. 3e civ. 16-décembre -2008 n° 07-14.307, s'agissant d'un cahier des charges ayant conféré un caractère contractuel aux dispositions du règlement relatives à l'affectation des parcelles à l'usage d'espace vert

de modification. La Cour de cassation a admis de même que la modification du cahier des charges qui a été adoptée à la majorité de l'article L 315-3, conformément aux stipulations de ce document, n'a pas à être approuvée par l'autorité compétente[30], s'agissant d'une clause relative à la hauteur des haies « dont il n'était pas démontré qu'elle pourrait affecter la sécurité de la circulation dans le lotissement ».

Il semblerait donc que la clause relative à la largeur de la voie privée de desserte du lotissement soit, au sens du point 8 de la décision du Conseil constitutionnel, une clause d'urbanisme « uniquement contractuelle » ou si l'on préfère qui ne touche que les seuls intéressés « en tant que cette voie privée n'intéresserait que les seuls colotis » (il en serait de même d'une clause d'urbanisme à valeur uniquement contractuelle interdisant toute construction autre qu'une construction d'habitation). D'où le fait que la Cour de cassation n'oppose pas le respect de la procédure L. 442-10 à l'ASL, indépendamment du fait que ses statuts organisent la modification des clauses du cahier des charges. En d'autres termes pour la Cour de cassation une règle de majorité a été fixée dans le cadre d'une situation purement contractuelle « en tant que cette voie privée n'intéresserait que « les seuls colotis » selon l'arrêt rendu le 27 juin 2019 par la 3e chambre civile de la Cour de cassation[31] et non d'urbanisme ou du moins les règles d'urbanisme prévues par l'article L 442-10 ne pouvaient trouver application du fait de la définition stricte du Conseil constitutionnel.

Il serait souhaitable que les notions clefs de « règle d'urbanisme » et de « clause intéressant les seuls colotis » soient affinées afin de garantir une meilleure sécurité juridique.

L'apport de cet arrêt est le suivant. D'une part il est considéré que l'ASL peut s'affranchir des règles édictées par l'administration. D'autre part il est estimé[32] que le cahier des charges peut être modifié par une clause insérée dans les statuts eux-mêmes (et non donc dans le cahier des charges ce qui est nouveau) et ce alors que le cahier des charges de nature purement contractuelle se distingue des statuts de nature plus réglementaire. On affirme dans l'ensemble qu'il s'agit là d'une évolution qui tend à donner un caractère contractuel au cahier des

---

[30] Cass. 3e civ. 12-juillet -2018 n° 17-21.081 : SNH 26/18 inf. 1

[31] Cass 3 civ 27 juin 219 pourvoi n°18-4003

[32] Cass 3 civ civ 27 juin 2019

charges[33]. Une question reste alors en suspens. Il s'agit du calcul de la majorité. Dans la mesure où est reconnue cette évolution vers la contractualisation n'importe quelle règle de majorité ne devrait-elle pas être proposée à défaut d'unanimité ? La loi des parties ne devrait-elle pas prédominer ? Pourquoi se référer aux conditions de la majorité des deux tiers prévus par l'article L422-10 Code de l'urbanisme ?

Sous-section 2 : Hauteur des haies[34]

L'affaire dont était saisie la Cour de cassation avait pour origine le recours de propriétaires tendant à ce que leurs colotis soient condamnés sous astreinte à couper leur haie à une hauteur de 80 centimètres, conformément aux stipulations du cahier des charges du lotissement. En réponse, les défendeurs soutenaient que ces stipulations avaient été modifiées par une délibération de l'association syndicale libre, les statuts limitant désormais la hauteur des haies à 1,80 mètre. La Cour de cassation[35] était ainsi invitée à se prononcer sur la validité de cette modification du cahier des charges qui n'avait pas été approuvée par l'autorité administrative, et qui a priori était pourtant une clause d'urbanisme, soumise en principe aux dispositions du cahier des charges.

Les magistrats de la Cour de cassation confirment le raisonnement tenu par la cour d'appel et déclarent que celle-ci a « *exactement retenu* ***que la clause relative à la hauteur des haies du lotissement n'avait pas une nature réglementaire et que, conformément aux stipulations du cahier des charges, sa modification avait été adoptée à la majorité de l'article L. 315-3 du Code de l'urbanisme, reprise à l'article L. 442-10*** » **et qu'elle pouvait à bon droit en déduire que la modification contestée n'avait pas à être approuvée par l'autorité compétente**.

Pourtant la hauteur des clôtures est encadrée par le Règlement d'un PLU et cette hauteur peut-être d'un intérêt général au-delà de l'intérêt de seuls deux colotis d'autant qu'elle peut avoir une incidence sur la sécurité de tiers. Logiquement il s'agit d'une clause d'urbanisme. Mais la Cour de cassation a admis que la modification du cahier des charges qui a été adoptée à la majorité (de l'article L 315-3, conformément aux

---

[33] En ce sens Anne Collomb conseiller référendaire à la Cour de cassation édit F Lefebvre http /www. efl. fr / actualité/cahier – charges- modifié « Le cahier des charges peut être modifié à la majorité prévue par les statuts de l ASL »

[34] Cass. 3e civ. 12-juillet 2018 n°17-12.081

[35] Cass. 3e civ. 12-7-2018 n° 17-21.081 : SNH 26/18 inf. 1

stipulations de ce document) n'a pas à être approuvée par l'autorité compétente[36]. La raison est que s'agissant de cette clause relative à la hauteur des haies il n'était pas **démontré qu'elle pourrait affecter la sécurité de la circulation dans le lotissement et donc au sens de la décision du Conseil constitutionnel ne pouvait être considéré comme soumise au droit de l'urbanisme.**

« Mais attendu, d'une part, que, M. et Mme X « n'ayant pas soutenu dans leurs conclusions d'appel que la disposition du cahier des charges relative à la hauteur des haies touchait à la sécurité de la circulation dans le lotissement », le moyen est nouveau, mélangé de fait et de droit ;

Attendu, d'autre part, qu'ayant exactement retenu que la clause relative à la hauteur des haies du lotissement n'avait pas une nature réglementaire et que, conformément aux stipulations du cahier des charges, sa modification avait été adoptée à la majorité de l'article L. 315-3 du Code de l'urbanisme, reprise à l'article L. 442-10, la cour d'appel, qui n'était pas tenue de procéder à une recherche qui ne lui était pas demandée, en a déduit à bon droit que la modification votée le 7 décembre 2013 n'avait pas à être approuvée par l'autorité compétente ».

En d'autres termes cette affaire a été considérée comme étant de nature purement contractuelle plus que réglementaire et d'urbanisme et ce du fait de l'absence de danger pour autrui et donc de mise en cause de tiers.

Sous-section 3 Caducité des règles d'urbanisme mais opposabilité des règles contractuelles

L'atteinte à la liberté contractuelle a été soulevée en vain devant le Conseil constitutionnel à propos de l'alinéa 1 de l'article L 442-1 relatif à la modification du cahier des charges (supra). Il est vrai que ce texte permettait à l'autorité administrative de s'immiscer dans le droit des contrats et des colotis. Elle est soulevée à nouveau du fait de la caducité des règles d'urbanisme. Mais les raisons d'atteinte à la liberté contractuelle sont moindres. Le droit des contrats en revanche trouve une application accrue du fait même de la caducité du caractère réglementaire des règles d'urbanisme (explication ci-dessous).

---

[36] Cass. 3e civ. 12-7-2018 n° 17-21.081 : SNH 26/18 inf. 1

– §1 Notions concernant la caducité des règles d'urbanisme figurant dans les documents du lotissement et plus particulièrement le cahier des charges

Le cahier des charges de nos jours mais aussi d'autres documents du lotissement peuvent contenir des normes d'urbanisme différentes de celles du PLU et souvent plus sévères concernant les habitations (sans toutefois que ce soit nécessairement une obligation). Les pouvoirs publics à la recherche d'espace pour bâtir vite et à coût moindre ont édicté dans le Code de l'urbanisme des règles dites de caducité afin de limiter ces restrictions à la construction figurant initialement dans le règlement du lotissement puis surtout dans le cahier des charges. Ce principe de caducité a pour effet de rendre caduques (nous préférons le terme inopposable) des règles réglementaires d'urbanisme figurant notamment dans les documents du lotissement et principalement de nos jours le cahier des charges. L'article 442-9 Code de l'urbanisme indique en substance que « les règles d'urbanisme contenues dans le règlement du lotissement et donc dans le cahier des charges deviennent caduques au terme de dix ans à compter de l'autorisation de construire si à cette date le lotissement est couvert par un plan d'urbanisme ».

Cette caducité des règles dites réglementaires d'urbanisme du cahier des charges vise ou plus exactement ne vise que les rapports entre les colotis et l'administration autorité d'urbanisme, le maire par exemple. En d'autres termes la délivrance par l'administration du permis de construire ne peut être subordonnée aux conditions prévues par les documents du lotissement qui pourraient être distinctes et supérieures à de celles prévues par le Code de l'urbanisme.

En revanche cette caducité ne concerne pas les rapports des colotis entre eux.

À titre d'illustration le fait qu'une construction soit autorisée par le PLU n'empêche pas la demande en démolition requise par les colotis devant les tribunaux civils de cette dernière si le cahier des charges n'a pas été en l'espèce respecté.

– §2 Cas particulier. La mention relative au nombre maximal de lots constitue-t-elle une règle d'urbanisme susceptible d'être frappée de caducité ?

L'intérêt de ce questionnement est double. D'une part il illustre la difficulté de déterminer parfois si une mention figurant dans le cahier des charges peut être considérée comme une règle d'urbanisme susceptible de caducité. Le recours à la jurisprudence est essentiel notamment lorsque les textes sont équivoques ou parfois contradictoires. Ainsi si la subdivision d'un lot doit en principe recueillir l'approbation des colotis car il s'agit d'une sorte de modification du lotissement et d'une autorisation d'urbanisme il n'en est pas de même lors de certaines circonstances prévues par l'article R422-21-b. Il existe des cas d'exception « lorsque des subdivisions de lots interviennent dans la limite du nombre maximum ». D'autre part sur un plan concret il permet de souligner les enjeux de manière précise. La mention relative au nombre maximal de lots figurant dans le cahier des charges (depuis le décret du 26 juillet 1977 le cahier des charges n'a plus à être approuvé) est considérée comme constituant une règle réglementaire d'urbanisme[37] qui selon l'article 442-9 deviendrait légalement caduque au terme de dix ans suivant la délivrance de l'autorisation de lotir si à cette date le lotissement est couvert par un plan local d'urbanisme (PLU).

Dans son avis du 24/07/2019, Lotissement de « La Joaillière »[38], le Conseil d'État a estimé que **la mention relative au nombre maximal de lots** contenue dans le cahier des charges approuvé d'un lotissement constituait une règle d'urbanisme (au sens de l'article L442 - 9 du Code de l'urbanisme) **susceptible de caducité du moins dans les rapports entre administration et colotis.**

« Eu égard tant à son objet qu'à ses effets, la mention relative au nombre maximal de lots contenue dans le cahier des charges approuvé d'un lotissement, qui au demeurant fait partie des éléments soumis à autorisation lors de la création d'un lotissement, constitue une règle d'urbanisme au sens des dispositions précitées de l'article L. 442-9 du Code de l'urbanisme. Par conséquent, une telle limitation cesse de s'appliquer au terme de dix années à compter de la délivrance de l'autorisation de lotir lorsque le lotissement est couvert par un PLU ou un document d'urbanisme en tenant lieu et l'autorité chargée de délivrer les autorisations d'urbanisme ne peut l'opposer à la personne qui sollicite un

---

[37] sur ce sujet voir l'intéressante étude de lurent Latapie Permis de construire dans un lotissement, division de lot et emprise au sol, https://www.laurent-latapie-avocat.fr/permis-de-construire-dans-un-lotissement... Paul Ludovic Niel paru sous le titre similaire « le nombre maximal de lots contenus dans le fichier des charges approuvé d'un lotissement constitue une règle d'urbanisme in https : www actu-juridique.fr /administratif : urbanisme-construction ainsi que l'étude de Victor de Chanville avocate « lotissement ses documents ou leur caducité » lectures 21 oct. 2019, voir aussi « cahier des charges de lotissement Comment s'affranchir des prescriptions de Benoit Perrineau Elina ASIKA cabinet Seban et associés in étude foncieresn°16 Oct. 2013 voir encore « Point sur l'opposabilité du cahier des charges » de Alexandre Guillois en date du 4 août 2020 Https//guillois-avocat.fr /single-post2020/08/04

[38] CE 24 juillet 2019 n°430362

permis d'aménager, un permis de construire. De même si une majorité de colotis a demandé le maintien de cette règle, elle a cessé de s'appliquer à compter de l'entrée en vigueur de la loi du 24.03.2014 dite loi Alur. »

Une telle caducité réglementaire ne s'applique que dans les rapports entre l'autorité administrative et des colotis lors par exemple de l'instruction des autorisations d'urbanisme. Les dispositions relatives au nombre maximal de lots ne sont pas opposables par l'autorité d'urbanisme et un coloti ne pourrait imposer à l'administration de l'urbanisme de faire respecter cette mention de nombre de lots maximum. En revanche en dépit de la caducité réglementaire les règles du cahier des charges entre colotis s'appliquent. En d'autres termes pour être plus précis les règles à caractère réglementaire devenues caduques en application de l'article 442-9 du Code de l'urbanisme restent opposables entre colotis en tant que règles contractuelles. Ainsi à titre d'illustration le fait qu'une construction soit autorisée par le PLU n'empêche pas par la suite la demande en démolition devant les tribunaux civils de cette dernière à la demande de colotis si le cahier des charges s'y oppose.

La question peut se poser de savoir si de telles dispositions devenues contractuelles ne peuvent alors être modifiées qu'à l'unanimité de principe comme tel est le cas en droit des contrats (à moins que le cahier des charges ne prévoit une majorité inférieure ce qui est possible puisque l'unanimité de principe est une unanimité par défaut) ou si l'autorité administrative peut imposer une modification par application de l'article L 422-10 (majorité qualifiée).

En réponse à ce propos il convient de préciser que le Conseil d'État (Arrêt 24 juillet 2019 n° 4303625) a jugé que la caducité des règles d'urbanisme prévues par le cahier des charges n'empêche pas l'autorité, dans la mesure où le cahier des charges reste « opposable » entre les colotis de par sa nature contractuelle, de modifier les règles contenues dans ce dernier document :

L'autorité d'urbanisme peut donc imposer une modification des règles du cahier des charges par application de l'article L 442-10 :

« *les clauses du cahier des charges du lotissement continuant de régir les rapports entre colotis, la caducité prévue par l'article L. 442-9 du Code de l'urbanisme ne fait pas obstacle à ce que l'autorité compétente fasse usage des pouvoirs qu'elle tient des articles L. 442-10 et L. 442-11 du même Code, ainsi que le prévoit son article L. 442-12 s'agissant des subdivisions de lots, pour modifier un cahier des charges sur ce même point* [39]».

On peut considérer à l'analyse de cet attendu que :

– La clause relative au nombre maximal de lots autorisés est une clause d'urbanisme à caractère réglementaire.

– Cette clause réglementaire est dite en l'espèce « caduque ». Nous préférons le terme inopposable (en tant que clause à caractère) à l'administration ou par l'administration

En revanche :

– Cette clause est opposable entre les colotis en tant que clause contractuelle.

– Enfin, et la précision est importante, l'autorité administrative peut utiliser l'article L422-10 du Code de l'urbanisme pour modifier cette clause sur le point précis.

Il convient d'ajouter que dans la mesure où une clause n'est pas qualifiée de règle d'urbanisme sa modification ne peut être obtenue qu'avec l'accord de l'ensemble des colotis (unanimité dite aussi de principe de l'article 1193 du Code civil). Mais cette unanimité de principe étant une unanimité par défaut n'est pas d'ordre public. Dès lors la modification de la clause peut avoir lieu à la majorité si une telle précision est formulée dans le cahier des charges ou même de nos jours dans les statuts

[39] CE du 24 juillet 2019, lotissement de la Joallière, n° 430362

Annexe 1

Extraits Arrêt de cassation Modification de la Hauteur des haies

(2 arrêts de la Cour de cassation[40] relatifs à la modification de la hauteur de haies illustrent la position de la jurisprudence actuelle)

Préambule

Il existe une certaine confrontation entre le droit public et le droit privé, dans les ASL notamment, qui se manifeste parfois par des oppositions malheureuses de personnes entre le maire et le président du syndicat (appelé à tort comité syndical).

À titre anecdotique il est constaté que la modification de la hauteur des haies est sujette à débats et peut-être à l'incompréhension. Il pourrait en être de même à propos de la réduction de la largeur d'une voie privée d'une ASL ou de bien d'autres cas. Chacune de ces personnalités campe sur ses positions et ses prérogatives. Le droit des ASL en est la cause. Il est souvent absent. On le voudrait logique, il ne l'est pas. Il paraît parfois même tordu. En réalité il est complexe. Pourtant tout le monde croit savoir. La rédaction d'une clause ou son interprétation et ses incidences paraissent évidentes. La modification de la hauteur des haies, ou de la largeur d'une voie privée située dans une ASL, relève du ressort du droit public selon les maires. Le président d'ASL peut penser l'inverse. Qui a raison ? Le juriste à juste titre plus incertain a du mal à se faire entendre, a fortiori quand il intervient à titre bénévole.

La Cour de cassation considère dans les deux arrêts ci-dessous que la modification de la hauteur des haies ou de la largeur d'une voie privée n'a pas un caractère réglementaire et qu'en conséquence la modification de la hauteur des haies prévue selon les conditions de majorité de l'article L422-10 du Code de l'urbanisme ainsi qu'indiquée dans le cahier des charges ou les statuts n'a pas à être approuvée par l'autorité compétente (le maire le plus souvent). En d'autres termes dans les deux cas cités le droit privé des contrats s'applique. Ce droit privé des contrats prévoit que toute modification d'un contrat ne peut avoir lieu qu'à l'unanimité. Mais cette unanimité de principe n'est pas d'ordre public. Il s'agit d'une unanimité par défaut. En conséquence si des

---

[40] Cass. 3e civ. 12-7-2018 n° 17-21.081 : SNH 26/18 inf. 1 et Cassation, civ 3, 27 juin 2019,

conditions de majorité ont été édictées spécifiquement y compris celles identiques au droit administratif ces dernières reçoivent application.

Arrêt Cass. 3e civ. 12-7-2018 n° 17-21.081 : SNH 26/18 inf. 1 Sur moyen unique :

Attendu, selon l'arrêt attaqué (Aix-en-Provence, 13 janvier 2017), que M. et Mme X..., propriétaires dans un lotissement, ont obtenu la condamnation sous astreinte de M. et Mme Y..., colotis, à couper leur haie à une hauteur de 80 centimètres, en application de l'article 17 du cahier des charges ; que, le 4 février 2015, M. et Mme X... ont assigné en liquidation d'astreinte, pour la période du 6 mai 2014 au 6 mars 2015, M. et Mme Y..., qui ont fait valoir que, par une délibération du 7 décembre 2013, l'assemblée générale de l'Association syndicale libre (ASL) avait modifié l'article 17 et limité la hauteur des haies à 1,80 mètre dans tout le lotissement ;

Attendu que M. et Mme X... font grief à l'arrêt de rejeter leurs demandes de condamnation de M. et Mme Y... à leur payer une astreinte pour n'avoir pas réduit à 80 centimètres la hauteur des plantations du lot n° 7 dont ils sont propriétaires, alors, selon le moyen :

1°/ que l'article L. 442-10 du Code de l'urbanisme, dans sa rédaction issue de l'ordonnance n° 2005-1527 du 8 décembre 2005, entrée en vigueur le 1er octobre 2007, dispose que lorsque les deux tiers des propriétaires détenant ensemble les trois quarts au moins de la superficie d'un lotissement ou les trois quarts des propriétaires détenant au moins les deux tiers de cette superficie le demandent ou l'acceptent, l'autorité compétente peut prononcer la modification de tout ou partie des documents, notamment du règlement et du cahier des charges relatifs à ce lotissement, si cette modification est compatible avec la réglementation d'urbanisme applicable ; qu'en application de ce texte, la modification du cahier des charges du lotissement est soumise à autorisation de l'autorité compétente que les stipulations sur lesquelles elle porte ait ou non une nature réglementaire ; que pour débouter M. et Mme X... de leur demande, la cour a relevé que la modification par délibération de l'assemblée générale de l'association syndicale libre du 7 décembre 2013, de l'article 17 du cahier des charges portant à 1,80 m la hauteur des plantations pour les lots 6 et 7 du lotissement ne portait pas sur des stipulations de nature réglementaire du cahier des charges, de sorte qu'en application de l'article L. 442-10 du Code de l'urbanisme, cette modification n'avait pas à être autorisée par l'autorité compétente ; qu'en faisant application à l'espèce de l'article L. 442-10 du Code de l'urbanisme dans sa rédaction issue de la loi n° 2014-366 du 24 mars 2014 qui opère une distinction selon que le cahier des charges est ou non doté d'une valeur réglementaire, laquelle n'était pas entrée en vigueur lors de l'assemblée générale de l'ASL du 7 décembre 2013 qui a modifié l'article 17 du cahier des charges et alors qu'en application du texte dans sa version applicable l'autorisation de l'autorité compétente était nécessaire, la cour d'appel a violé l'article L. 442-10 du Code de l'urbanisme dans sa rédaction issue de l'ordonnance du 8 décembre 2005, ensemble l'article 2 du Code civil ;

2°/ que, est de nature réglementaire, la disposition d'un cahier des charges qui touche à la sécurité de la circulation dans un lotissement ; qu'en l'espèce, pour décider que la modification de l'article 17 du cahier des charges par l'assemblée générale de l'ASL du 7 décembre 2013 n'avait pas à être approuvée par l'autorité compétente, la cour a considéré que la stipulation relative à la hauteur des haies du lotissement et plus particulièrement, à la hauteur des haies au niveau des lots 6 et 7 n'était pas de nature réglementaire ; qu'en statuant de la sorte, quand l'article 17 du cahier des charges stipule que « les lots n° 6 et 7 devront supporter les servitudes en ce qui concerne les plantations situées dans la courbe du débouché de la voie du lotissement sur le chemin communal » et que « ces plantations ne devront pas avoir une hauteur supérieure à 0,80 m afin de ne pas gêner la visibilité », et institue donc une mesure réglementaire relative à la sécurité de la circulation automobile, qui doit être approuvée par l'autorité compétente, la cour d'appel a violé l'article L. 422-10 du Code de l'urbanisme ;

3°/ que le cahier des charges constitue un document contractuel dont les clauses engagent les colotis entre eux pour toutes les stipulations qui y sont contenues ; qu'en l'espèce, la cour a énoncé qu'il résultait de l'article 24 du cahier des charges du lotissement que ses modifications devraient être soumises aux dispositions de l'article L. 315-3 du Code de l'urbanisme, abrogé par l'ordonnance du 8 décembre 2005, dont les dispositions sont reprises à l'article L. 442-10 du même Code qui prévoit une majorité des deux tiers des propriétaires détenant ensemble les trois quarts au moins de la superficie d'un lotissement ou les trois-quarts des propriétaires au moins les deux tiers de ladite superficie ; qu'elle a relevé que la modification par délibération de l'assemblée générale de l'association syndicale libre du 7 décembre 2013, de l'article 17 du cahier des charges portant à 1,80 m la hauteur des plantations pour les lots 6 et 7 du lotissement, avait été votée à la majorité de l'article L. 315-3 reprise à l'article L. 442-10 du Code de l'urbanisme, puisqu'adoptée par 8 propriétaires sur 11 ; qu'en statuant de la sorte, tandis que l'article L. 315-3 du Code de l'urbanisme, devenu l'article L. 442-10 du même Code, auquel renvoie l'article 24 du cahier des charges dispose que si une majorité qualifiée de propriétaires demande la modification du cahier des charges, cette modification doit être soumise à l'approbation de l'autorité administrative compétente, la cour d'appel a violé ensemble l'article 1134, dans sa rédaction antérieure à celle issue de l'ordonnance du 10 février 2016, du Code civil et l'article L. 442-10 du Code de l'urbanisme ;

4°/ que c'est seulement lorsque les deux tiers des propriétaires détenant ensemble les trois quarts au moins de la superficie d'un lotissement ou les trois quarts des propriétaires détenant au moins les deux tiers de cette superficie le demandent ou l'acceptent, que l'autorité compétente peut prononcer la modification du cahier des charges relatif à ce lotissement ; qu'en l'espèce, après avoir constaté que l'article L. 315-3 du Code de l'urbanisme, dont les dispositions sont reprises à l'article L. 442-10 du même Code, prévoit que toute modification du cahier des charges doit être approuvée « par une majorité des deux tiers des propriétaires détenant ensemble les trois quarts au moins de la superficie d'un lotissement ou les trois-quarts des propriétaires détenant au moins les deux tiers de ladite superficie », la cour a relevé que la modification par délibération de l'assemblée générale de l'association syndicale libre du 7 décembre 2013, de l'article 17 du cahier des charges portant à 1,80 m la hauteur des plantations pour les lots 6 et 7 du lotissement, avait été votée « par 8 propriétaires sur 11, M. X... ayant voté contre et deux propriétaires s'étant abstenus » et donc à la majorité de l'article L. 315-3 reprise à l'article L. 442-10 du Code de l'urbanisme ; qu'en statuant ainsi, sans rechercher si les deux tiers des propriétaires ayant voté en faveur de la modification de l'article 17 du cahier des charges, détenaient au moins les trois quarts de la superficie du lotissement, la cour d'appel a privé sa décision de base légale au regard de l'article L. 442-10 du Code de l'urbanisme ;
Mais attendu, d'une part, que, M. et Mme X... **n'ayant pas soutenu dans leurs conclusions d'appel que la disposition du cahier des charges relative à la hauteur des haies touchait à la sécurité de la circulation dans le lotissement, le moyen est nouveau, mélangé de fait et de droit ;**

Attendu, d'autre part, qu'ayant exactement retenu que la clause **relative à la hauteur des haies du lotissement n'avait pas une nature réglementaire** et que, conformément aux stipulations du cahier des charges, sa modification avait été adoptée à la majorité de l'article L. 315-3 du Code de l'urbanisme, reprise à l'article L. 442-10, la cour d'appel, qui n'était pas tenue de procéder à une recherche qui ne lui était pas demandée, en a déduit à bon droit que la modification votée le 7 décembre 2013 n'avait pas à être approuvée par l'autorité compétente ;

D'où il suit que le moyen, pour partie irrecevable, n'est pas fondé sur le surplus ; PAR CES MOTIFS : REJETTE le pourvoi ; Condamne M. et Mme X... aux dépens ; Vu l'article 700 du Code de procédure civile, rejette la demande de M. et Mme X... et les condamne à payer à M. et Mme Y... la somme de 3 000 euros ; Cour de cassation, 3e c civile audience publique du douze juillet deux mille dix-huit. **Arrêt Cassation, civ 3, 27 juin 2019** : « la cour d'appel a exactement retenu que la clause relative à la hauteur des haies du lotissement n'avait pas une nature réglementaire et que, conformément aux stipulations du cahier des charges, sa modification avait été adoptée à la majorité de l'article L. 315-3 du Code de l'urbanisme, reprise à l'article L. 442-10 » et qu'elle pouvait à bon droit en déduire que la modification contestée n'avait pas à être approuvée par l'autorité compétente.

Annexe 2

Réduction de la largeur de la voie privée de desserte du lotissement[41]

Les opérations de lotissement de nature privée à l'origine sont de plus en plus encadrées par la puissance publique. Néanmoins la jurisprudence de la Cour de cassation tend à tempérer cet encadrement réglementaire.

L'autorité administrative peut modifier des documents du lotissement dont le cahier des charges (art L 442 -11 Code de l'urbanisme) pour des raisons de concordance avec le plan local d'urbanisme. Mais les colotis peuvent aussi obtenir par application de l'article L 422 10) une modification du cahier des charges.

L'apport essentiel de l'arrêt résumé ci-dessous est le suivant :

La Cour de cassation en date du 27 juin 2019 indique que dans la mesure où les statuts d'une ASL ont été adoptés à l'unanimité et que la règle de la majorité qualifiée a été retenue concernant les modifications du cahier des charges (art L442-10) cette règle est alors applicable « bien qu'insérée dans les statuts » (et non le cahier des charges ce qui est nouveau) pour modifier le cahier des charges et ce sans même intervention et approbation du maire.

Il s'agit là d'une évolution nouvelle de la jurisprudence. Il convient de rappeler qu'à l'origine la jurisprudence ne permettait pas aux colotis de modifier le cahier des charges sans accord de l'autorité administrative[42]. Par la suite elle a reconnu la possibilité aux colotis sous réserve d'avis unanime la possibilité de modifier le cahier des charges sans arrêté du maire[43]. Dans tous les cas les clauses figurant dans les statuts relatifs à la modification du cahier des charges n'étaient pas retenues peu importe les conditions de modifications élaborées par le rédacteur.

Ce n'est plus le cas, les clauses des statuts fixant les conditions de modification du cahier des charges à la majorité qualifiée deviennent de nos jours une référence.

L'affaire :

Les propriétaires d'un lot dans un lotissement, régi par un cahier des charges du 10 septembre 1925 approuvé par la préfecture du

[41] Cass 3 civ 27 juin 2019 numéro 18-14.003

[42] Cass 3 civ 20 mai /1998

[43] Cass 3 civ 16 décembre/2008

lotissement du parc basque, assignent l'association syndicale libre (ASL). Ils demandent l'annulation de la délibération d'assemblée générale qui avait décidé, à la majorité qualifiée de l'article L 315-3 du Code de l'urbanisme[44], de modifier le cahier des charges afin de réduire la largeur de la voie privée desservant le lotissement. Ils contestent ce recours à la majorité qualifiée dans la mesure où ce recours était prévu dans les statuts et non dans le cahier des charges. Classiquement on considère que ces groupements sont distincts. Par ailleurs ils critiquent l'absence d'intervention du maire en principe indispensable en cas de recours à la majorité qualifiée. En bref et en d'autres termes pour faire simple ils auraient souhaité que la délibération eût lieu par un vote à l'unanimité.

La cour d'appel a rejeté la demande. La Cour de cassation rejette de même le pourvoi. L'argument, le motif qui est alors nouveau est le suivant : dans la mesure où les statuts de l'ASL ont été adoptés à l'unanimité et qu'il est prévu dans l'objet des statuts que les décisions portant sur la modification des pièces du lotissement doivent être prises à une majorité qualifiée précise qui est celle de l'article 315-3 du Code de l'urbanisme la délibération adoptée dans de telles conditions est valide. Il n'est par ailleurs nul besoin de l'intervention du maire. Ainsi est retenue une clause de majorité qualifiée qui ne figure pas dans le cahier des charges mais dans les statuts et qui s'applique pourtant (ce qui est nouveau) en cas de modification du cahier des charges.

[44] article devenu L 442-10 code urbanisme

Annexe 3
Rappel des articles L 442-10 et L 442-11 Code urbanisme

Article L442-10

Entrée en vigueur 2018-11-25

Lorsque la moitié des propriétaires détenant ensemble les deux tiers au moins de la superficie d'un lotissement ou les deux tiers des propriétaires détenant au moins la moitié de cette superficie le demandent ou l'acceptent, l'autorité compétente peut prononcer la modification de tout ou partie des documents du lotissement, notamment le règlement, le cahier des charges s'il a été approuvé ou les clauses de nature réglementaire du cahier des charges s'il n'a pas été approuvé. Cette modification doit être compatible avec la réglementation d'urbanisme applicable.

Art L 442-11

Lorsque l'approbation d'un plan local d'urbanisme ou d'un document d'urbanisme en tenant lieu intervient postérieurement au permis d'aménager un lotissement ou à la décision de non-opposition à une déclaration préalable, l'autorité compétente peut, après enquête publique réalisée conformément au chapitre III du titre II du livre Ier du Code de l'environnement et délibération du conseil municipal, modifier tout ou partie des documents du lotissement, et notamment le règlement et le cahier des charges, qu'il soit approuvé ou non approuvé, pour mettre en concordance ces documents avec le plan local d'urbanisme ou le document d'urbanisme en tenant lieu, au regard notamment de la densité maximale de construction résultant de l'application de l'ensemble des règles du document d'urbanisme.

Sous-section 4 Réflexions sur la contractualisation des clauses de nature réglementaire en cas de modification du cahier des charges et la jurisprudence de la Cour de cassation

Il convient de s'attarder sur la jurisprudence citée supra de la Cour de cassation à propos de la modification de la disposition relative à la hauteur des haies d'un lotissement[45] ou la réduction de la largeur d'une voie privée[46]. Elle est complexe à analyser. Quel est l'impact véritable

[45]Cass 3e civ 12-7-2018

[46]Cass 27 juin 2019

de la jurisprudence ? Peut-on se fier aux premières impressions formelles ?

La Cour de cassation a-t-elle voulu simplement assouplir les règles de ce qui est de nos jours l'article L 442-10 du Code de l'urbanisme relatif à la modification du cahier des charges en dispensant l'intéressé de l'accord de l'autorité compétente (l'autorité est représentée par le maire le plus souvent) en cas de modification du cahier des charges ? Si on suit cette analyse les clauses du cahier des charges pourraient être modifiées dès lors que la majorité qualifiée des colotis, majorité fixée par l'article L. 442-10 du Code de l'urbanisme est atteinte, sans que l'autorité compétente n'ait à intervenir.

Il semble à l'analyse plus approfondie que la Cour de cassation n'ait pas simplement voulu réduire les conditions d'application de l'article 315-3 devenu article L 442-10 en abolissant l'accord de l'autorité compétente. Elle a désiré privilégier en revanche le caractère contractuel de la clause relative à la modification de la hauteur des haies. La clause relative à la hauteur des haies n'aurait donc pas en l'espèce un caractère réglementaire (il en serait à notre sens différemment si des tiers étaient en cause et si un problème de sécurité se posait).

Il en résulte que la majorité applicable pour modifier une clause contractuelle d'un cahier des charges non approuvé ne serait pas soumise à l'article L 442-10 du Code de l'urbanisme mais au principe de modification de tout contrat. Ce principe général nécessite qu'un accord unanime soit retenu. Mais cet accord unanime il faut le préciser n'est pas d'ordre public. Il s'agit d'un principe, par défaut, d'une unanimité par défaut.

En conséquence une clause dans le cahier des charges, voire une clause insérée dans les statuts, pourrait prévoir une majorité de modification du cahier des charges qui ne soit pas celle de l'article 442-10. Mais si cette majorité des deux tiers est envisagée ou si même l'article 442-10 est cité dans le cahier des charges voire dans les statuts cette majorité des deux tiers est applicable sans toutefois nécessiter l'accord de l'autorité compétente ou remplir pleinement les conditions de l'article L442-10. Pour autant ce n'est pas signe du caractère réglementaire de la clause en question.

Dit autrement :

La majorité retenue en l'espèce pour modifier la clause du cahier des charges, celle des deux tiers, ne serait donc pas générée par une application d'une règle d'urbanisme de l'article L 442 - 10 Code de l'urbanisme mais par la dérogation possible au principe de l'unanimité par défaut applicable aux clauses contractuelles.

Rien ne devrait empêcher (en cas de modification de clauses contractuelles) les colotis de faire application de la même majorité que celle prévue par l'article L442-10 comme d'une autre majorité conformément à la loi des contrats.

Section 3 De quelques décisions de jurisprudence distinctes opposées à la volonté de favoriser l'idée de contractualisation des clauses du cahier des charges

En substance dans les cas cités ci-dessous concernant la modification du cahier des charges le droit administratif et plus précisément l'article 442 -10 du Code de l'urbanisme a été privilégié au détriment de l'application du droit privé des contrats.

Sous-Section 1

L'arrêt de la 3e chambre civile de la Cour de cassation[47] en date du 12/07/2018 a été analysé à diverses reprises et notamment supra sous-section 4. Il pourrait suggérer comme énoncé antérieurement (sous-section 4), bien que cette thèse soit minoritaire en jurisprudence, que la règle de la majorité qualifiée et donc en l'espèce les dispositions de l'article L 442-10 alinéa 1 s'appliquent dans toutes les circonstances en cas de modification des documents du lotissement. Exit donc l'application du droit privé des contrats et son principe d'unanimité en cas de modification. Dans ces conditions il conviendrait cependant de distinguer les cas où un arrêté du maire ou de l'autorité administrative s'impose des cas où la majorité qualifiée suffit et dispense de l'accord de l'autorité administrative. Pour faire simple on pourrait envisager que la modification de toutes les clauses de nature non réglementaire du cahier des charges postérieure à 1977 est dispensée de l'accord de l'autorité d'urbanisme.

[47]Pourvoi : n° 17-21081

Sous-section 2 Arrêt Clos des Pins Cour de cassation, 3e chambre civ.,
4 février 2004[48]

Le second exemple est l'arrêt Clos des Pins Cour de cassation, 3e chambre civ., 4 février 2004[49].

La Cour de cassation, 3e chambre civ., en date du 16 déc. 2008 dans l'affaire Clos des Pins a été saisie à propos d'une parcelle commune cédée gratuitement par le représentant à un coloti. Une attestation favorable a été signée par la quasi-totalité des colotis (et plus précisément dix-huit des dix-neuf copropriétaires composant l'association syndicale). **Une telle attestation selon les magistrats ne permet pas pourtant de modifier le cahier des charges du lotissement, telle que la -modification est prévue par l'article L. 315-3 du Code de l'urbanisme**[50]. L'absence d'accord du maire ou de l'autorité administrative est seule pénalisée. L'idée d'appliquer le droit lié à la modification des contrats est absente. En l'espèce toutefois la qualité du représentant était en cause plus que la cession elle-même (voir annexe ci-dessous).

« Attendu, d'autre part, que l'arrêt retient exactement que l'attestation établie par M. X.... le 26 mars 1985 et signée par les colotis ne vaut pas autorisation de modification du cahier des charges telle qu'elle est prévue par les dispositions de l'article L. 315-3 du Code de l'urbanisme » ;

En dépit donc d'un accord quasi unanime des dix-huit sur dix-neuf des copropriétaires pour une cession gratuite d'une parcelle la modification du cahier des charges n'est pas autorisée faute de plein respect de la procédure de modification régie par l'article L 315-3 code urbanisme (absence d'accord notamment du maire). Cet article L 315-6 est aujourd'hui devenu l'article L 442-10.

---

[48]Cour de cassation, 3e chambre civ., 4 février 2004 (pourvoi n° 02-11409), rejet du pourvoi

[49]Cour de cassation, 3e chambre civ., 4 février 2004 (pourvoi n° 02-11409), rejet du pourvoi

[50]Cour de cassation, 3e chambre civ., 4 février 2004 (pourvoi n° 02-11409), rejet du pourvoi

Annexe

Affaire Clos des Pins Arrêt 3e chambre civ., 4 février 2004 (pourvoi n° 02-11409), rejet du pourvoi)

AU NOM DU PEUPLE FRANÇAIS

LA COUR DE CASSATION, TROISIÈME CHAMBRE CIVILE, a rendu l'arrêt suivant :

Donne acte aux époux X.... du désistement de leur pourvoi en ce qu'il est dirigé contre l'association syndicale libre du lotissement Le Clos des pins ;

Sur le premier moyen du pourvoi principal et le premier moyen du pourvoi incident, réunis :

Attendu, selon l'arrêt attaqué (Montpellier, 25 septembre 2001), qu'en 1978, ont été constitués le lotissement Le Clos des pins ainsi qu'une association syndicale libre (ASL) ayant pour objet social l'acquisition, la gestion et l'entretien des terrains et équipements communs ainsi que leur cession ultérieure à la commune ;

que, par acte authentique du 7 janvier 1992, l'ASL a cédé à titre gratuit aux époux X..., colotis, une parcelle, partie commune du lotissement ;

que, contestant ce transfert de propriété en raison, d'une part, du défaut de pouvoir du représentant de l'ASL ayant signé l'acte de cession, d'autre part, de ce que, compte tenu de ses statuts ainsi que des clauses du cahier des charges du lotissement, l'ASL ne pouvait céder cette parcelle à une personne privée, les époux Y.... , colotis, ont assigné les époux X.... ainsi que la société civile professionnelle Z... A.... , notaire ayant établi l'acte de cession, afin que soit constatée l'inexistence de cet acte et que soit restituée à l'ASL la parcelle cédée, ainsi qu'en paiement de dommages-intérêts ; qu'en cause d'appel, les époux Y.... ont assigné l'ASL en intervention forcée ;

Attendu que les époux X.... et la SCP Z... A.... font grief à l'arrêt de constater l'inexistence de l'acte de cession gratuite par l'ASL aux époux X.... de la parcelle constituant une partie commune du lotissement et d'en annuler les effets, les condamnant à restituer cette parcelle à l'ASL en l'état où elle se trouvait préalablement à leur prise de possession, alors, selon le moyen :

1 / que seules les parties ou leurs ayants cause ont qualité pour exercer les actions nées du contrat ; qu'en constatant, après avoir

déclaré "irrecevable l'appel en intervention forcée de l'Association syndicale libre "Le Clos des pins", "l'inexistence de l'acte de cession gratuite par l'association syndicale libre "Le Clos des pins" aux époux X... de la parcelle cadastrée sur le territoire de la commune de Frontignan, lieudit "Les Crosses" section CL n° 428, dressé par M. Z..., le 7 janvier 1992", en conséquence en avoir "annulé les effets" et condamné "les époux X... à restituer à l'association syndicale libre "Le Clos des pins" ladite parcelle en l'état où elle se trouvait préalablement à leur prise de possession", la cour d'appel a violé les articles 31 et 32 du nouveau Code de procédure civile, 1165 du Code civil ;

2 / qu'au surplus, dix-huit des dix-neuf copropriétaires composant l'association syndicale avaient expressément autorisé le 26 mars 1985 la cession litigieuse, ce qui justifiait la modification, en ce sens, du cahier des charges, en application de l'article L. 315-3 du Code de l'urbanisme et de l'article 8 des statuts de l'association syndicale ;

qu'en affirmant que le contrat liant les colotis n'avait pas été modifié, la cour d'appel a violé les articles L. 315-3 du Code de l'urbanisme et 1134 du Code civil ;

3 / qu'en toute hypothèse, à supposer même que le cahier des charges n'ait pas été modifié par l'autorisation expresse précitée du 26 mars 1985 donnée par dix-huit des dix-neuf propriétaires, le cahier des charges se bornait à viser l'"objet minimal prévu et imposé par l'article R. 315-8 du Code précité", ce qui n'interdisait pas la cession à une personne privée ; qu'en décidant le contraire, la cour d'appel a dénaturé l'article 14 du cahier des charges et violé l'article 1134 du Code civil ;

Mais attendu, d'une part, que l'arrêt caractérise la qualité pour agir des époux Y... en retenant, sans dénaturer l'article 14 du cahier des charges du lotissement, que, dès lors qu'ils contestaient la validité de la cession de la parcelle qu'ils considéraient comme indûment cédée aux époux X... en violation du cahier des charges, document contractuel, les époux Y... avaient, en leur qualité de colotis, intérêt à agir pour demander la remise en conformité de cet espace commun et le respect des obligations contractuelles du cahier des charges ;

Attendu, d'autre part, que l'arrêt retient exactement que l'attestation établie par M. X.... le 26 mars 1985 et signée par les colotis ne vaut pas autorisation de modification du cahier des charges telle qu'elle est prévue par les dispositions de l'article L. 315-3 du Code de l'urbanisme ;

D'où il suit que le moyen n'est pas fondé ;

Sur le second moyen du pourvoi principal et les deuxième et troisième moyen du pourvoi incident, réunis, ci-après annexés :

Attendu que la cour d'appel a caractérisé l'existence du préjudice subi par les époux Y.... , en relation de cause à effet avec les fautes commises par M. X.... et la SCP Z... A.... en retenant que ces fautes avaient eu pour conséquence directe de nuire aux relations de voisinage au sein du lotissement et de provoquer une attitude de réserve de la mairie à l'égard des colotis ;

D'où il suit que le moyen n'est pas fondé ;

PAR CES MOTIFS :

REJETTE les pourvois principal et incident ;

Condamne les époux X.... et la SCP Z... A.... aux dépens des pourvois ;

Vu l'article 700 du nouveau Code de procédure civile, rejette la demande des époux X.... ; condamne les époux X.... et la SCP Z... A.... , ensemble, à payer aux époux Y.... la somme de 1 900 euros ;

Condamne les époux X.... à une amende civile de 2 000 euros envers le Trésor public ;

Condamne la SCP Z... A.... à une amende civile de 2 000 euros envers le Trésor public ;

Section 4 Une jurisprudence complexe et encore floue en matière de modification du cahier des charges

La possibilité ouverte de nos jours à une modification du cahier des charges par application de l'article 442-10 du Code de l'urbanisme bien qu'à des conditions strictes et nullement évidentes à atteindre (majorité qualifiée) de manière certaine donne espoir à ceux qui désirent limiter le périmètre du lotissement afin de construire et d'urbaniser d'anciennes zones vertes du lotissement. Mais ils donnent aussi espoir à ceux dont le cahier des charges était si ancien qu'il était oublié ou dépassé au point qu'il était confondu avec d'autres règlements et devenait sans valeur. La focalisation sur ce texte est importante. Le sentiment prédominant est que toute clause du cahier des charges est soumise à cette législation. On tend à oublier qu'il existe des clauses qui ne sont pas de nature réglementaire, qui ne sont pas liées à l'urbanisme et qui sont purement contractuelles et soumises au droit des contrats d'où une première complexité. La seconde complexité est la difficulté à définir et distinguer les clauses d'urbanismes des clauses purement contractuelles au regard de la législation relative à la modification. La troisième complexité résulte du fait que la tendance est de penser que les clauses contractuelles ne peuvent être modifiées qu'à l'unanimité. C'est oublier que si le principe d'unanimité pour supprimer ou modifier une clause contractuelle est parfaitement principe d'unanimité est une règle par défaut. En d'autres termes rien n'empêche l'insertion dans les statuts d'une modification d'une clause contractuelle à la simple majorité. On pourrait même imaginer une modification statutaire de clauses contractuelles aux mêmes conditions que celle prévue à l'article 442-10 du Code de l'urbanisme. Enfin et surtout on ne sait de manière certaine définir et poser de manière simple avec précision ce qu'est une clause d'urbanisme par opposition à une disposition purement contractuelle.

Sous-section 1 Modification des clauses purement contractuelles

La modification ou suppression de clause sans rapport avec les règles d'urbanisme purement contractuelle ne concernant que les parties au contrat et non le tiers ne devrait pouvoir intervenir cette fois en principe qu'avec l'accord unanime des colotis par application de l'article 1193 Code civil « Les contrats ne peuvent être modifiés ou révoqués que du consentement mutuel des parties, ou pour les causes que la loi autorise » à défaut de clause particulière autre. Il peut arriver souvent que soient reprises dans le cahier des charges, parfois dans les statuts, des conditions de majorité des voix prévues par l'article 442-10 à savoir la majorité des deux tiers). Pour autant si la clause par défaut est de nature contractuelle la majorité des deux tiers n'est nullement indispensable. Une majorité à des conditions moindres serait possible. Par ailleurs même si la majorité de l'article 442 -10 était indiquée l'article 422-10 ne devrait pas s'appliquer dans son intégralité. Les conditions annexes (intervention du maire, etc.) ne seront pas retenues.

Sous-section 2 Modification des clauses réglementaires d'urbanisme

En cas de clauses dites réglementaires d'urbanisme la modification n'est possible que dans les conditions de majorité qualifiée prévues par l'article 422-10. Cette majorité qualifiée paraît a priori être d'ordre public. Il ne doit pas être possible d'y déroger (sauf dispositions légales qui seront abordées). Pourtant la jurisprudence actuelle semble assouplir les conditions demandées en sus de l'accord à la majorité qualifiée (conditions telles que l'intervention de l'autorité du maire, via de signe par le maire en sa qualité autorité d'urbanisme ou même) liées à la mise en application de cette majorité prévue par l'article 442-10. Elle autorise ainsi une modification du cahier des charges prévue par le document par application de l'article L315-3 sans approbation par l'autorité compétente[51]. Elle applique une solution relative à la majorité requise qui ne se trouve pas dans le cahier des charges mais dans les statuts[52] et valide cette procédure[53]. Elle peut donner à penser à une volonté de contractualisation actuelle de la Cour de cassation ou à un assouplissement de la règle prévue par l'article 442-10.

Il a même été observé que la décision de modifier le cahier des charges d'un lotissement peut être adoptée à la majorité qualifiée, sans approbation par l'autorité compétente, dès lors que les « statuts » de l'ASL du lotissement, adoptés à l'unanimité des colotis, prévoient cette règle de majorité.

Il existe quelques divergences qui dérogent à la volonté de faire prédominer le consensualisme. Il en est ainsi de l'arrêt de la Cour de cassation, 3e chambre civ., 4 février 2004[54]. Elle a ainsi dénié à propos d'une parcelle commune cédée gratuitement par le représentant de l'ASL à un coloti toute incidence juridique à une attestation signée pourtant par des colotis (et plus précisément dix-huit des dix-neuf copropriétaires composant l'association syndicale). Une telle attestation ne vaut pas autorisation de modifier le cahier des charges du lotissement, telle que la modification est prévue par l'article L. 315-3 du Code de l'urbanisme[55]. Mais en l'espèce toutefois ce qui était en cause était plus la qualité du représentant qui ne pouvait agir seul que la cession elle-même.

---

[51] Cass civ 12-juillet -2018

[52] Réduction largeur voie privée Cass 27 juin 2019

[53] Cass civ 27 -juin-2019 voir aussi Le cahier des charges peut être modifié à la majorité prévue par les statuts du lotissement édit f Lefebvre www efl.fr /cahier-charges-modifie-majorité-prévue-statuts

[54]pourvoi n° 02-11409, (rejet du pourvoi)

[55] Cour de cassation, 3e chambre civ., 4 février 2004 (pourvoi n° 02-11409), rejet du pourvoi

Section 5 Initiatives de la modification du cahier des charges (colotis, maire, collectivités)

Sous-section 1 Modification du cahier des charges par les colotis

La modification du cahier des charges ne devrait pouvoir être réalisée qu'à l'unanimité des colotis qui y ont adhéré du fait de son caractère contractuel. Mais il convient de le souligner cette unanimité est une unanimité par défaut. Statutairement des conditions moindres sont possibles En pratique cette mesure semble peu appliquée et la règle d'unanimité prédomine. Bien souvent par ailleurs des clauses réglementaires d'urbanisme (clause relative aux antennes, clauses relatives aux séparations entre lots, clauses relatives aux subdivisons de lots, aux limites séparatives, à la hauteur maximum, aux zones où il n'est pas possible de construire zones *non aedificandi*) figurent dans le cahier des charges. Ces clauses sont propres au règlement du lotissement et de nature administrative. Pour éviter les effets de la caducité du règlement la pratique tente d'intégrer les clauses propres au règlement du lotissement de nature administrative dans celles du cahier des charges. Désormais depuis la loi ELAN le cahier des charges peut être modifié par application de l'article L442-10 du Code de l'urbanisme (loi ELAN du 23 Nov. 2018 : Evolution du logement de l'aménagement et du numérique). Cette modification est critiquée comme favorisant l'administration à la recherche de terrain constructible. Cette recherche ne devrait pas être réalisée au mépris de principes importants telle la force obligatoire du contrat et le respect du droit de propriété. D'une manière générale faute de précision sur la notion de caractère réglementaire il existe des équivoques quant à l'application des textes et entre le cahier de charges (droit privé) et le Code de l'urbanisme (droit public). Il n'est nullement indiqué si les modalités de vote doivent respecter le texte de l'article 442-10 à la lettre. On peut être troublé en effet par la décision du Conseil d'État rendue en 1985. Selon cette décision du Conseil d'État, le vote était réalisé de la manière qui suit : chaque propriétaire n'a qu'une seule voix même s'il est propriétaire de nombreux lots[56]. Pour calcul de la superficie il est nécessaire de retrancher la superficie des voies et espaces verts (zone verte à retrancher). Il ne faut compter que les lots affectés à l'habitation.

---

[56] CE 13 juin 1985 numéro 9275

À la lecture attentive du texte il apparaît qu'il n'est pas nécessaire qu'une assemblée générale se tienne. La réunion d'un ensemble de colotis répondant aux conditions ci-dessus suffirait.

Sous-section 2 Modification des clauses du cahier des charges ***par le maire*** *dans le but d'une concordance avec le document d'urbanisme général en vigueur*[57]

Il s'agit là d'un cas ou contrairement au précédent l'aspect réglementaire prime sur le contrat et plus précisément sur le caractère consensuel du cahier des charges. Cette prédominance de l'administration est justifiée par la pénurie du foncier et le risque de blocage de l'évolution de l'urbanisation selon les pouvoirs publics. Mais il s'agit aussi d'une très forte atteinte aux conventions privées.

Le maire peut de lui-même faire modifier les clauses particulières d'urbanisme (mais aussi semble-t-il des clauses qui ne sont pas liées à l'urbanisme) figurant dans le cahier des charges afin de mettre en concordance le cahier des charges avec les normes générales d'urbanisme qui s'appliquent usuellement ou le PLU[58]. Cette mise en concordance permet d'éviter de faire obstacle à des projets de construction. Pour certains auteurs la procédure de mise en concordance peut constituer une méthode particulièrement adaptée lorsque des collectivités souhaitent réaliser un projet d'aménagement incompatible avec le cahier des charges d'un lotissement. Mais il existe aussi un risque d'abus de pouvoir.

Une enquête publique doit avoir lieu pour entendre les avis. Mais l'autorité administrative (la mairie) conserve un pouvoir discrétionnaire.

Sous-section 3 Modification du cahier des charges par l'État ou la collectivité territoriale suite à déclaration d'utilité publique (DUP)

Pouvoir du Maire (infra subdivisions lot) :

La déclaration d'utilité publique (DUP) par l'État ou les collectivités territoriales permet de procéder à l'acquisition des immeubles en vue de la réalisation d'une opération d'intérêt général déterminée.

Les collectivités territoriales, l'État sont à l'origine de cette procédure.

---

[57] art L 422-11 Code de l'urbanisme

[58] art L 442-11 Code urbanisme

La DUP est un acte administratif qui intervient après enquête publique en vue de procéder à une expropriation. Cette opération de déclaration d'utilité publique ne peut être prononcée que s'il existe une compatibilité avec le cahier des charges.

Les dispositions réglementaires d'un cahier des charges peuvent faire l'objet d'une mise en compatibilité par voie d'une déclaration d'utilité publique. Cette procédure doit avoir pour finalité l'acquisition d'immeubles. À défaut si la procédure de DUP n'a pour but que de modifier le cahier des charges et/ou le règlement du lotissement il s'agirait d'un « détournement de pouvoir de l'administration ».

Il est intéressant de souligner à nouveau que depuis peu la Cour de cassation considère que la décision de modifier le cahier des charges d'un lotissement peut valablement être adoptée à la majorité qualifiée de l'ex article L315-3 du Code de l'Urbanisme, sans approbation par l'autorité compétente, **dès lors que « les statuts « de l'association syndicale libre, ASL, de ce lotissement, adoptés à l'unanimité des colotis, prévoient une telle règle de majorité.**

Par ailleurs la loi Alur avait imposé la suppression, d'ici le 26 mars 2019, de toutes les clauses non réglementaires des cahiers des charges lorsqu'elles avaient pour objet de limiter le droit à construire. Mais les clauses non réglementaires ne sont pas clairement définies. La jurisprudence doit donc se prononcer pour remédier à ces incertitudes. Elle n'est pas uniforme. La vie d'une grande partie des ASL dépend des solutions qui seront adoptées.

Annexes

Annexe 1

Cour de cassation, civile, Chambre civile 3e, 29 Nov. 2011

C'est à l'ASL de faire la preuve de sa demande et de démontrer que les propriétaires ont consenti à adhérer au cahier des charges.

Les stipulations du cahier des charges d'un lotissement ne sont opposables aux propriétaires d'un bien situé dans l'enceinte de celui-ci que si ces derniers ont personnellement consenti à adhérer au cahier des charges lors de son établissement

Vu article 1315 C Civ

Attendu, selon l'arrêt attaqué (Versailles, 16 septembre 2010) que l'association syndicale libre Le Domaine du Château de Lery (l'ASL) a fait assigner M. et Mme X... en suppression des vélux posés sur le toit de leur maison d'habitation ; que les époux X... ont soulevé l'irrecevabilité de la demande ;

Attendu que pour dire l'ASL recevable en sa demande et ordonner aux époux X... la démolition des vélux, l'arrêt relève que les époux X... soutiennent que le cahier des charges de l'ASL leur est inopposable au motif qu'il ne leur a pas été notifié et retient qu'ils ne produisent pas leur acte d'acquisition susceptible de contenir des références au cahier des charges, voire de le reproduire ;

Qu'en statuant ainsi, la cour d'appel, **qui a inversé la charge de la preuve, a violé le texte susvisé ;**

PAR CES MOTIFS, et sans qu'il y ait lieu de statuer sur le premier moyen :

CASSE ET ANNULE, dans toutes ses dispositions, l'arrêt rendu le 16 septembre 2010, entre les parties, par la cour d'appel de Versailles ; remet, en conséquence, la cause et les parties dans l'état où elles se trouvaient avant ledit arrêt et, pour être fait droit, les renvoie devant la cour d'appel de Versailles, autrement composée ;

Condamne l'Association syndicale libre Le Domaine du Château de Lery aux dépens ;

Vu l'article 700 du Code de procédure civile, rejette la demande de l'Association syndicale libre Le Domaine du Château de Lery et la condamne à payer à M. et Mme X... la somme de 2 500 euros ;

Dit que sur les diligences du procureur général près la Cour de cassation, le présent arrêt sera transmis pour être transcrit en marge ou à la suite de l'arrêt cassé ; Ainsi fait et jugé par la Cour de cassation, troisième chambre civile, et prononcé par le président en son audience publique du vingt-neuf novembre deux mille onze.

Cour de cassation, civile, Chambre civile 3,29 Nov. 2011

Annexe 2

Comparaison entre l'Objet usuel des Statuts et l'objet du Cahier des charges dans les ASL

Les Statuts :

Les associations syndicales libres sont des personnes morales de droit privé. Elles ont notamment pour objet la gestion et l'entretien des espaces et des équipements communs du lotissement (voirie, espaces verts, réseaux, équipements divers) mais aussi fréquemment l'application du cahier des charges. Les statuts déterminent les modalités de fonctionnement, création, dissolution de la personne morale ASL. Modification des statuts à la majorité.

Le Cahier des charges :

Fixe les règles à caractère contractuel applicables dans le lotissement, entre les propriétaires au sein du lotissement. Le cahier des charges ne devient jamais caduc.

Les cahiers des charges prévoient fréquemment :

Interdiction de nuisances sonores, de divagation d'animaux de division ou de subdivision des lots issus du lotissement. Il détermine la nature des constructions à l'usage d'habitation, ou à l'usage professionnel, à l'exclusion de tout autre usage, Obligations de réalisation de certains types de clôtures, de hauteur des haies, d'entretien des jardins et des façades et des constructions.

La modification du cahier des charges ne peut être réalisée en principe qu'à l'unanimité (application du droit des contrats aux clauses contractuelles) ou à la majorité qualifiée (art 442-10 Code urbanisme) concernant les clauses d'urbanisme. C'est une des raisons pour lesquelles on peut se demander si ce document peut être considéré comme un document valant cahier des charges c'est à dire dont les effets sont ceux d'un véritable cahier des charges. Notre réponse était négative jusqu'à ces derniers temps. Un arrêt de la Cour de cassation en 2018.

Rappel de l'article 442-10 Code de l'urbanisme

« Lorsque la moitié des propriétaires détenant ensemble les deux tiers au moins de la superficie d'un lotissement ou les deux tiers des propriétaires détenant au moins la moitié de cette superficie le demandent ou l'acceptent, l'autorité compétente peut prononcer la modification de tout ou partie des documents du lotissement, notamment le règlement, le cahier des charges s'il a été approuvé ou les clauses de nature réglementaire du cahier des charges s'il n'a pas été approuvé. » Il convient de souligner que de nos jours le cahier des charges n'est plus approuvé par l'administration.

Les clauses non réglementaires du cahier des charges d'un lotissement peuvent être modifiées par les seuls colotis.

2) Cassation, civ 3, 27 juin 2019 : « la cour d'appel a exactement retenu que la clause relative à la hauteur des haies du lotissement n'avait pas une nature réglementaire et que, conformément aux stipulations du cahier des charges, sa modification avait été adoptée à la majorité de l'article L. 315-3 du Code de l'urbanisme, reprise à l'article L. 442-10 » et qu'elle pouvait à bon droit en déduire que la modification contestée n'avait pas à être approuvée par l'autorité compétente.

TITRE II

« Le règlement intérieur dans les ASL »

Le terme « règlement » a plusieurs significations et il s'attache le plus souvent des incidences juridiques à cette expression. Dans les ASL le terme règlement est parfois utilisé avec un sens particulier peu connu du public et sans effet juridique spécifique. Il existe des risques de malentendus ou des confusions de ce fait.

Section 1 Les diverses significations usuelles du terme « règlement intérieur »

Le terme « règlement intérieur » peut avoir plusieurs significations. Il s'agit donc de savoir ce dont on parle et ce n'est pas toujours évident. Tout dépend du contexte. Ce terme règlement intérieur n'étant pas protégé il existe toutes formes de règlement intérieur en fonction des situations et/ou des organismes. On distingue généralement le règlement intérieur des associations du règlement intérieur imposé par la législation sociale qui concerne notamment les entreprises regroupant un certain nombre de salariés. Par ailleurs il existe d'autres types de règlements intérieurs. Une association ou une ASL peut avoir plusieurs règlements intérieurs. **On peut établir un règlement intérieur par activité ou pour chaque aspect du fonctionnement** (discipline, tenue des AG, admission des membres, commissions, diverses aires de jeux, de pêche, etc.).

Certains documents reliés, composés d'un ensemble comprenant un cahier des charges, un règlement du lotissement, des statuts ont parfois pour titre commun dans une ASL « règlement intérieur ». Cet intitulé peut en fait se comprendre. Il recense diverses règles. Mais en droit cet intitulé, mélange des règles et des genres, est critiquable et sans signification juridique propre. Il génère des équivoques.

Sous-section 1 Le règlement intérieur classique dans les associations est un ou sous-produit des statuts de l'association

– §1 Intérêt du règlement intérieur classique

Au sens usuel du terme le règlement intérieur est dans les associations mais aussi peut être dans une moindre mesure dans les ASL compris comme étant un sous-produit des statuts. Ce règlement intérieur le plus connu dans les associations a pour objet de compléter les statuts, de préciser les règles. Il s'agit alors d'une sorte de règlement accessoire aux statuts. Ce règlement intérieur est facultatif. Il est intéressant lorsque des dispositions sont sujettes à des modifications fréquentes (prix d'un abonnement à une association sportive) de les insérer dans le règlement intérieur plus facile à modifier que les statuts dans la mesure du moins où ce règlement intérieur peut être modifié par le bureau ou le conseil par exemple. Ce règlement intérieur permet ainsi d'héberger les dispositions sujettes à des modifications fréquentes sans avoir à modifier les statuts en assemblée (AG.) Par ailleurs, étant donné que les dirigeants ne sont pas contraints de déposer le règlement intérieur à la préfecture, cela leur évite de rendre publiques les règles internes de fonctionnement de l'association.

En cas de discordance, la disposition figurant dans les statuts prévaut sur le règlement intérieur.

– §2 Élaboration et approbation du règlement intérieur « classique » chargé de préciser les statuts

Les statuts peuvent conférer à n'importe quel organe la faculté d'élaborer le règlement intérieur (conseil bureau président commission) mais rien n'exclut qu'un autre organe puisse être chargé de l'élaborer et un autre de l'approuver (assemblée par exemple). Toutefois l'intérêt pratique est par souci de simplicité que l'élaboration et l'approbation du règlement viennent d'un même organe de direction (et non de l'AG).

Sur le plan plus concret il est recommandé d'attendre un certain temps après la création de l'association avant de rédiger le règlement intérieur. Ce délai permet de mieux cerner les difficultés souvent inattendues, les divers problèmes et d'établir un listing judicieux adapté (quelques mois voire un an après la création de l'association pour rédiger le règlement intérieur).

À titre d'exemples ci-dessous les clauses du règlement intérieur d'une association ou des règlements divers peuvent concerner :

Les adhésions : conditions, montant de cotisation, date de versement, période (année civile ou année scolaire)

Les procédures disciplinaires (respect du droit de la défense) et les sanctions (démission exclusion)

Les règles de sécurité

Les modalités de fonctionnement des assemblées ou du conseil d'administration.

Mais aussi si ce n'est dans le même règlement dans des règlements distincts :

Les règles en matière de pêche dans les étangs,

Les dispositions en matière d'activité sportive (tennis)

– §3 Possibilité d'élaborer un règlement intérieur dans le silence de statuts

Dans le silence de statuts l'élaboration d'un règlement intérieur est possible au cours de la vie de l'association. L'organe compétent pour décider de l'opportunité d'un règlement intérieur dans le silence des statuts devrait être par principe l'assemblée. La décision devrait alors être adoptée suite à la tenue d'une assemblée AGE.

– §4 Modification du règlement intérieur

Au sein d'une association, les modifications du règlement intérieur doivent être approuvées par l'organe compétent avant d'être applicables. Il s'agit généralement du comité de direction ou du bureau. Ces modifications du règlement s'appliquent aux membres et aux dirigeants seulement si elles ont été adoptées selon les procédures conformes aux statuts et à la loi.

La modification du règlement intérieur n'a pas à être déclarée à la préfecture. Il n'en est pas de même des associations reconnues d'utilité publique. Elles doivent communiquer le règlement intérieur modifié au ministre de l'Intérieur et en recevoir une approbation expresse ou tacite.

Sous-section 2 Incidences générales du règlement intérieur usuel d'association

– §1 -Entre les sociétaires colotis le règlement intérieur a force obligatoire des statuts (s'il s'agit bien d'un véritable règlement intérieur relatif aux statuts).

Dans l'hypothèse où l'établissement du règlement intérieur a été prévu dans les statuts et a été élaboré conformément aux modalités et à la loi et porté à la connaissance des membres par remise d'un exemplaire, affichage en salle de réunion, etc. ce règlement a la même force obligatoire que les statuts à l'égard des membres. Tous doivent s'y conformer et notamment l'organe de gestion et de direction (à défaut sanction pour inexécution des dispositions statutaires).

Le règlement intérieur ne peut être en contradiction avec les statuts et les statuts priment sur le règlement intérieur du moins s'il s'agit d'un règlement relatif aux statuts.

Par exception si une disposition du règlement se montre plus favorable aux droits de la défense dans une procédure disciplinaire elle l'emporte sur les statuts[1].

– §2 À l'égard des tiers le règlement n'est pas opposable.

Puisqu'il ne fait pas l'objet de publication sauf si ces derniers en ont eu connaissance (à propos d'un règlement intérieur d'une entreprise distinct il est vrai de celui d'une association[2]. Mais les tiers peuvent se prévaloir du règlement. Cette inopposabilité faute de publication ne semble pas jouer toutefois pour les résolutions prises en assemblée qui n'ont pas l'obligation d'être recensées dans un cahier. Mais à notre sens il y aurait abus de droit à opposer une décision trop ancienne.

Dans la pratique il est possible que l'autorité, l'assemblée par exemple, qui a adopté les statuts vote un règlement intérieur en contradiction avec les statuts. Dans l'hypothèse où cette contradiction a lieu avec les statuts on pourrait envisager à défaut de nullité du règlement qu'il s'agit alors d'une modification des statuts. Dans ce cas il conviendrait de vérifier que soient respectées toutes les conditions de fond et de forme relatives aux modifications statutaires. Ces modifications et changements de statuts ne seraient opposables aux tiers

---

[1] Paris 7 juin 1996 RD< com. 66, 492

[2] CA Versailles 26 juin 2008 n° 07/2417, 5e ch., SARL Abax c/ Diarra

qu'à partir du jour où ils ont été déclarés à la préfecture. Mais ils sont opposables aux sociétaires même sans déclaration[3].

Section 2 De quelques autres règlements intérieurs

Sous-section 1 Particularisme et risques de confusion entre les règlements intérieurs de nature distincte dans les ASL (note 1)

Dans les ASL, certains documents sont regroupés parfois sous un titre commun « règlement intérieur » tels les statuts, le règlement du lotissement, le cahier des charges. Ce n'est nullement une obligation et ce n'est pas toujours le cas. La situation la plus fréquente est celle d'un cahier des charges, accompagné d'un règlement du lotissement. Les statuts peuvent se trouver à part. Il n'y a en l'espèce rien d'obligatoire. Il n'est pas toujours aisé de distinguer ce qui peut être du domaine des statuts eux-mêmes, du cahier des charges ou du règlement du lotissement. Un intitulé général « Règlement intérieur » utilisé spécifiquement en matière d'ASL est source de confusions en droit comme en fait car ce terme a plusieurs significations. Ce règlement intérieur en tant en qu'intitulé d'un dossier regroupant un ensemble de documents n'a pas de valeur juridique propre. Il peut y avoir dans une ASL autant de règlements intérieurs que désiré avec des sens distincts.

On imagine généralement qu'un règlement intérieur précise et complète les statuts. Mais ce n'est pas toujours le cas. Le terme peut avoir plusieurs significations. La portée juridique de chacun est différente. Dans les ASL la nature d'un règlement intérieur lié au cahier des charges est distincte de celle d'un règlement intérieur liée aux statuts. Des questions délicates se posent. Dans la mesure où le cahier des charges est fondé sur l'accord unanime des colotis et ne peut être modifié qu'à l'unanimité ou une majorité qualifiée il nous semble que le règlement intérieur qui le vise ne pourrait être adopté ou modifié qu'avec l'accord de l'unanimité ou à une majorité qualifiée[4]. Ce n'est pas pourtant toujours le cas. Précisons enfin qu'en principe le cahier des charges prime sur les statuts qui doivent le faire appliquer et donc que les dispositions du règlement du cahier des charges priment sur celles des statuts. Mais cette logique juridique n'est pas toujours suivie par les magistrats.

---

[3] Crim 1 ère 7 avril 1987 JCP 1987 IV 21

[4] Art L442-10 Code urbanisme

Sous-section -2 Le règlement intérieur dans les entreprises (à ne pas confondre avec le règlement intérieur des statuts ou du cahier de charges)

Une association peut avoir de nombreux salariés voire rechercher des profits (la répartition est seule interdite). Elle se conduit parfois comme une entreprise. Si le nombre de salariés dépasse 50 un règlement intérieur d'entreprise doit être établi qui est différent du règlement intérieur association.

Ce règlement intérieur d'entreprise émane de la direction des entreprises. Il est obligatoire au-delà d'un certain nombre de salariés (50). Il comporte de nombreux points relevant de la compétence du comité hygiène et sécurité et de la protection des travailleurs. Il doit impérativement être soumis à l'avis des représentants du personnel (comité d'entreprise ou à défaut délégué du personnel).

Le Code du travail précise que ce règlement intérieur est un document écrit où doivent être fixées en substance :

Les réglementations en matière de santé et de sécurité dans l'entreprise

Les règles relatives à la discipline (avertissement, blâme, mise à pied, rétrogradation)

Les dispositions relatives au harcèlement moral et sexuel et aux agissements sexistes

Les instructions relatives au rétablissement de conditions de travail protectrices de la santé et de la sécurité des salariés

Les dispositions relatives aux droits à la défense des salariés

Les dispositions relatives au principe de neutralité afin d'éviter la manifestation excessive de convictions des salariés pouvant porter atteinte à d'autres droits fondamentaux.

Section 3 La signification parfois distincte du terme « règlement intérieur » employé à diverses reprises dans les ASL

La lecture des statuts d'un certain nombre d'ASL montre que ce terme employé à diverses reprises peut avoir des significations différentes. Il est donc recommandé d'appréhender le contexte. Ainsi que constaté tantôt le règlement intérieur de l'ASL constitue un véritable règlement intérieur précisant les statuts tantôt il ne s'agit que d'un intitulé qui permet de rassembler les statuts, le cahier des charges, le règlement du lotissement. Il convient alors de revenir à l'analyse de chacun des éléments regroupés sous un titre commun.

TITRE III :

Etude succincte des statuts de l'ASL

Le droit des ASL laisse les colotis libres d'un grand choix en matière de clauses statutaires à la différence du droit des sociétés ou de la loi sur la copropriété. Mais cette liberté a ses limites qu'il faut connaître. La frontière entre ce qui est licite et ce qui ne l'est pas est parfois floue. Contrairement à ce qu'on pourrait imaginer cette liberté n'est pas toujours un bienfait. Elle peut conduire à la tyrannie en l'absence de contrôle. Mais ce qui est vrai pour les ASL l'est aussi de toutes les associations. Sur ce dernier sujet il a paru naturel d'établir une comparaison avec les associations de type classique soumises à la loi de 1901.

L'étude ci-dessous est qualifiée de « succincte » par opposition à l'étude ultérieure qui analyse de manière détaillée article par article les statuts spécifiques des ASL.

Section 1 l'ASL est une des modalités de gestion de parties communes d'un lotissement à l'instar de la loi sur la copropriété en matière d'immeuble.

Parmi les formules qui permettent de gérer au mieux les diverses parties communes ou les biens d'intérêt commun (piscine, tennis, réseaux, exécution des décisions) des ensembles immobiliers construits sous forme verticale ou horizontale la loi sur la copropriété est souvent citée[1]. Mais d'autres formules mieux adaptées à la situation peuvent être proposées. Il en est notamment ainsi (dans l'hypothèse de construction horizontale) de l'association syndicale libre ou « ASL ». Le Code de l'urbanisme prévoit même que la constitution d'une association

[1] loi du 10 juillet 1965.

syndicale libre (ASL) est obligatoire (en ce sens le terme libre est peu justifié) dans toute demande de création d'un lotissement qui regroupe des acquéreurs de lots qui projettent de confier la gestion de terrains et équipements communs. Les statuts d'une ASL sont souvent élaborés alors même que l'ASL est en formation. Il importe de noter que les juges semblent considérer que l'adhésion de l'acquéreur aux statuts peut résulter de son engagement dans l'acte d'acquisition de respecter les clauses du cahier des charges du lotissement prévoyant la constitution d'une ASL[2] et ce alors même que l'ASL n'est quasiment pas formée et que les statuts ne sont pas rédigés.

Sous-section 1 Les dispositions légales applicables

Les textes essentiels sont de nos jours l'ordonnance du 1er juillet 2004 et son décret d'application du 3 mai 2006.

À l'origine la loi du 21 juin 1865 régissait les ASL. De nos jours l'ordonnance du 1er juillet 2004 et son décret d'application du 3 mai 2006 remplacent cette loi. Ces deux derniers textes ont eu essentiellement pour but d'inciter les ASL à insérer dans les statuts des précisions sur quelques points importants concernant son organisation et son fonctionnement (souvent oubliés du fait d'une sorte de liberté associative). Ainsi l'existence d'un « syndicat » sorte de comité de direction avec des pouvoirs étendus prenant collectivement des décisions a été imposé par les textes. L'article 9 de l'ordonnance de 2004 donne à ce syndicat une compétence de principe pour administrer l'ASL. Antérieurement un président était suffisant. Une unification des procédures dans la présentation des statuts de l'ASL a pu ainsi aussi avoir lieu. Globalement toutefois peu de dispositions légales, réglementaires existent. La liberté prédomine. Elle peut être cause de difficultés ou d'incertitudes. Elle n'est pas toujours nécessairement un bienfait.

Sous-Section 2 L'importance des statuts

Les statuts ont pour but d'organiser le fonctionnement de l'ASL mais aussi de permettre d'assurer au mieux la gestion des parties communes. Ils déterminent le périmètre des biens à gérer. Ils mentionnent parfois la possibilité de modifier le cahier des charges. Une grande liberté est laissée au rédacteur, le notaire, ou au lotisseur. Les dispositions légales

[2] Cass. 3e civ. 22-6 --2017 n° 16-13.877.

obligatoires étant peu importantes de nombreux vides sont à combler notamment sur le plan du fonctionnement des assemblées, des calculs de majorité, de la dissolution. Mais à qui se référer valablement pour combler ces lacunes? Au droit des associations ? Au droit des contrats ? Au droit de la copropriété ? Au droit des sociétés ? Au droit privé plus généralement car l'ASL est une personne morale de droit privé selon l'ordonnance de 2004 ? Au droit public car des règles d'urbanisme sont aussi plus ou moins directement liées aux ASL et aux cahiers des charges ? au droit de la copropriété ? etc., etc. Certains auteurs estiment que l'ASL se rapproche plus de l'organisation d'une société par actions que d'une copropriété régie par la loi du 10 juillet 1965. Tout dépend en réalité de la question qui se pose. L'essentiel est de ne pas dénaturer par des clauses ce qui est la spécificité même de l'ASL à défaut de quoi il ne s'agirait plus d'une ASL. On conçoit les difficultés de déterminer le droit qu'il convient d'appliquer dans le silence des textes ou des statuts ou pour inscrire de manière certaine une clause valide et la plus adaptée possible (voir sur le sujet de manière détaillée infra syndics et syndicats dans les ASL).

La complexité est encore plus importante qu'on ne l'imagine souvent car les statuts ne sont pas tout dans une ASL. Ils doivent respecter ou même permettre l'application du cahier des charges (voir étude). Ils ne peuvent être en contradiction avec ce dernier. Or ce cahier des charges toujours pérenne en droit est très souvent ancien, oublié, dépassé parfois même perdu, ou ne figurant pas dans les archives officielles. Il arrive même que des dispositions statutaires visant le cahier de charges ou sa modification soient incorrectes.

Section 2 Similitudes et différences entre ASL et associations

Préambule

Les règles de l'association viennent immédiatement à l'idée lorsqu'on évoque l'association syndicale libre. Les membres du syndicat d'une ASL président inclus ont souvent tendance à recopier ou prendre pour modèle les statuts du voisin comme si la rédaction de statuts n'était qu'une simple formalité. L'étude ci-dessous n'est pas exhaustive mais met en relief que l'ASL est une association particulière qu'il convient de distinguer d'une association classique. Elle illustre aussi la difficulté de rédaction de clauses des statuts ou la difficulté dans le silence des textes et des statuts de déterminer la solution qui doit valablement s'appliquer.

Sous-section 1 Similitudes

– §1 Absence de répartition des bénéfices

L'ASL est intitulée « association ». On pourrait donc envisager que le droit des associations (rarement enseigné et moins encore celui des ASL) comble les lacunes des dispositions[3] sur les ASL et que la loi de 1901 sur les associations est alors applicable dans le silence des textes propres aux ASL. Cette solution n'est convenable que pour partie seulement. Certes il existe des similitudes. L'ASL fonctionne comme une association. L'ASL ne peut répartir les bénéfices entre ses membres. Le résultat excédentaire vient alors en général augmenter le fonds de roulement de l'ASL, qui appartient à tous ses membres. Elle ne peut posséder d'immeubles autres que ceux nécessaires à son strict fonctionnement. Elle n'a donc pas d'immeuble de rapport (immeuble locatif à destination de tout public).

– §2 Nécessité de publication au JO des statuts pour les rendre opposables

La législation actuelle, l'ordonnance de 2004 ou le décret 2006 sont silencieux sur l'opposabilité des statuts de l'ASL. Il semble comme en matière d'association que les statuts sont opposables aux tiers et donc aux futurs acquéreurs dès la publication au JO. À défaut de publication au JO ils sont inopposables aux tiers, mais ces derniers peuvent s'en prévaloir. On observera en revanche que les décisions prises en assemblée sont opposables aux tiers sans formalité de publicité (à moins qu'elles ne touchent à la propriété immobilière).

En dépit de ces similitudes les différences sont importantes.

Sous- Section 2 Différences

– §1 Absence de liberté de retrait ou d'adhésion des membres d'une association syndicale libre

L'ASL est une association de type particulier qui ne mérite pas le qualificatif de « libre » qui est accolé à celui d'association. En dépit du

[3] ordonnance de 2004, décret de 2006

terme association syndicale libre il n'existe pas de liberté d'adhésion ou de retrait du membre dans une ASL. Tout propriétaire coloti dont le terrain est dans le périmètre d'une ASL est obligatoirement membre de l'ASL du moins si en tant que propriétaire il a consenti à adhérer implicitement parfois même de manière limite à cette association. Les juges semblent considérer que l'adhésion de l'acquéreur aux statuts peut résulter de son engagement, dans l'acte d'acquisition, de respecter les clauses du cahier des charges du lotissement prévoyant la constitution d'une ASL[4].

À la différence du droit des associations, il n'est pas possible d'insérer dans les statuts d'une ASL des conditions de parrainage ou d'acceptation de membres (bien que dans la pratique de telles situations existent). On pourrait presque affirmer que ce n'est pas tant la personne du propriétaire qui adhère à l'ASL que le bien qu'il possède. En d'autres termes selon certains, l'ASL serait plus une association de biens immobiliers que de personnes dans la mesure où l'acquéreur doit acquitter les charges impayées du vendeur.

– §2 L'Objet de l'ASL est plus restreint que celui de l'association

À la différence même des associations régies par la « loi 1901 », l'objet d'une ASL est moins large, plus spécifique. Il ne peut être choisi en dehors de la liste de l'article 1 de l'ordonnance. Ce texte limite strictement son activité. Selon l'article 1er de l'ordonnance du 1er juillet 2004, les associations syndicales libres peuvent avoir pour objet la construction, l'entretien ou la gestion d'ouvrages ou la réalisation de travaux ; la prévention des risques naturels ou sanitaires ainsi que les pollutions et les nuisances ; la préservation, restauration ou exploitation des ressources naturelles ; l'aménagement ou l'entretien des cours d'eau, lacs et plans d'eau, voies et réseaux divers ; la mise en valeur des propriétés. En substance l'ASL permet d'effectuer en commun des travaux d'amélioration, d'entretien ou de mise en valeur des biens. Elle permet également de gérer des problèmes environnementaux (entretien de cours d'eau, préservation de ressources naturelles, prévention de pollutions...).

Si l'ASL a pour objet l'administration la gestion et la police des voies, ouvrages et autres parties communes (ce qui ne signifie pas qu'elle soit nécessairement propriétaire de ces paries communes) elle

[4] Cass. 3e civ. 22-6-2017 n° 16-13.877.

peut aussi avoir pour mission selon l'ordonnance du 1er juillet 2004 l'application du cahier des charges et donc la mise en valeur des propriétés. Il n'y a donc pas que les parties communes qui sont visées. L'usage des parcelles même si cet usage est privé est soumis à réglementation afin de préserver l'harmonie du lotissement, en vue de mettre en valeur les propriétés. Il peut exister par exemple une réglementation relative aux bruits. Il a été ainsi estimé qu'un membre de l'ASL qui avait contrevenu aux dispositions du cahier des charges à l'occasion de la construction sur sa propriété d'un abri de jardin[5] a dû procéder à la démolition. Enfin bien que la liste ne soit pas exhaustive les statuts peuvent comporter des clauses qui bien que légales sont « égoïstes », éloignées parfois de règles d'intérêt général, de pure justice ou d'équité. Il en est ainsi souvent en matière de répartition des charges dans les ASL.

[5] CAA Douai 1ére ch. sect. 2,1 Er avril 2015 n°14/00651

TITRE IV :

Le règlement du lotissement

Section 1 Approche globale du règlement du lotissement

Sous-section 1 Généralités relatives au règlement du lotissement

Le règlement du lotissement est établi par l'aménageur. Il est de nos jours facultatif (depuis le décret du 26 juillet 1977) mais demeure encore assez fréquent dans les faits notamment lorsque la commune n'a pas été dotée d'un plan d'urbanisme. Dans l'hypothèse où la commune a été dotée d'un plan d'urbanisme les règles spécifiques d'urbanisme contenues dans le règlement du lotissement sont caduques c'est-à-dire cessent d'avoir effet au bout de dix ans à partir de la délivrance de l'autorisation de lotir. Toutefois l'intérêt attaché au règlement du lotissement demeure pour partie dans la mesure où certaines règles du lotissement sont intégrées au cahier des charges qui lui n'est nullement caduc (voir infra intégration au cahier des charges des règles du lotissement).

Le règlement du lotissement joint aux statuts et au cahier des charges est en principe remis à tout nouveau coloti propriétaire. Il précise les règles et servitudes d'intérêt général et notamment les règles d'urbanisme particulières à l'intérieur du lotissement visant principalement tout projet de construction d'agrandissement ou de rénovation à l'intérieur du lotissement. Il s'impose à tout coloti.

En pratique sous un titre général « règlement » ou « règlement du lotissement » on peut trouver des contenus distincts. Mais sur un plan plus technique « le règlement du lotissement » (dénomination professionnelle) qui doit respecter les règles usuelles d'urbanisme qui sont imposées dans un lotissement tend à édicter des dispositions supplémentaires et réglementaires en matière d'urbanisme plus strictes que celles visant le plan local d'urbanisme (PLU) classique applicables sur la commune. Ces règles plus contraignantes au regard par exemple de la délivrance du permis de construire peuvent générer ainsi une amélioration des constructions ou des aménagements des abords de maison. Elles apparaissent comme des compléments aux règles de l'urbanisme (types de matériaux, couleurs des maisons).

Sous-section 2 Contenu

Le règlement de lotissement peut à titre d'exemples concerner pour les futures constructions des règles visant l'architecture, la surface hors œuvre nette maximale constructible sur chaque terrain, l'implantation des maisons, la distance à observer pour l'implantation des constructions par rapport aux limites séparatives, l'emploi de types particuliers de matériaux, l'aspect extérieur de construction ou de clôture, la hauteur des maisons, la largeur des façades, la disposition et les modalités des clôtures, l'autorisation de diviser un lotissement pour construire une nouvelle habitation sur le terrain détaché, les règles imposant une certaine surface de terrain pour pouvoir construire, les règles autorisant plusieurs logements sur un même lot. Ces règles spécifiques peuvent donc être beaucoup plus strictes que celles prévues par le plan local d'urbanisme (PLU) applicable sur la commune.

Le règlement du lotissement peut aussi imposer un type d'architecture des constructions (maison bretonne provinciale bourgeoise, chalet en bois ou maison en pierre), une surface spécifique des maisons, leur hauteur, leur longueur ou leur largeur, la disposition de la maison sur le terrain ou par rapport à la voirie, les conditions d'accès au bâtiment, le nombre de places de stationnement par lot, l'interdiction ou non du morcellement des parcelles, la nature des clôtures pierre ou bois, le pourcentage des espaces verts, etc. Ainsi le règlement du lotissement peut prévoir une large zone verte destinée à rester vierge de toute habitation sur par exemple plus de 50 % du lotissement (ce qui n'est peut-être pas du goût d'une commune qui pourrait vouloir loger de nouveaux habitants ou construire une usine).

Section 2 Aspects plus spécifiquement juridiques

De très nombreux règlements du lotissement sont aujourd'hui caducs. Pour autant il apparaît à l'analyse que l'intégration de clauses propres au règlement du lotissement dans le cahier des charges présente un intérêt important.

Sous-section 1 -Caducité des effets des clauses du règlement et fondement de cette caducité

– §1 Caducité de clauses liées à l'urbanisme ou dérogeant au Code de l'urbanisme

Les règles spécifiques relatives à l'urbanisme du lotissement qui peuvent donc être beaucoup plus strictes que celles prévues par le plan local d'urbanisme (PLU) applicable sur la commune sont de nos jours devenues caduques, c'est-à-dire sont sans effet. Leur valeur réglementaire n'est plus aujourd'hui reconnue alors même que ces règles avaient été approuvées par l'administration compétente lors de la demande d'autorisation du logement. Selon la loi Alur de 2014 les effets de ces clauses sont devenus caducs au bout de dix ans à partir de la délivrance de l'autorisation de lotir si à cette date la commune a été dotée d'un plan d'urbanisme. Il n'en est pas de même du cahier des charges (supra). Dès lors au regard de l'administration ce ne sont plus les règles du lotissement qui s'appliquent pour l'obtention par exemple d'un permis de construire mais les règles d'urbanisme de la commune fixées par le plan local d'urbanisme (ou un document qui en tient lieu) et ce sans dérogation.

Plus précisément une loi du 6 janvier 1988 applicable depuis le 8 juillet 1988 avait limité à dix ans la durée de vie du règlement du lotissement (dix ans à partir du permis appelé anciennement permis d'aménager ou de la date de l'autorisation de lotir). Des prolongements sur demande spécifique étaient cependant possibles afin de maintenir ce règlement et de protéger le plus qui faisait le charme du lotissement. Depuis la loi Alur du 24 mars 2014, ce droit à dérogation a été supprimé. Il n'est plus possible de demander un prolongement et de modifier des règles du lotissement à la majorité spécifiée[1]. Dans les lotissements anciens de plus de dix ans le règlement du lotissement ne devrait donc plus s'appliquer si du moins la commune est dotée d'un plan local d'urbanisme ou de tout document analogue (ce qui est le cas de Bazoches sur le Betz). Certains du fait de cette caducité pourraient s'interroger sur l'utilité de l'examen du règlement du lotissement. Il convient de préciser que seules les prescriptions en matière d'urbanisme sont visées. Or d'une part en pratique de nombreux règlements du lotissement mélangent en fait souvent des règles de droit

[1] Art L422-10 actuel du Code de l'urbanisme –supra-

public d'urbanisme notamment, et des règles de droit privé (aménagement des relations entre les colotis) ce qui en principe sont du ressort du cahier des charges. D'autre part la législation ne définit pas ce qui est du ressort de l'urbanisme de ce qui ne l'est pas. Enfin des clauses du lotissement liées ou non à l'urbanisme sont souvent intégrées dans le cahier des charges par principe accepté par tous les colotis (voir supra cahier des charges). Peut-on alors les valider, les opposer à des tiers et à l'administration ? Rien n'est simple en la matière. L'arrêt de la Cour de cassation en date du 21 janvier 2016[2] semble adopter une orientation reposant sur le respect du contrat qui ne peut être révoqué qu'à l'unanimité des colotis.

– § 2 – Fondement de cette caducité

Les raisons de la législation relative à la caducité des clauses particulières d'urbanisme figurant dans le règlement du lotissement sont les suivantes :

Les autorités administratives critiquaient le fait que des textes d'ordre privé émanant de particuliers puissent concurrencer en quelque sorte des dispositions du Code de l'urbanisme au regard par exemple de la délivrance de permis de construire en surajoutant des conditions. Le fait par ailleurs et surtout que le règlement du lotissement pouvait faire barrage à l'édification de constructions nouvelles de logements en édictant des contraintes supplémentaires par rapport au Code de l'urbanisme à une époque où la France était en manque de logement était reproché.

Sous-section 2 Le problème particulier des effets de l'intégration de clauses propres au règlement du lotissement dans le cahier des charges

Ce sujet a été abordé dans le cadre de l'étude du cahier des charges et est brièvement repris ci-dessous.

Des règles d'urbanisme sont souvent intégrées dans le cahier des charges (sur le sujet voir cahier des charges). Elles peuvent par exemple concerner le stationnement ou la hauteur des constructions. Elles pourraient a priori être considérées comme caduques ou du moins n'avoir aucun effet au regard de l'administration. Mais l'article 442-9 du Code de l'urbanisme n'est pas aussi affirmatif. Il indique que les

[2] Cass civ 3eme Ch. n° 15-10.2016

rapports entre colotis définis dans un cahier des charges ne doivent pas être remis en cause. Dans la mesure où le cahier des charges est fondé sur le consentement des colotis et que ces derniers ont accepté l'intégration de clauses fussent-elles propres au règlement du lotissement on peut se demander si de telles dispositions du fait du consensualisme ne doivent pas être validées. La Cour de cassation[3] semble avoir adopté cette solution à propos de l'extension d'une construction interdite par le règlement du lotissement à travers l'attendu qui suit :

« le cahier des charges quelle que soit sa date constitue un document contractuel dont les causes engagent les colotis entre eux pour toutes les stipulations qui y sont contenues et que les dispositions continuaient à s'appliquer entre les propriétaires au sein du logement ;

Que la réalisation de l'extension contrevenant au cahier des charges constituait pour le voisin un trouble ».

[3] Cass 3e civ 21 janvier 2016 n° 15-10 .566

LIVRE II :

COMPARAISON ENTRE L'ASL ET DIVERSES FORMES D'ASSOCIATIONS SYNDICALES ET DISTINCTION ENTRE L'ASSOCIATION SYNDICALE LIBRE ET LA COPROPRIÉTÉ

Chapitre I :

Comparaison entre l'Association syndicale libre ASL, l'association foncière urbaine, l'AFUL, association syndicale autorisée, l'ASA association syndicale d'office

Préambule

On différencie les associations syndicales libres ASL et les associations foncières urbaines (AFUL) des associations syndicales autorisées (ASA) et des associations syndicales d'office (ASO).

Section 1 Les diverses associations syndicales et le droit applicable

Les associations syndicales libres ASL et les associations foncières urbaines AFUL ont un régime distinct des associations syndicales autorisées et des associations syndicales d'office.

Sous-Section 1 Les ASL et les AFUL personnes morales de droit privé sont soumises à une même législation qui est de nos jours fondée sur l'ordonnance du 1er juillet 2004 et le décret du 3 mai 2006.

Les associations syndicales **libres** sont créées souvent pour l'aménagement de lotissements à construire suite à la division d'un terrain en parcelles et la gestion de biens et services communs qui en résultent.

Les AFUL « (Associations Foncières Urbaines) sont créées pour l'aménagement urbain de grands ensembles immobiliers déjà construits mais complexes (car intégrant par exemple des immeubles soumis au régime de la copropriété et/ou ayant une activité commerciale).

En pratique, les délimitations ne sont pas toujours évidentes.

*Sous-Section 2 Les associations syndicales **autorisées** **et les** associations syndicales **forcées ou d'office sont des établissements publics***

L'association syndicale a**utorisée** est constituée par le préfet avec l'accord d'une certaine majorité des intéressés. Elle fonctionne sous le contrôle de l'Administration.

L'association syndicale **forcée** est créée d'office par l'Administration dans l'intérêt public. Elle se constitue dans la mesure où certains travaux importants communs ne sont pas réalisés ou en cas de péril.

Il importe de souligner la nature distincte des associations syndicales libres personnes morales de droit privé soumises au droit privé de celle des associations syndicales autorisées ou d'office établissement public à caractère administratif. Une transposition générale automatique des textes de l'une à l'autre, dans le silence de la législation, pourrait en effet être critiquable. Par ailleurs les dommages commis par les travaux de l'association autorisée nous semblent devoir être soumis à la juridiction administrative (travaux publics) et non à la juridiction civile selon le tribunal des conflits du 28 mai 1979[1].

Section 2 Conversions possibles

Sous-section 1 Conversion d'une association syndicale libre en une association syndicale autorisée à la demande de colotis

Une ASL peut demander en cas de mésentente entre colotis la transformation de l'ASL libre en ASL autorisée. L'ASL peut être **convertie en association autorisée** sans création d'une nouvelle personne morale **devenant alors établissement de droit public** (il faut que les statuts le permettent et qu'une majorité qualifiée des propriétaires l'autorise).

Les conditions à remplir sont succinctement les suivantes :

Toute association syndicale libre dont la création a fait l'objet d'une publication au Journal officiel depuis plus d'un an peut demander à être transformée en association syndicale autorisée. Elle sera alors dotée du statut d'établissement public administratif. La demande de transformation doit être adoptée par l'assemblée générale à une majorité qualifiée (la majorité des propriétaires

[1] Rev Drt public 1980,244

représentant les deux tiers au moins de la superficie des propriétés ou les deux tiers des propriétaires représentant plus de la moitié de la superficie). Une fois adoptée, la demande est transmise au préfet qui soumet à enquête publique le projet de statuts de l'association syndicale autorisée. À l'issue de l'enquête publique intervient une consultation des propriétaires.

La demande d'autorisation, accompagnée d'un projet de statuts, est à adresser au préfet du département du futur siège de l'association syndicale autorisée. La constitution de l'association syndicale autorisée est soumise à une enquête publique visant à informer les propriétaires de bien immobilier éventuellement inclus dans son périmètre.

L'article 13 de l'ordonnance n° 2004-632 précise que tout propriétaire qui, dûment averti des conséquences de son abstention, n'émet pas une opposition expresse au projet est considéré comme favorable à la création de l'association. (sur ce sujet voir par analogie le nouveau mode d'intégration des votes absentions dans les sociétés commerciales depuis 2019 qui devrait être appliqué à notre sens dans les ASL[2]).

La création de l'association syndicale est autorisée par le préfet si un avis favorable est donné.

Sous-section 2 Conversion d'une association syndicale libre en association syndicale d'office (ou forcée) ou en association autorisée imposée par l'administration

L'administration peut convertir une ASL **en association forcée q**uand un état de péril le justifie (fonds à l'abandon, défaut d'entretien, etc.).

Cette conversion est aussi imposée lorsque les propriétaires n'ont pas constitué une association syndicale autorisée dans le cas des travaux précis visant à : « Exploiter, à restaurer ou à préserver des ressources naturelles ; Prévenir les risques sanitaires ou naturels ainsi que les pollutions et nuisances ; Aménager ou à entretenir des lacs, cours d'eau, plans, voies et réseaux ».

L'association syndicale constituée d'office peut demander à être transformée en association syndicale autorisée sous certaines conditions.

---

[2] voir étude infra « Majorité »

Chapitre II :

Distinction entre l'association syndicale libre et la copropriété

Préambule

Il existe des confusions fréquentes entre les règles relatives au statut de la copropriété fixées initialement par la loi du 10 juillet 1965 dont les dispositions sont souvent impératives (réglementaires) et le statut des ASL qui est plus souple et de type contractuel. La Cour de cassation a clairement indiqué « la loi du 10 juillet fixant le statut de la copropriété est étrangère au fonctionnement de l'association[1] ». Pour être plus concret les règles de la copropriété assez contraignantes ne sont pas nécessairement applicables aux ASL. Ainsi voir ci-dessous :

Section 1 Distinctions actuelles et tempéraments entre les règles applicables à l'ASL et celles applicables à la copropriété « Quelques exemples »

Sous-section 1 Divers exemples

– Sur la gestion ou la propriété des biens à usage communs :
Ni le syndicat de copropriété ni l'ASL ne sont en principe propriétaires des parties communes dont ils ont la gestion mais l'ASL à la différence du syndicat peut avoir en tant que personne morale vocation à devenir propriétaire des biens et équipements communs (voir infra).

– Sur l'absence de prise en compte du « critère d'utilité » dans la répartition des charges dans les ASL :
Dans les ASL les charges ne sont pas réparties de manière impérativement équitable.

---

[1] Cass 3eme 19 février. 1980

Sous-section 2 Tempéraments et affaiblissements apportés aux distinctions

Il convient d'observer que si des dispositions sur les clauses réputées non écrites, le délai de prescription en matière de répartition des dépenses communes, les garanties en matière d'impayés par le biais de l'hypothèque légale ou de l'opposition sur le prix de vente, différaient notablement selon le droit des ASL ou la loi sur la copropriété il y a quelques années, la distinction tend de nos jours à s'effacer du fait de diverses évolutions jurisprudentielles ou législatives (en matière notamment de prescription).

Pour être plus précis et à titre d'exemples :

– Sur les clauses litigieuses de copropriété «réputées non écrites» qui s'imposent désormais tant que le juge ne les a pas déclarées illégales (ce qui n'était pas le cas avant en matière de copropriété) :

À l'origine une clause du règlement de copropriété contraire à certains textes d'ordre public était réputée non écrite et donc nulle sans que le juge ait à statuer. Cette modalité était inconnue dans le droit applicable aux associations syndicales libres[2]. Les ASL devaient (et doivent toujours) faire prononcer la nullité par le juge ou appliquer la clause litigieuse.

Cette distinction toutefois tend à s'effilocher dès 2011 à la suite d'un arrêt de Cassation[3]. La Cour de cassation retient le principe qu'une clause litigieuse peut être appliquée tant qu'elle n'a pas été déclarée illégale par une juridiction. Elle indique que les clauses « réputées non écrites » ne sont pas « non écrites », mais qu'elles s'imposent au moins tant que le juge ne les a pas "déclarées « non écrites ». Aucun copropriétaire ni le syndicat ne peuvent se faire justice à eux-mêmes. Aussi l'assemblée générale des copropriétaires n'a plus la possibilité de prendre une décision contraire à une clause réputée non écrite du règlement de copropriété (ou naturellement a fortiori découlant des statuts de l'association syndicale libre[4]).

---

[2] Arrêt de la cour d'appel de Paris du 6 octobre 2010

[3] Cass 3e Civ., 28 avril 2011, pourvoi n° 10-20.514, Bull. 2011, III, n° 62 (cassation Société Primo c/ SDC Résidence Country Park à Roque brune Cap-Martin (pourvoi c/ CA Aix-en-Provence, 20 nov. 2009) : JurisData n° 2011-007833.

[4] Dans le même sens : Cass 3e Civ., 28 avril 2011, pourvoi n° 10-20.514, Bull. 2011, III, n° 62 et le décret du 3 mai 2006.voir aussi 3e Civ 21 juin 2006, pourvoi n° 05-13.607, Bull. 2006, III, n° 159 /Cassation 3e Civ., 2 mars 2005, pourvoi n° 03-16.731, Bull. 2005, III, n° 53 (cassation).

– Sur la prescription actuelle de 5 ans de l'action en contestation de répartition des dépenses communes en matière d'ASL et de copropriété :

Selon la cour d'appel de Paris en date du 6 oct. 2010 l'action en contestation de répartition des dépenses communes d'une association syndicale libre est soumise à la prescription décennale de la loi du 10 juillet 1965 relative à la copropriété (qui a été réduite de nos jours à cinq ans). Elle est inapplicable aux ASL qui étaient à l'époque soumises au droit commun de trente ans (et qui est aujourd'hui de 5 ans**). De nos jours la prescription de cinq ans est donc identique dans chaque cas.**

– Sur le délai de deux mois en matière de contestation des décisions prises en assemblée générale (AG) :

Dans les ASL les contestations de décisions prises en AG ne sont pas ou n'étaient pas soumises (selon certains auteurs) au délai de prescription de deux mois de l'article 42 de la loi de 1965 de la loi sur la copropriété, mais à défaut de mention au délai de droit commun de cinq ans. Un vaste débat eut lieu sur ce point. Toutefois la Cour de cassation a validé le délai de deux mois estimant qu'il ne faut pas confondre prescription et forclusion.

– Sur des garanties spécifiques identiques hypothèque légale ou opposition sur prix de vente en cas d'impayés en matière de copropriété ou d'ASL :

En cas d'impayés tant par un membre de la copropriété que par un membre de l'ASL une opposition peut être faite en cas de vente du lot entre les mains du notaire. De même une hypothèque légale peut être prise en cas de non-paiement des sommes dues pour charges ou travaux.

Section 2 Pourquoi insister autant sur la distinction entre les règles des ASL et celles de la copropriété

Sous-section 1 L'utilisation souvent excessive du droit de la copropriété par le gestionnaire

Le public en général, les dirigeants bénévoles d'ASL bien souvent, mais il n'y a pas qu'eux, de nombreux praticiens professionnels aussi, raisonnent en matière d'ASL dans le silence des textes par référence au droit de la copropriété. De nombreuses incompréhensions en résultent.

L'insistance à distinguer la loi de 10 juillet 1965 sur la copropriété et les règles propres aux ASL repose pour la Cour de cassation sur des raisons de droit (supra). Mais des raisons de fait conduisent à une orientation inverse. Le sujet est de grande actualité. Les ASL font souvent appel à des professionnels de la copropriété, gestionnaires de biens immobiliers, spécialistes de la tenue des assemblées de copropriété. Par délégation ces « syndics » (le mot est impropre en matière d'ASL on préférerait le terme adjoint de «gestion ») rédigent aussi eux-mêmes les procès-verbaux d'assemblée (PV d'AG). Le problème est que ces gestionnaires ont tendance à étendre leur pouvoir (comme on leur demande souvent). Ils se réfèrent à leurs connaissances usuelles, la copropriété, plus qu'aux dispositions moins connues ou étudiées sur les ASL qui sont peu réglementées et laissent une plus grande liberté (voir supra quasi absence de règle sur les assemblées, sur les majorités, sur la répartition des charges, sur la répartition des pouvoirs, etc.). Cette plus grande liberté rend paradoxalement la tâche plus difficile car les références à adopter sont parfois très subtiles, parfois même incertaines et nécessitent comme déjà souligné une connaissance élargie du droit (droit des contrats, droit des personnes morales, droit des sociétés, droit des sociétés par actions, droit des associations, droit des AFUL, etc., etc.). Il ne s'agit donc pas nécessairement de la loi sur la copropriété. À titre d'exemple il serait erroné de considérer que la référence sur les majorités en assemblée soit la même pour les ASL que pour la copropriété. Dans le premier cas la liberté contractuelle s'impose (majorité simple possible même en cas d'assemblée extraordinaire) dans le second la loi du 10 juillet 1965 sert de fondement.

Pour ajouter à la confusion les membres du conseil syndical d'une ASL organe collectif de direction sont plus précisément appelés « syndics ». Cette appellation « syndic » n'a rien à voir en droit avec le syndic professionnel d'immeubles (syndic de copropriété). Enfin le conseil syndical d'une ASL organe décisionnaire est plus précisément appelé « syndicat[5]». Il doit être distingué du syndicat de copropriété (organe consultatif) régi par des règles distinctes. Il ne s'agit pas simplement d'un jeu de mots. Toute expression a une incidence juridique.

[5] Article 9 de l'ordonnance de 2004

Sous-section 2 De l'existence d'un patrimoine de l'ASL à l'inexistence d'un patrimoine de la copropriété

Un dernier aspect doit être souligné car la question sur ce sujet est fréquente. Doit-on considérer que l'ASL à l'instar de la copropriété (statut de la copropriété) n'a pas de patrimoine immobilier et que les parties communes qu'elle gère et administre sont la propriété indivise des copropriétaires et donc appartiennent à chacun des propriétaires ? La réponse peut être positive. Les acquéreurs de lots peuvent confier à l'ASL la propriété et la gestion de biens communs tels les terrains. Mais l'ASL peut être aussi propriétaire d'un patrimoine immobilier. On pourrait même envisager que l'ASL soit propriétaire de tous les biens et espaces communs ce qui permet d'observer qu'il n'y a pas nécessairement de parties communes obligatoires dans les ASL. L'Association peut donc être pleinement propriétaire des espaces des équipements communs. L'ASL peut aussi n'être propriétaire d'aucun bien et assurer une mission de gestion et d'administration sur des terrains appartenant à chacun des propriétaires (voir ASL débitrice livre VI chap. IV). En pratique l'ASL peut être propriétaire d'espaces communs si elle les a rachetés au lotisseur après que les divers lots ont été vendus par ce dernier.[6] En principe lorsque le lotissement est achevé et lorsque les lots ont été vendus aux personnes désireuses de faire bâtir leur maison sur les terrains constituant ces lots, le lotisseur cède les espaces communs (à titre gratuit ou onéreux) ainsi que les allées soit à la commune, soit à l'association syndicale libre. Mais le lotisseur a aussi la possibilité d'attribuer les équipements en pleine propriété aux acquéreurs de lots. Les voies et espaces communs sont souvent attribués aux colotis en propriété indivise. L'attribution en propriété indivise conduit à ce que chaque acquéreur de lot acquiert, en même temps que son lot, une quote-part indivise du sol affecté aux voies et éléments d'équipement communs. On notera en ce sens que le Syndicat des copropriétaires régi par la Loi de 1965 n'a pas de patrimoine immobilier, les parties communes sont propriété indivise des copropriétaires. Ainsi un Syndicat de copropriétaire ne peut jamais, en tant que tel, être membre associé d'une ASL mais il peut être membre de l'assemblée (voir infra sous étude membre de l'ASL article 3). Enfin il se peut aussi que le lotisseur dans une ASL veuille

[6] Voir l'étude ultérieure sous le titre « l'ASL débitrice l'ASL créancière » « Livre VI chapitre IV

garder certains biens. S'il s'agit de la voirie (ce cas est exceptionnel) le nombre de véhicules pourrait être important au point de causer des préjudices aux habitants du lotissement eux-mêmes.

Chapitre III :

De quelques problèmes particuliers dus au fait qu'un immeuble sous régime de copropriété soit situé dans le périmètre de l'ASL « Incidences possibles sur la participation des copropriétaires de l'immeuble aux assemblées de l'ASL et éventuellement sur les charges de la copropriété »

Introduction

La situation est complexe lorsqu'un immeuble placé sous le régime de la copropriété est inclus dans le périmètre d'une ASL. Dans cette hypothèse, il y a deux organismes impliqués dans la gestion et l'entretien des immeubles : le syndicat des copropriétaires et l'association syndicale. Un conflit de compétence peut avoir lieu concernant la répartition des tâches même si en substance on peut considérer que les espaces verts, les voiries, les réseaux et évacuations sont du domaine de l'ASL alors que les travaux à l'intérieur de l'immeuble et la façade sont du domaine de la copropriété.

D'autres problèmes se posent liés au fait que dans les grands ensembles immobiliers il paraît difficile voire impossible de convoquer des centaines ou des milliers de copropriétaires à une même assemblée d'ASL. La liste des questions qui en résultent ne saurait être exhaustive mais trois ou quatre d'entre elles seront retenues parmi les plus importantes. La première est de savoir qui est présent dans ces assemblées de propriétaires de l'ASL et qui vote puisqu'il paraît difficile de réunir tant de monde. Le syndic de copropriété représentant les copropriétaires de l'immeuble qui n'est propriétaire d'aucun bien mais qui connaît bien l'immeuble ? Peut-il alors se substituer aux copropriétaires de l'immeuble qu'il gère et éviter leur déplacement à l'assemblée de l'ASL ? Si tel est le cas doit - il individualiser les votes ? La seconde est de déterminer qui peut être élu dans l'organe de direction. Des membres ne participant jamais à l'assemblée faute d'y être invités peuvent-ils être élus au comité directeur de l'immeuble ?

La dernière question concerne les charges. Les charges de l'ASL peuvent-elles être appelées par le syndic de copropriété de l'immeuble ? Ce syndicat doit-il contribuer aux charges de l'ASL ?

Section 1 « Les statuts de l'ASL peuvent priver de participation aux assemblées de l'ASL les copropriétaires d'un immeuble (immeuble situé dans le périmètre de l'ASL) assujettis au régime de la copropriété »

Sous-Section 1 Des clauses des statuts de l'ASL peuvent imposer aux copropriétaires de l'immeuble d'être remplacés par le syndic de copropriété (présumé être plus compétent en matière de gestion immobilière)

La présence ou le droit de vote à l'assemblée des copropriétaires d'un immeuble situé dans le périmètre de l'ASL lors de l'assemblée générale de l'ASL peut être remis en cause. Des clauses des statuts de l'ASL peuvent prévoir que le syndic de copropriété de l'immeuble leur est préféré pour prendre part aux assemblées de l'ASL. On estime que ce dernier plus compétent peut ainsi remplacer les divers propriétaires de l'immeuble qui sont alors privés du droit d'intervenir dans l'assemblée de l'ASL. Assez fréquemment dans les ASL une clause des statuts est rédigée de la manière qui suit : « seul le syndicat de copropriété sera présent lors l'AG de l'ASL[1] ». Des colotis particulièrement intéressés à la gestion pourraient certes n'apprécier que modérément mais d'autres y voient l'apport d'un professionnel ce qui les rassure. Il est difficile de trouver un fondement parfait à cette thèse. La question qui a pu se poser a été de savoir comment justifier cette procédure de substitution. Plus précisément comment admettre que le syndicat ou le représentant du syndicat de copropriété de l'immeuble puisse faire partie d'une assemblée de l'ASL composée de copropriétaires ? Le syndicat de copropriété d'un immeuble (représenté par le syndic de copropriété) n'est nullement propriétaire. Il ne peut donc pas être membre de droit de l'assemblée de propriétaires. Le syndic qui est le représentant du syndicat des copropriétaires ne pourrait donc en principe être présent ou voter dans les assemblées d'ASL en tant que syndic de copropriété. La pratique ancienne n'émettait pourtant

[1] en ce sens cassation 3e civ 6 fév. 2002

pas d'objections. Un certain nombre de statuts semblent encore reprendre cette solution dite de substitution.

La Cour de cassation considère de manière absolue depuis presque trente ans que le syndicat de copropriété d'un immeuble représenté par le syndic de copropriété n'est pas et ne peut être propriétaire d'aucun bien de l'ASL. Un arrêt de la Cour de cassation du 9 décembre 1998 a confirmé le principe que le syndicat de copropriété d'un immeuble n'est pas copropriétaire. Le syndic de copropriété qui est le représentant du syndicat des copropriétaires ne pourrait donc en principe du fait de cette argumentation être présent ou voter dans les assemblés d'ASL en tant que syndic de copropriété. Il n'est pas propriétaire ou même le représentant de parties privées pas plus qu'il ne peut être propriétaire des parties communes de l'immeuble (ce sont les copropriétaires, en indivision qui le sont).

Sous-section 2 Le fondement juridique actuel de l'ancienne « substitution ». La présence ou le vote du syndic de copropriété dans l'assemblée de l'ASL au lieu et place du copropriétaire de l'immeuble est fondé sur un mandat individuel au profit du syndic

Le concept de la» substitution» terme utilisé sans véritable justification a été abandonné. Le fondement juridique de la présence du syndic repose désormais sur la technique du mandat. Mais il s'agit d'un mandat à titre individuel au profit du syndic pour justifier la présence et le vote de ce dernier dans les assemblées de copropriétaires de l'ASL.

Si le syndic de copropriété ne peut pas en tant que tel être membre de droit de l'assemblée de l'ASL il peut en revanche être statutairement mandaté par chaque membre de l'assemblée pour représenter chacun d'eux à titre individuel. Le syndic de copropriété n'agit pas alors comme représentant le syndicat de la copropriété de l'immeuble mais comme représentant de chaque propriétaire ou de certains d'entre eux pris individuellement. Une clause des statuts en ce sens est nécessaire. Le syndic agit alors en tant que mandataire non de la copropriété immobilière dans son ensemble mais de chaque membre de l'assemblée de l'ASL à titre individuel. C'est en ce sens qu'il convient d'interpréter la clause issue de la pratique qui suit « seul le syndicat de copropriété sera présent lors l'AG de l'ASL ».

Dans l'exemple qui précède, la clause statutaire exclut du droit de vote « le groupe des copropriétaires de l'immeuble ». C'est le « syndic » qui représente chacun d'eux pris à titre individuel. On peut trouver des exemples ou formules statutaires où ne sont exclus que certains, ceux qui ont donné mandat au « syndic ». Toutes ces clauses sont valables selon la jurisprudence de la Cour de cassation[2].

Les statuts pourraient même prévoir que celui qui représente chacun des copropriétaires a seul le droit d'entrée (de présence) aux assemblées de l'ASL[3].

La liberté d'organisation prévue depuis le décret de 2004 vient par ailleurs à l'appui de cette solution.

Sous-section 3 Le vote du syndic peut être selon les statuts « indivisible »

Le droit de vote du syndic de copropriété peut si les statuts le prévoient être dit indivisible. En d'autres termes le syndic bien que représentant chacun des copropriétaires ne voterait que dans un seul sens.[4] Une clause doit prévoir que le vote est indivisible[5] et ce bien que le syndic de copropriété soit dit mandataire à titre individuel de chacun des copropriétaires.

En pratique donc il peut exister une forme d'exclusion de vote des copropriétaires d'un immeuble aux assemblées de l'ASL. Il reste toutefois une possibilité ou plus précisément une consolation pour ces copropriétaires. Ces derniers biens que représentés à titre individuel par le syndic à l'assemblée générale de l'ASL ont selon la jurisprudence la possibilité de contester les décisions prises en AG par l'assemblée générale de l'ASL[6]. Il convient donc de distinguer la représentation de la qualité de membre. L'attendu de la Cour de cassation est le suivant : « Dès lors que les copropriétaires étaient membres de l'association et que le syndic ne faisait que les représenter à l'assemblée générale chaque copropriétaire avait la qualité pour agir en contestation des décisions prises en AG par l'association syndicale ».

Ces pratiques de représentation bien qu'admises sont à notre sens à la limite de la légalité et de la logique si le syndic ne vote pas dans le sens souhaité par les copropriétaires qu'il représente. La loi est muette sur ce sujet.

---

[2] en ce sens Cass 3e civ 6fev 20

[3] Cass 1dec 2009 numéros 08-20.231

[4] Cass 3 civ 1er décembre 2009 n° 08-20.231

[5] Cass 3 civ 31 mars 2010 numéro 09-13468

[6] Cass civ 3 en date du 6 février 2002 numéro 00-18.472 et 13 fév. 2008 B numéro. 07-10 .098 Bull civ numéro 25

Sous-section 4 Maintien de la participation de tous les copropriétaires de l'immeuble à la direction de l'ASL

Les copropriétaires de l'immeuble même absents à l'assemblée de l'ASL ou plus précisément évincés car ne pouvant pas y avoir accès du fait de la représentation par le syndic de copropriété peuvent être élus au syndicat ou comité syndical de direction de l'ASL. Ce droit s'applique à tout copropriétaire selon l'Ordonnance de 2004. De ce fait les copropriétaires retrouvent une possibilité d'action et de gestion des ALS. Ils peuvent contribuer avec d'autres membres bénévoles ou professionnels à l'administration de l'ASL.

Section 2 Appel possible des charges de l'ASL par le syndic de copropriété, Contribution aux charges de l'ASL par le même syndic

Il est rappelé qu'un examen des charges de l'ASL figure infra livre VI. De même une comparaison plus générale entre régime de copropriété et ASL figure supra Livre III. Il ne sera exposé ci-dessous que quelques particularités liées à la présence d'un immeuble sous régime de la copropriété dans le périmètre de l'ASL.

Introduction

Un immeuble peut être divisé en lots de copropriété. Ces lots appartiennent à plusieurs copropriétaires distincts. C'est le syndic de copropriété qui s'occupe des appels de fonds et de charges auprès des copropriétaires. Mais quid des charges de l'ASL ? Quel rôle peut jouer le syndicat de copropriété ? La contribution aux charges est déterminée quant à elle par les statuts. Mais la question qui se pose est de savoir si l'association syndicale de copropriété peut ou doit aussi contribuer aux charges.

Sous-Section 1 L'appel possible des charges par le syndic de copropriété

Le principe est le suivant. Les ASL ou AFULS devraient pour limiter les litiges appeler leurs charges indépendamment du syndicat de copropriété, par des appels distincts. Mais pour des raisons pratiques l'appel des charges de l'ASL peut émaner du syndicat des propriétaires de l'immeuble. La modalité est la suivante. L'ASL adresse sa facture, pour tout l'immeuble, au Syndic de Copropriété. Le syndicat répartit la note entre les copropriétaires. Le rédacteur des statuts est libre de déterminer diverses autres modalités. Il peut donc arriver que les charges de l'ASL soient appelées par le syndicat des copropriétaires de l'immeuble, mélangées avec les autres charges de la copropriété. Cette manière de procéder peut provenir de la volonté des rédacteurs des statuts de l'ASL. Ces modalités sont inscrites souvent dans le Règlement de Copropriété ou les statuts. Elles sont valides.

Sous-section 2 La contribution (très éventuelle) aux charges de l'ASL par le syndic de copropriété

– § 1Le syndicat de copropriété n'est pas en principe responsable des charges de l'ASL

Le syndicat de copropriété ou des copropriétaires n'est pas membre de l'ASL contrairement à ce qu'on pourrait croire. Seuls les copropriétaires sont individuellement membres de l'ASL. Le syndicat de copropriété n'a pas en principe à contribuer aux charges de l'ASL. En dépit des termes il n'est par ailleurs nullement propriétaire. Toutefois pour des raisons pratiques le syndicat peut à travers les statuts ou le règlement intérieur des copropriétaires appeler aussi au paiement des charges de l'ASL lorsqu'un immeuble en copropriété est inclus dans le périmètre d'une ASL ou d'une AFUL. Ce procédé n'est pas parfaitement conforme au principe du droit des ASL mais la jurisprudence hésite souvent à sanctionner.

La jurisprudence considère actuellement de manière fréquente que les membres des ASL sont les copropriétaires à titre individuel, et non les syndicats de copropriété. Un arrêt de la Cour de cassation du 9 décembre 1998 a confirmé cette analyse, qui n'était pas la première décision en ce sens qu'un tribunal prononçait. La cour d'appel d'Aix 2 le 28 juin 2010 a indiqué : « un syndicat de copropriétaires n'est pas propriétaire des parties communes et ne peut donc être membre d'une ASL ; seuls les copropriétaires en sont individuellement membres ; qu'il en résulte que nonobstant les stipulations du règlement de copropriété de l'îlot J, seuls les copropriétaires sont redevables des charges envers l'ASL ». Le syndicat de copropriété n'est pas redevable des charges envers l'ASL. Seuls les copropriétaires sont recevables des charges et ce selon l'arrêt du 28 juin 2010 nonobstant les stipulations du règlement de copropriété « un syndicat de copropriétaires n'est pas propriétaire des parties communes et ne peut donc être membre d'une ASL». Il existe des tempéraments.

– §2 Tempéraments

Un arrêt de la Cour de cassation du 1er décembre 2009 a validé la condamnation d'un syndicat de copropriété au paiement de charges d'une ASL, au motif que l'appartenance du syndicat à l'ASL n'avait pas été contestée. Un arrêt de la cour d'Aix-en-Provence peut ainsi affirmer : *« Il n'est pas contesté que le syndicat des copropriétaires de la résidence G... À... est de plein droit membre de l'association foncière urbaine libre »* pour valider la condamnation d'un syndicat à payer les charges (26 novembre 2010). La question de l'appartenance du syndicat de copropriété à l'ASL est donc parfois souvent déterminante pour savoir si le syndicat doit par exception au principe contribuer ou non aux charges de l'ASL.

Sous-Section 3 Les charges d'ASL et les charges de copropriété sont de nature distincte

Les charges d'ASL sont de nature différente des charges de copropriété. La charge de l'ASL est attachée au bien, en cas d'impayé, elle se transfère au propriétaire suivantLa charge de copropriété est attachée à la personne du copropriétaire, sous le régime d'une prescription de cinq ans. Le propriétaire suivant n'est tenu que des charges appelées à compter de son arrivée (mais qui peuvent avoir été décidées avant).

LIVRE III :

CRÉATION ET INDIVIDUALISATION DES ASL

TITRE I :

Création de l'association syndicale libre, brève comparaison avec la création d'une AFUL, mise en conformité des statuts

En matière de formation d'une ASL les règles de fond seront distinguées des règles de forme. Une brève comparaison avec la création d'une AFUL sera par la suite présentée. Enfin la question toujours d'actualité de la mise en conformité des statuts sera ensuite abordée.

Chapitre I :

Règles de fond relatives à la création de l'ASL

Préambule

Il est souvent écrit dans les statuts d'une ASL que «les copropriétaires du lotissement sont membres de l'ASL ». De ce fait ils doivent en régler les charges. Mais quel coloti a conscience ou se souvient d'avoir signé un tel contrat avec d'autres associés colotis ? La description ci-dessous permet de mieux comprendre la complexité du sujet, les raisons de l'engagement de l'acheteur ainsi que la formation de l'ASL.

Section 1 La naissance originaire de l'ASL

La naissance d'une ASL ne résulte pas de la seule volonté du lotisseur. L'ordonnance du 1er juillet 2004 indique : « Les associations syndicales libres se forment par le consentement unanime des propriétaires intéressés, constaté par écrit ». Un contrat écrit est donc nécessaire du moins à l'origine entre le lotisseur et un acquéreur d'un lot. Ainsi par décision unanime « constituante » peut être formée l'ASL entre ces deux premières personnes. Selon la Cour de cassation une seule vente en principe suffit[1]. Par la suite la disposition légale doit être nuancée du fait de la pratique. L'écrit ne prend que très rarement la forme d'un même et seul document unique où apparaît l'accord de chaque propriétaire pour accepter de faire partie de l'association syndicale.

Dans les faits lors de la première vente il est constitué entre le premier acquéreur et le lotisseur une association dite ASL ou même un simple engagement à former une ASL. Ainsi se conforme-t-on dans un premier temps exactement à la loi. C'est cette première vente qui donne naissance à l'association entre le lotisseur et le premier acquéreur. Par

[1] Cass civ 3eme 12 sept 2007 n°06-15-820

la suite compte tenu de la manière de procéder la situation diverge quelque peu.

Section 2 Adhésion implicite des propriétaires à l'ASL (plus que véritable consentement des propriétaires)

Le lotisseur (ou le notaire) prend soin de rédiger un contrat type de vente dans lequel il est fait référence à l'obligation d'adhérer au cahier des charges lequel renvoie à l'adhésion à l'ASL. (Il en est de même lorsqu'il s'agit de l'achat d'un appartement situé dans un immeuble en copropriété qui se trouve dans le périmètre d'une ASL. Le consentement ou plus exactement une sorte de substitut de consentement de chaque copropriétaire résulte de la signature d'une clause dans chaque acte de vente d'appartement qui renvoie au règlement de copropriété lequel fait référence à un cahier des charges qui renvoie à l'adhésion à l'ASL). Il est considéré, certes avec hardiesse, que tout acquéreur en signant ainsi un acte d'achat d'une maison située dans le périmètre de l'association syndicale libre (ASL) donne son consentement pour être membre de l'association syndicale[2].

Une telle adhésion est implicite et indirecte. Elle est signée sur des actes distincts du contrat d'ASL (en fait sur l'acte authentique de vente qui renvoie au cahier des charges lequel renvoie à l'adhésion à l'ASL). On pourrait penser qu'une telle modalité déroge au principe du libre consentement des contrats. Il ne s'agit pas tant d'un consentement volontaire explicite unanime sur un même écrit que d'une adhésion indirecte implicite dispersée plus ou moins imposée à destination d'une association dont les statuts ne sont pas parfois totalement élaborés. Pourtant en dépit de ces éléments la Cour de cassation reconnaît la validité de cette pratique[3].

En réalité la liberté d'adhésion n'existe que pour le premier acquéreur qui est libre. Pour les autres l'adhésion est systématiquement liée à l'acquisition. Faute d'adhésion ils ne peuvent acheter le bien. Par ailleurs on peut considérer que ce n'est peut-être pas tant la personne physique qui adhère que le propriétaire, voire le bien immobilier même.

---

[2] En ce sens Cass 3e chambre civile 9 avril 2008

[3] 3e chambre civile de la Cour de cassation arrêt en date du 9 avril 2008

Section 3 Nécessité d'un contrat écrit à titre de validité de l'ASL

Le contrat d'ASL est un contrat particulier car il doit être sous forme écrite. Il importe de le signaler car la plupart des contrats sont oraux. On passe des contrats chaque jour comme Monsieur Jourdain faisait de la prose. L'écrit ne sert en général que de preuve du contrat. Dans le cas de l'ASL il existe une différence de taille. L'écrit conditionne l'existence même de l'ASL. Ce n'est plus seulement un mode de preuve. Comme l'énonce l'article 7 de l'ordonnance précitée, « Les associations syndicales libres se forment par le consentement unanime des propriétaires intéressés, constaté par écrit ». En pratique seul le premier acquéreur signe un contrat écrit constituant les statuts. Les autres adhèrent aux statuts.

Section 4 Absence de document unique (contrat écrit d'ASL) sur lequel figure la signature de tous membres

Généralement un contrat est signé sur un même document par tous les contractants. Dans le cas de l'ASL il existe un certain particularisme. Le contrat n'est pas rédigé sur un même document. Plus précisément ne figure pas sur le contrat de l'ASL la signature de tous les membres.

Les acquéreurs successifs ne signent plus directement le document. Ils s'engagent lors de l'acquisition à respecter les dispositions du cahier des charges et à adhérer à l'ASL. Cette adhésion lors de l'acte d'achat est donc réalisée de manière indirecte et implicite sur un document distinct du contrat d'ASL original (on n'ose dire des statuts de l'ASL car ces derniers ne sont pas toujours pleinement élaborés). Les acquéreurs deviennent sociétaires de l'ASL sans véritablement en avoir débattu. Il arrive même qu'aucun document de l'ASL ne leur soit remis (statuts, cahier des charges, etc.) autre que l'acte d'achat. La jurisprudence consacre pourtant ce type de procédé[4]. Le défaut d'information et de remise de documents s'il est prouvé constitue une faute qui peut être sanctionnée, voire permettre d'échapper aux cotisations (charges) de l'ASL.

Une ASL peut comprendre un immeuble en copropriété. Dans les statuts de l'ASL, l'immeuble est indivisible et ne connaît qu'un seul interlocuteur, le syndic. Dans ce cas le consentement à l'acte

[4] Cass 22 juin 2017 numéro 16-13 877 / 3e chambre civile de la Cour de cassation arrêt en date du 9 avril 2008. Voir aussi Cass 3 civ 12 Sept 2 007 Bull Civ III numéro 140

d'association doit être donné par chaque copropriétaire, pris individuellement. De même, il est nécessaire de convoquer tous les copropriétaires à l'assemblée constitutive de l'association.

En résumé et en pratique, l'engagement de verser des cotisations (dites charges) à l'ASL résulte de l'accord qui est donné implicitement par le biais de la signature, par le futur propriétaire, lors de l'acquisition chez le notaire de son bien. Cet acte notarié comporte une clause qui fait référence à l'adhésion au cahier des charges qui renvoie à l'obligation d'être membre de l'association syndicale libre (même si les statuts n'ont pas toujours été élaborés). Le consentement unanime et écrit des membres peut donc encore une fois le plus souvent ne pas figurer sur un même document.

Section 5 Tout propriétaire d'un lot n'est pas nécessairement membre de l'ASL ou soumis au cahier des charges

Contrairement à ce qui est souvent énoncé dans de nombreux statuts le simple fait d'être propriétaire d'un lot situé dans le périmètre de l'ASL n'entraîne pas ipso facto adhésion à l'ASL ou soumission au cahier des charges En résumé et en pratique, l'engagement de verser des cotisations (charges à l'ASL) ne résulte que de l'accord qui est donné implicitement par le futur propriétaire, lors de l'acte d'achat de son pavillon à une clause par laquelle il s'engage à respecter le cahier des charges. Ce cahier des charges fait référence à l'adhésion à l'ASL (même si les statuts n'ont pas toujours été élaborés). Il n'y a donc pas de consentement unanime et écrit, pas de signature de tous les membres sur un même document qui serait le contrat d'association syndicale libre.

Cette première étape est requise pour permettre à l'ASL de fonctionner entre les parties conformément aux règles des contrats. Mais elle ne peut agir à l'extérieur. Elle n'a pas la personnalité morale. Elle n'a pas la capacité juridique. Des formalités restent à accomplir.

Chapitre II :

Règles de forme « Formalités »

Section 1 Déclaration auprès de la préfecture de département ou la sous-préfecture de l'arrondissement et publication au JO

La création d'une ASL, sa modification et sa dissolution doivent être déclarées auprès de la préfecture de département ou la sous-préfecture de l'arrondissement (auprès du bureau de l'urbanisme à la différence des associations loi 1901) où se tient le siège social de l'association[1]. La préfecture joue le rôle de greffe. Après la délivrance d'un récépissé elle procède à la demande de publication au Journal Officiel.

La déclaration à la Préfecture parfois oubliée donne la personnalité morale et donc la capacité d'exercice de l'ASL qui peut alors agir en tant que personne morale. À défaut l'ASL n'a pas de personnalité juridique elle n'existe pas en tant que personne morale. Elle s'apparente au mieux à un contrat dont tous les signataires (ou adhérents) doivent respecter les engagements passés.

Section 2 absence d'obligation d'inscription auprès du Service de la Publicité Foncière

Il n'existe aucune autre obligation d'inscription auprès du Service de la Publicité Foncière[2] à la différence des AFUL mais elle est recommandée.

Dès les formalités accomplies l'ASL possède la personnalité morale. Elle a la capacité juridique. Elle peut agir en justice, acquérir, vendre, échanger, transiger, emprunter, avoir des biens propres, un patrimoine.

---

[1] Art 8 ordonnance de 2004

[2] R. 322-2-1 du Code de l'Urbanisme

Chapitre III :

Création d'une Association foncière urbaine AFUL

Section 1 Les grandes similitudes entre ASL et AFUL

L'ordonnance du 1er juillet 2004 régit la situation des AFUL. La situation juridique est quasiment la même que celle des ASL.

Section 2 Distinctions

Les AFUL lors de la création ont obligation d'inscription auprès du Service de la Publicité Foncière[1]. L'adhésion à une AFUL de propriétaires nécessite l'accomplissement des formalités de publicité foncière.

Il n'existe aucune obligation en ce sens pour les ASL bien qu'une telle formalité soit souvent recommandée dans les statuts.

---

[1] R. 322-2-1 du Code de l'urbanisme

Chapitre IV :

Mise en conformité des statuts de l'ASL

Introduction

En principe chaque fois que les sociétaires d'une association ou les colotis d'une association syndicale libre (ASL) décident dans le cadre d'une assemblée générale extraordinaire de modifier les clauses des statuts, les anciens statuts déjà déposés en préfecture doivent être modifiés et mis en conformité avec les nouvelles résolutions modificatives. On doit donc signaler à la préfecture chaque modification afin qu'il en soit tenu compte et que les tiers puissent en être informés. La mise en conformité dont il s'agit ici sous ce titre qui vise plus spécifiquement les ASL est un peu différente. Il s'agit de mettre en conformité les statuts avec une nouvelle réglementation[1] et de combler les silences des textes en la matière sur un certain nombre d'informations pourtant importantes et qui étaient laissées à la bonne volonté des rédacteurs. Le but est aussi de générer une certaine harmonisation des statuts des ASL.

Les règles générales en matière de mise en conformité des statuts des ASL seront énoncées. Ces règles ne sont pas que de pure forme. Elles sont par ailleurs complétées par la jurisprudence.

Section 1 L'ordonnance de 2004 et le décret d'application de 2006 tentent de remédier à l'absence de prescriptions de la loi de 1865 et d'harmoniser les pratiques

L'importante loi initiale sur les associations syndicales (ASL) est la loi du 21 juin 1865. Ce cadre juridique très permissif modifié pour partie à diverses reprises a été abrogé par l'ordonnance (O) du 1er juillet 2004 et son décret d'application (D) du 3 mai 2006. Le but poursuivi est celui d'une harmonisation juridique. Il est apparu en effet que si

[1] ordonnance de 2004 et décret de 2006

selon la loi de 1865 certaines informations devaient être mentionnées impérativement dans les statuts de l'ASL (alors même que le droit des associations n'obligeait à rien) telles par exemple selon l'article 7 de l'ordonnance, 1° L'objet ; 2° Le siège ; 3° Les règles de fonctionnement ; 4° Les modalités de financement de l'association et le mode de recouvrement des cotisations) d'autres éléments bien qu'importants qui n'étaient pas obligatoires demeuraient trop souvent ignorés des statuts. Ainsi bien souvent le président avait tous les pouvoirs et il n'existait pas de conseil ou d'organe collectif pouvant le conseiller ou le contrôler. Dès lors des dispositions communes à toutes les associations sous forme d'ASL furent prévues. Des éléments nouveaux furent ajoutés pour renforcer la connaissance que l'on peut avoir de l'ASL et pallier certaines dérives de fait, telle par exemple de l'omnipotence du président.

Sous-section 1 Les mentions impératives prévues selon le décret de 2004 et l'ordonnance de 2006

Doivent ainsi à titre d'exemples désormais figurer selon l'ordonnance de 2004 (O) et le décret d'application de 2006 (D) en sus de mentions déjà prévues par la loi ancienne de 1865 les éléments qui suivent (nouveaux éléments sont inscrits en gras).

1° Le nom de l'association (article 7 (O) l'objet, 7 (0) le Siege 7 (O)

2° La liste des immeubles compris dans son périmètre (article 7 O) (étant précisé que le président est responsable du plan parcellaire réalisé à l'origine par le géomètre).

3° Les modalités de sa représentation à l'égard des tiers (article 3 D)

La composition du bureau de l'ASL. Les modalités de démission des membres du bureau

Les modalités de quorum de majorité de vote.

Le rôle et la répartition des pouvoirs du président et du bureau de l'ASL

4° Les modalités de distraction d'un de ses immeubles (article 3 D)

La répartition des charges de fonctionnement

5° Les modalités de modification de son statut (article 3 D) ;

6° Les modalités de la dissolution de l'ASL (article 3 D).

On notera que les modalités de fonctionnement des assemblées sont libres. Il existe de même un silence important sur les syndics et le syndicat.

À défaut de dépôt de nouveaux statuts publiés et conformes aux nouvelles dispositions l'ASL perd sa capacité juridique à l'égard des tiers et ne peut donc par exemple intenter une action pour recouvrement de charges impayées.

Il n'est pas nécessaire dans la forme de préciser les modifications mais seulement de citer les articles ayant été changés.

Sous-Section 2 La Cour de cassation accroît les obligations. Elle considère que la mise en conformité des statuts doit être accompagnée du dépôt d'un plan parcellaire et d'un état nominatif des propriétaires inclus dans le périmètre de l'ASL.

La Cour de cassation[2] a dans un arrêt qui date de 2018 sanctionné l'oubli lors de la mise en conformité des statuts de l'annexion actualisée d'un plan parcellaire et d'un état nominatif des propriétaires inclus dans le périmètre de l'ASL. La nullité de la mise en conformité a été prononcée avec l'effet qui s'y attache (perte de la capacité juridique). La même année une question écrite demandant la suppression de telles formalités a été posée par Dominique Estrosi (Alpes-Maritimes). Une réponse négative du ministre des territoires a été rendue. En dépit donc de l'absence de texte spécifique la mise en conformité des statuts doit s'accompagner comme pour la création du dépôt d'un plan des parcelles et de l'état nominatif des propriétaires. L'ensemble doit être actualisé.

La notion de plan des parcelles distincte du plan cadastral n'est pas évidente à comprendre. Une même personne peut avoir un plan parcellaire composé d'une seule parcelle alors que le plan cadastral sera composé de deux parcelles. Ainsi si cette personne a un terrain bâti qui jouxte un terrain non bâti elle aura deux parcelles cadastrales du fait de l'imposition distincte mais le plan dit parcellaire ne sera composé que d'une parcelle.

[2] Cass civ 3e du 6 sept 2018 n° 17-22815

Sous-Section 3 La nécessité en sus des mentions et du plan des parcelles de se conformer à l'esprit de l'ordonnance

L'absence même de respect de l'esprit de l'ordonnance (esprit qui est notamment de prévoir un (véritable) conseil de direction afin d'éviter par exemple comme anciennement la mise en place d'un président omnipotent ne laissant au comité syndical qu'un rôle consultatif dans les faits) paraît devoir pour de nombreux auteurs être sanctionnée. Pourtant aucune sanction législative n'est prévue. La sanction comme dans le cas précédent est la nullité de la mise en conformité, la nullité de l'AG relative à ce sujet, la perte de la capacité juridique à agir de l'ASL pour faire respecter ses obligations[3]. Des difficultés peuvent ainsi survenir lors de la demande de paiement des charges par l'association.

Section 2 La mise en conformité n'est pas ou plus une question de pure forme

Sous-Section 1 Le seul intitulé de « mise en conformité » est insuffisant

On ne peut se contenter de déposer à la préfecture d'anciens statuts avec le titre « mise en conformité ». Certes l'administration n'est pas tenue de vérifier le contenu ou l'exactitude des déclarations. De ce fait un certain nombre d'associations ont simplement déposé des statuts avec pour seule modification la mention mise en conformité (dépôt de statuts anciens) sans prise en considération des obligations indiquées dans l'ordonnance de 2004 ou son décret d'application de 2006. Le risque encouru est celui de la perte de la capacité juridique de l'association.

Sous-Section 2 Évolution de la jurisprudence Accroissement du contrôle du respect des règles par les magistrats

Deux arrêts récents témoignent de l'évolution de la situation en matière de contrôle. Le premier arrêt daté du 6 septembre 2018[4] impose comme déjà souligné lors d'une mise en conformité d'annexer aux statuts le plan parcellaire. Le second, rendu une semaine plus tard[5],

[3] Cass 15 octobre 2014 et Cass civ 3 -ème du 6 sept 2018 n°17-2281

[4] Cass n°17-22815

[5] Cass 13 septembre 2018, n° 17-22041

refuse que l'administration soit confiée au seul directeur de l'ASL (et non à son syndicat) alors que par application de l'article 9 de l'ordonnance du 1er juillet 2004 le syndicat (organe collectif) devait être l'organe décisionnaire. L'article 9 indique en effet : « L'association syndicale libre est administrée par un syndicat composé de membres élus parmi les propriétaires membres de l'association ou leurs représentants dans les conditions fixées par les statuts. Le syndicat règle, par ses délibérations, les affaires de l'association ».

Ainsi en l'absence d'adoption des statuts conformes à la nouvelle réglementation, l'ASL n'avait pas retrouvé son droit d'agir en justice en cours de procédure (...). De manière relativement nouvelle, les juges du fond sont incités à vérifier que les termes de l'ordonnance ont effectivement été respectés. Ajoutons qu'une mise en conformité a été annulée dans la mesure où étaient accordés par les statuts au directeur les pouvoirs d'administration de l'ASL alors même que l'ordonnance de 2004 et le décret de 2006 précisaient qu'un organe collectif, le syndicat, devait bénéficier de ces pleins pouvoirs. Il convient de prêter attention au rôle et à la répartition des pouvoirs du président et du syndicat.

Section 3 Sanction Nullité relative de l'assemblée et perte de la capacité juridique de l'ASL

En conclusion bien qu'il soit encore parfois affirmé à tort que le contenu du dépôt des documents (statuts, plan parcellaire actualisé, état nominatif des propriétaires, etc.) n'est pas vérifié dans le fond lors de la mise en conformité, (ou lors de la création de l'ASL) il importe que ce dépôt réponde aux exigences fixées par l'ordonnance de 2004 et le décret de 2006. La mise en conformité n'est donc pas qu'une simple formalité et on ne peut par exemple profiter de l'absence de contrôle pour déposer à la préfecture des statuts anciens qui n'obéissent pas aux prescriptions nouvelles exigées en 2004 et 2006. On ne peut de même « oublier » la remise d'un plan des parcelles. À défaut la Cour de cassation considère comme nulle la mise en conformité et l'ASL perd sa capacité juridique[6]. Plus précisément la sanction est la nullité de l'assemblée et des résolutions prises. En ce sens le risque peut donc être celui de la perte de la capacité juridique de l'ASL. Cette nullité ne peut pas être invoquée par les colotis participants à l'assemblée et

[6] Cass 15 oct. 2014 et Cass 6 sept 2018

mécontents. Mais elle peut être invoquée par celui qui n'a pas été convoqué ou tout autre tiers qui y a intérêt.

Annexes

Annexe 1

Sanction visant l'absence de mise en conformité

La Cour de cassation a considéré que l'absence de mise en conformité des statuts d'une ASL ne remettait pas en cause l'existence légale d'une association. Cette existence résulte du consentement unanime de ses membres constaté par écrit[7]. Ce n'est que la capacité juridique de l'association qui est perdue faute d'avoir procédé à la publication au Journal officiel des statuts mis en conformité. Ainsi l'ASL en perdant sa capacité d'agir en justice ne peut demander par exemple paiement des charges.

La question qui se pose est alors de savoir si lors d'une telle demande la nullité de l'acte de procédure peut être couverte et si oui à quelle condition.

La réponse est la suivante. En principe le défaut de capacité d'agir en justice de la personne morale est une irrégularité de fond qui ne peut être couverte. Par exception (art 121 cpc) une régularisation en cours d'instance est possible si en la matière la cause a disparu au moment du jugement.

Ainsi la nullité des actes de procédure effectués par une ASL n'ayant pas publié au Journal officiel des statuts mis en conformité ne sera donc pas prononcée si l'irrégularité est couverte au moment où le juge statue. Seule la publication de statuts conformes aux dispositions de l'ordonnance et de son décret d'application du 3 mai 2006 est de nature à permettre à une ASL de régulariser sa situation et de recouvrer sa capacité d'ester en justice[8].

---

[7] Cass 3e Cv., 11 septembre 2013, pourvoi n° 12-22.351, Bull. 2013, III, n° 104

[8] Cass civ 3e Civ., 12 novembre 2014, pourvoi n° 13-25.547

Annexe 2

Mise en conformité : « Éléments à préciser impérativement dans les statuts afin de rendre parfaite la mise en conformité »

La jurisprudence de la Cour de cassation[9] souligne les formalités obligatoires afférentes à la mise en conformité : «les associations syndicales de propriétaires constituées antérieurement à l'entrée en vigueur de l'ordonnance du 1er juillet 2004 doivent mettre leurs statuts en conformité avec les règles prévues par celle-ci. Cette mise en conformité suppose de plus que les statuts nouvellement adoptés comportent une liste des immeubles compris dans le périmètre de l'association et qu'y soit annexé un plan parcellaire. »

La mise en conformité suppose que les points qui suivent concernant l'ASL ont été précisés dans les statuts :

Les modalités de sa représentation à l'égard des tiers ;

Les modalités de distraction d'un de ses immeubles ;

Les modalités de modification de son statut ;

Les modalités de sa **dissolutio**n

---

[9] Cass civ 3, 06 septembre 2018, 17-22815

TITRE II :

Individualisation de l'ASL

Chapitre I :

Dénomination de l'ASL

Section 1 la mention ASL permet de connaître la forme juridique (ASL) adoptée par le groupement de propriétaires et doit être suivie d'un nom qui l'individualise

Les associations de propriétaires peuvent adopter diverses formes juridiques. Elles peuvent être régies par exemple par le droit de la copropriété ou le droit des ASL. Il existe ainsi sur le plan des faits un rapprochement. La différence est que les immeubles sous statut de la copropriété constituent le plus souvent un ensemble vertical alors que l'ensemble immobilier géré par l'ASL est un ensemble horizontal. Il arrive même que certains textes de la copropriété soient repris en tant que clauses figurant dans les statuts de l'ASL. Il s'agit là d'une tendance des gestionnaires professionnels qui privilégient ce qu'ils connaissent le mieux à savoir le droit de la copropriété. Mais les dispositions qui visent les ASL sont de nature bien différente. Dans un cas le fondement de l'ASL est un contrat dans l'autre il s'agit d'une réglementation. De ce fait dans le silence des statuts d'une ASL on ne saurait par principe se fonder sur les règles de la copropriété. Un examen intitulé « Comparaison entre ASL et copropriété » est présenté dans l'ouvrage plus précisément dans le chapitre 2 du livre II.

Parmi les autres formes d'association de propriétaires on peut citer outre les ASL, les associations foncières urbaines AFUL et les associations syndicales d'office. Un examen spécifique intitulé « les diverses formes d'associations syndicales de propriétaires » est présenté dans l'ouvrage.

La nature juridique du groupement immobilier « ASL » doit être mentionnée dans les statuts. Il ne serait pas admis par exemple que figure à la place le terme « syndicat de copropriétaires » qui est beaucoup trop général.

L'article 7 de l'ordonnance de 2004 prévoit que les statuts doivent faire mention du nom de l'ASL par exemple « La tour des Pins ». Tout nom conforme à la loi peut être donné. Mais il est souvent recommandé en pratique de mentionner la forme juridique du groupement (et donc ASL) en sus du nom. Dans ce cas on ne saurait qualifier l'ASL d'un autre nom tel que par exemple celui plus général « d'association de copropriétaires » ou de société ou même d'association. Une telle qualification risquerait d'engendrer des confusions et une possible irrecevabilité de l'action en justice (rare en pratique).

Section 2 La mention ASL et le nom de l'ASL nécessitent une publication au journal officiel lors de la création ou en cas de modification de l'ASL

Il convient de rappeler que la mention ASL ainsi que le nom de l'ASL doivent figurer dans les statuts et dans les documents. Par exemple il y aurait une faute formelle si les statuts emploient le terme « Syndicat » à la place du terme « Association Syndicale Libre ». Toutefois la deuxième chambre de la Cour de cassation[1] **en l'absence de préjudice (voire de grief) subi par les tiers** n'a pas sanctionné l'ASL.

La modification des statuts fait l'objet d'une publication par extrait dans le journal officiel dans la mesure où elle porte sur le nom (mais aussi l'objet ou le siège) de l'association syndicale libre.

Section 3 L'association syndicale libre ne mérite pas le qualificatif de libre

Le qualificatif de libre attribué à « l'Association syndicale libre » paraît un peu abusif puisque l'adhésion cette association est quasi obligée en cas d'acquisition d'un immeuble loti et la sortie de l'association ne peut se faire que par cession du bien immobilier à la différence des associations régies par la Loi de 1901.

[1] En date du 6 mai 2004 n°02 -17 -797 Bulletin civil n° 207

Chapitre II :

Membres de l'Association syndicale libre

Section 1 Décodage de la situation de membre de l'ASL

La qualité de membre d'une ASL est obtenue de manière particulière. La notion de même membre d'une ASL est complexe. Elle peut être distincte de celle de membre de l'assemblée ou de celle de propriétaire d'un lot. Enfin les charges dues à l'association sont plus liées à l'immeuble qu'à la personne.

Sous-section 1 Être Membre d'une association syndicale libre sans toujours le vouloir expressément

Une explication, un bref rappel (voir art 1) historique semble nécessaire avant d'aborder ce que la loi entend par membre de l'association syndicale libre (parfois confondu avec membre de l'assemblée voir infra). À l'origine les statuts de l'ASL appelés initialement actes d'association étaient fréquemment rédigés par les seuls lotisseurs. Le lotisseur s'engageait selon le Code de l'urbanisme à constituer une ASL à laquelle étaient dévolues la gestion et la propriété des terrains communs. De nos jours (comme antérieurement) aux termes de l'article 7 de l'ordonnance du 1er juillet 2004, « les ASL se forment par consentement unanime des propriétaires intéressés, constaté « par écrit». Ces deux conditions à la naissance de l'ASL sont nécessaires tant pour des raisons de formalisme que pour l'opposabilité (sans manifestation du consentement, sans écrit pas d'ASL, pas de qualité de membre). Ainsi au tout début le premier acquéreur donne son consentement écrit au lotisseur pour la formation d'une ASL. L'association, qui doit comporter au moins deux membres, est de la sorte constituée avec le lotisseur à l'unanimité sur un même document. Par la suite la modalité initiale requise (1) n'est plus tout à fait la même.

[1] À la différence de la copropriété l'ASL ne naît donc pas de la loi

L'accord pour la formation de l'association n'est plus aussi consensuel, explicite et direct. Il est plus ou moins tacite et obtenu de manière indirecte. Que se passe-t-il ? Le lotisseur qui désire vendre ses lots prévoit dans l'acte de vente que la parcelle objet de la vente fait partie du périmètre syndical et que tout propriétaire d'une telle parcelle du lotissement devra se conformer à son cahier des charges lequel renvoie à une obligation d'adhérer à l'ASL et donc d'en régler les charges. Les propriétaires qui suivent adhèrent donc à l'association plus qu'ils n'y consentent. L'accord n'est pas très explicite. Il est tacite et obtenu de manière indirecte. Un consentement implicite, par une participation volontaire aux équipements communs, ne suffit pas pour devenir membre de l'ASL. L'obligation d'une adhésion écrite aux statuts ne concerne toutefois en fait que le premier propriétaire qui fait entrer son bien immobilier dans le périmètre de l'ASL La Cour de cassation a admis la licéité de cette pratique qui consiste à faire figurer dans l'acte de vente une clause obligeant l'acquéreur à respecter le cahier des charges, lequel oblige à adhérer à l'association syndicale[2]. Il est donc admis que les ASL existent sans que tous les copropriétaires aient consenti « explicitement » et manifesté leur accord par signature sur un même document, sur les statuts. Il suffit que lors de la prorogation se réunisse la volonté de ceux qui s'y syndiquent.

Ainsi la signature de l'acte authentique de vente suffit pour conférer la qualité de membre à l'acquéreur d'un immeuble inclus dans une ASL lorsque l'acte d'acquisition prévoit que la parcelle objet de la vente fera partie du périmètre syndical et que cet acte renvoie au cahier des charges et/ou à l'obligation d'adhérer à l'ASL. L'acquéreur d'un lot situé dans une ASL devra être informé de l'existence de cette dernière et de l'obligation de respecter son fonctionnement.

Sous-section 2 L'importance de l'information de l'acquéreur par le vendeur et le notaire

On pourrait être en droit de se demander quelles sont les précautions à prendre pour éviter toute équivoque. L'acquéreur peut penser n'avoir acheté qu'une maison et ignorer les charges qui s'attachent à la qualité de membre de l'ASL.

Il est important que le vendeur informe l'acquéreur de la situation, à notre sens avant même le compromis. C'est d'autant plus important que

[2] Cass 3e civ 22 juin 2017 n° 16-13.13877

l'acquéreur peut avoir emprunté au maximum de ses capacités et qu'il doit effectuer une avance de trésorerie inattendue (comme prévu dans certains statuts) ou le paiement de charges dues par le vendeur à l'ASL. Il existe là un risque de rupture de l'accord de vente. Il appartient aussi au notaire et au vendeur de remettre tout document dont les statuts ou le cahier des charges. Or tel n'est pas toujours le cas et certains colotis affirment non seulement qu'ils n'ont pas été informés par le notaire de la situation précise mais encore qu'ils n'auraient reçu aucun document (ni cahier des charges ni règlement du lotissement ni statuts). Dans de tels cas la responsabilité peut être engagée.

Le représentant de l'ASL de son côté doit aussi s'entourer de précaution si sa demande porte sur le paiement des charges. Il appartient en effet au demandeur de faire la preuve de ce qu'il avance. Le présentant de l'ASL devra donc démontrer que l'acquéreur d'un lot a bien donné son accord pour être membre de l'association et de ce fait contribuer aux charges. Il appartient donc au représentant de l'ASL de se munir de tout document probant d'adhésion.

Le propriétaire d'un terrain qui peut être séparé du reste de l'ASL peut demander à ne plus en faire partie. Les conditions sont assez sévères. Elles seront précisées dans une étude spécifique infra (dissolution et transformation).

Section 2 Distinction entre propriétaire d'un lot, membre de l'ASL, membre de l'assemblée de l'ASL, et membre de l'association droit réel de l'ASL attaché à l'immeuble et droit personnel de l'ASL attaché ou concernant le coloti

Préambule

La notion de membre de l'association paraît a priori évidente. On risque de s'égarer si on n'opère pas de distinction, tant il existe de confusions entre propriétaire d'un lot, membre de l'association et membre de l'assemblée. De même il convient d'insister sur les charges dues à l'association qui sont attachées plus à l'immeuble qu'à la personne propriétaire. On parle ainsi de droit réel, droit attaché à la chose (en latin RES rei la chose) par opposition au droit personnel (liée à la personne).

La notion de membre de l'association nécessite quelques précisions tant il existe de confusions avec celle de propriétaire d'un lot ou celle de membre de l'assemblée.

Sous-section -1 Le propriétaire d'un lot n'est pas nécessairement membre de l'ASL

Le propriétaire d'un immeuble situé dans le périmètre de l'association est le plus souvent considéré comme membre de l'association. Toutefois en dépit du principe posé par l'article 7 al 2 de l'ordonnance il peut exister des cas où le propriétaire n'est pas membre. Tel serait la situation si le lot du propriétaire ne bénéficiait d'aucun droit sur les biens communs ou même si la vente avait été effectuée sans mention du cahier de charges et de l'adhésion à l'ASL.

Sous-section 2 Le membre de l'assemblée de l'ASL n'est pas nécessairement membre de l'association

Cette notion de membre de l'association peut être distincte de celle de membres dans les assemblées. Ainsi on peut être membre de l'association ASL sans être membre de l'assemblée (il peut exister des immeubles en copropriété qui seront représentés à l'assemblée par le syndic (membre de l'assemblée mais non de l'association) alors que tous les copropriétaires sont membres de l'association mais ne seront pas présents à l'assemblée de l'ASL).

Si une ASL comprend un immeuble en copropriété, une difficulté se pose. Dans les statuts de l'ASL, l'immeuble est indivisible et ne connaît qu'un seul interlocuteur, le syndic. Il n'en reste pas moins que le consentement à l'acte d'association doit être donné par chaque copropriétaire, pris individuellement. De même, il est nécessaire de convoquer tous les copropriétaires à l'assemblée constitutive de l'association.

Une difficulté se pose au niveau des votes à l'assemblée de l'association ; la jurisprudence considère le copropriétaire comme un participant à l'association, mais aussi le syndic, qui représente la copropriété lors des votes. Dans la pratique bien souvent le syndic seul vote en représentant l'ensemble. Mais cette jurisprudence génère des incertitudes.

Section 3 Les charges de l'ASL sont plus liées à l'immeuble (droit réel de l'ASL) qu'à la personne

Les charges de l'association sont plus liées à l'immeuble qu'à la personne. En ce sens elles se transmettent en cas de cession de l'immeuble à l'acquéreur.

On estime en droit que le bien immobilier est avant tout soumis aux règles de l'ASL du fait même qu'il se trouve dans le périmètre de l'ASL. La configuration géographique permet donc de déterminer ou du moins de fortement présumer si un bien est soumis aux règles de l'ASL. La qualité de membre d'une association syndicale libre est attachée avant tout à l'immeuble dont est détenteur le propriétaire (droit réel directement sur la chose) et non à la personne[3]. Toutefois il a été jugé que le fait qu'une parcelle soit incluse dans le périmètre d'une ASL ne suffit pas à rendre son propriétaire débiteur des charges si le propriétaire d'origine ou les successeurs n'ont pas consenti à la constitution de l'ASL.

En cas de cession d'un immeuble intégré dans le périmètre de l'association le propriétaire doit, en cas de transfert de propriété, informer l'acquéreur potentiel de l'inclusion de son bien dans l'ASL et de l'existence éventuelle de servitudes. De la même façon, le propriétaire se doit d'informer le locataire de son immeuble de cette inclusion dans l'ASL et de ces servitudes. L'acquéreur quant à lui devra supporter les charges de l'ASL qui sont attachées à l'immeuble et non à la personne.

[3] Civ.3, 10 octobre 2007 n°06-18.108

Chapitre III :

Objet de l'association syndicale libre

Section 1 Approche de la notion d'objet social d'une personne morale

L'objet social d'une personne morale est la finalité poursuivie par cette dernière. C'est si on le préfère l'activité à laquelle se destine l'ASL. Une société, une ASL à la différence d'une personne physique est limitée par son objet. Elle ne peut être engagée par des actes qui dépassent l'objet social. Toutefois il est souvent ajouté à la fin de la clause qui définit ou énumère les activités de l'objet social « et tout engagement lié directement indirectement à son objet ». Cet additif élargit considérablement l'objet social. En matière d'ASL[1] les statuts annexés au cahier des charges du lotissement confèrent souvent à l'association les actes les plus étendus pour appliquer et contrôler le cahier des charges.

Section 2 L'Objet social des ASL en détail

Selon l'ordonnance du 1er juillet 2004 « l'ASL a pour objet d'une façon générale, l'administration, la gestion et la police des voies, ouvrages et autres parties communes ainsi que l'application du cahier des charges qui réglemente l'usage des parcelles dans l'intérêt commun. [2]».

L'article 1 de l'ordonnance du 1er juillet 2004 et le décret du 3 mai 2006 disposent que :

« Peuvent faire l'objet d'une association syndicale de propriétaires la construction, l'entretien ou la gestion d'ouvrages ou la réalisation de travaux, ainsi que les actions d'intérêt commun, en vue :

a) de prévenir les risques naturels ou sanitaires, les pollutions et les nuisances ;

---

[1] CA Douai, 1re Chambre section 2, 1er avril 2015, n°14/00651

[2] En ce sens CA Douai, 1re Chambre section 2, 1er avril 2015

b). De préserver, de restaurer ou d'exploiter des ressources naturelles ;

c) d'aménager ou d'entretenir des cours d'eau, du 3 mai 2006 ou plans d'eau, voies et réseaux divers ;

d) de mettre en valeur des propriétés. »

Les associations syndicales de propriétaires - et par conséquent l'ASL qui est une forme d'ASP- association syndicale des propriétaires - doivent avoir un objet entrant dans l'une ou l'autre des catégories de l'article 1er précité. Le respect de cette obligation sera contrôlé par le juge judiciaire dans le cas d'associations syndicales libres et par le juge administratif - juridictions administratives - dans le cas d'associations syndicales autorisées ou forcées. Cette liste si on exclut le dernier cas (d) limite a priori l'activité de l'ASL et donc aussi toute poursuite en justice en tant que demanderesse car elle risque d'être sans lien avec l'objet. Le dernier cas permet toutefois d'élargir l'objet de l'ASL

Par ailleurs l'ASL peut avoir aussi (selon le décret de 2006) pour objet de veiller à l'application et au respect du cahier des charges qui réglemente l'usage des parcelles privatives dans l'intérêt commun des associés afin de préserver l'harmonie du lotissement.

Il a été précisé par la cour d'appel dans un arrêt récent[3] qu'il n'y a pas lieu par simple application du (d) « mise en valeur des propriétés » de distinguer concernant la mise en valeur des propriétés l'action de l'ASL qui d'une façon générale a pour objet la gestion et la police des voies et ouvrages et autres parties communes de l'application du cahier des charges qui réglemente l'usage des parcelles privatives dans un intérêt commun des associés afin de préserver l'harmonie. De ce fait l'action de l'ASL a été déclarée recevable afin de détruire la construction d'un abri de jardin interdit par le cahier des charges.

Dans la pratique les juges sont parfois rigoureux pour apprécier l'objet de l'ASL. Ce principe dit de la spécialité qui nécessite l'absence de dépassement de l'objet social statutaire est parfois opposé de manière pouvant paraître excessive ou arbitraire. Ainsi, lorsque l'objet statutaire d'une ASL est limité à la « gestion et l'entretien » des équipements communs l'association n'est pas censée en être propriétaire et n'a pas la capacité d'acquérir des nouveaux équipements communs. Un raisonnement un peu similaire concernant l'interprétation restrictive de la notion de préjudice existe par analogie. Le préjudice subi par une ASL pour être indemnisable doit être direct.

---

[3] CA Douai 1ere Ch sect. 2 1er avril 2015 n° 14 /00651

Lorsque le préjudice n'est pas lié très directement à l'association ASL personne morale propriétaire d'une piscine en l'espèce endommagée et inutilisable, les tribunaux risquent de déclarer irrecevable l'ASL à réclamer des dommages et intérêts pour privation de jouissance faute de préjudice direct. L'argument à l'appui pourrait être que si les colotis eux-mêmes ont subi une perte de jouissance du fait qu'ils ne pouvaient se baigner il n'en est pas de même de l'entité ASL personne morale[4].

Section 3 Le problème particulier du respect des règles et de la discipline dans le domaine

Quels rôles doivent jouer les membres du conseil ? Doivent-ils assurer la discipline dans le domaine faute d'embauche de personnel dédié ; a fortiori lorsqu'ils sont sollicités par les colotis ? Doivent-ils faire respecter non seulement la police des biens communs mais aussi la police dans les parcelles privatives du moins en cas de bruit excessif ? En l'espèce les membres du conseil ont les pouvoirs les plus étendus sur la police des biens communs y compris parfois de biens privés situés dans le domaine privé (démolition de certaines constructions prohibées par le cahier des charges tel un abri de jardin situé dans une parcelle privée). Mais quid de la discipline relative aux nuisances sonores ? L'ASL est souvent sollicitée sur ce sujet alors que la source du bruit émane d'une parcelle privée. Il nous paraît logique que l'ASL puisse faire respecter le règlement limitant les nuisances sonores et cet aspect est aussi visé mais de manière très et trop spécifique, trop limitée concernant les engins à moteur tondeuse, etc. dans les documents de l'ASL. On ne peut se contenter de la seule énumération. « Le je suis chez moi ici » est pourtant très souvent entendu. Si l'ASL n'a pas de droit sur la propriété privée elle peut à notre sens intervenir pour faire appliquer les règles prescrites en cas de bruit émanant d'un domaine privé et troublant le bien commun. Tel le cas d'une ASL dont l'objet est de faire appliquer les règles du cahier des charges des statuts ou du règlement intérieur. On ne peut toutefois oublier sur le plan concret qu'à la différence de la mairie l'ASL n'a pas de police municipale. Il existe de ce fait des équivoques sur les interventions. Peut-être, mais c'est un

---

[4] En ce sens à propos d'une ASL réclamant une indemnisation pour privation de jouissance d'un bien commun - la piscine- (voir cour d'appel de Paris, Pôle 5 - chambre 5, 21 mars 2019, https://www.doctrine.fr › Décisions de justice › 2019)

autre sujet, le recrutement d'un agent assermenté, ou d'un gardien assermenté pourrait-il pour partie pallier ce manque.

Que se passerait-il si un membre du syndicat était physiquement agressé dans l'exercice de ses activités ou en raison de ces dernières ? L'intérêt pour l'ASL de se constituer partie civile en cas d'agression d'un membre du comité est important. À défaut aucune règle ne serait plus respectée. La solution a priori n'est pas évidente car les associations ne peuvent se constituer partie civile que si elles ont subi un préjudice direct. Dans l'hypothèse de l'agression physique d'un membre du syndicat exerçant ses fonctions on peut se demander si la constitution de partie civile de l'ASL est recevable. En quoi l'ASL a-t-elle subi un préjudice direct ? Le paradoxe est que si le membre était un salarié l'obligation de recruter un nouveau salarié suite à l'hospitalisation du premier permettrait de justifier un préjudice financier direct subi par l'association. Mais quid dans le cas d'un bénévole membre du syndicat chargé de faire respecter la discipline ? Ne faudrait-il pas recruter un gardien spécialiste salarié des interventions à sa place ? Dans un tel cas la situation n'est pas différente de la précédente. L'ASL aurait bien subi un préjudice. Il nous semble par ailleurs qu'une atteinte à l'image de l'ASL pourrait être soutenue. De plus et surtout l'argument pourrait être que le défaut de recevabilité de constitution de partie civile générera un sentiment d'impunité et favorisera le non-respect des règles[5].

Section 4 La qualité pour agir de l'ASL, et les tempéraments en matière de trouble de jouissance

L'objet social détermine en principe la limite d'action de l'ASL. Le respect des clauses du cahier des charges est généralement inclus dans l'objet social et donc des poursuites peuvent avoir lieu, fondées sur une conduite contraire au cahier des charges. Du fait de son objet social l'ASL peut poursuivre les auteurs des désordres affectant les éléments communs dont elle n'a pas nécessairement la propriété. L'association veille en effet au respect des parties communes, au maintien de caractéristiques essentielles. Dans la mesure où elle est propriétaire des éléments communs elle peut agir incontestablement en justice en cas de bien commun endommagé pour obtenir réparations des désordres ou indemnisations des destructions des éléments communs. Elle peut aussi

[5] Cass civ 2eme 5 mars 1997 numéro 94-22. 212 Bull civ II numéro 6

agir en justice pour la défense de tout point susceptible d'être rattaché directement ou indirectement à son objet. Enfin dès lors qu'il est mentionné dans les statuts que l'ASL agit pour mettre en valeur le lotissement, ses éléments communs et les lots qui la composent le champ d'action est élargi au point que le principe de la spécialité peut être largement interprété.

Toutefois une ASL (comme une société) ne peut pas se saisir des droits de ses membres et prétendre les représenter. Elle n'a pas qualité pour demander l'indemnisation du préjudice personnel consistant en un trouble de jouissance de chacun de ses membres (ou à une perte de valeur de revente des habitations des copropriétaires). Les tribunaux inférieurs ont parfois tendance à faire suite à la demande. Mais la cour d'appel censure souvent la décision et déclare irrecevable la demande[6]. La Cour de cassation à plusieurs reprises a confirmé cette solution. Mais si la demande de l'ASL est irrecevable une telle requête peut être formulée **par chacun des copropriétaires concernés**[7].

En d'autres termes une ASL et ce serait identique pour une société ne peut s'approprier les droits de chacun des membres et prétendre les représenter devant le tribunal civil.

---

[6] Sur la contradiction voir internet et Dalloz : Jugement du 05 avril 2018 -Tribunal de Grande. SAS **PEME GOURDIN** c/ Association syndicale libre du domaine **Piscine** ; Sociétés ; etc. et **cour d'appel** de Paris ; 2019 Numéro(s) : 18/10195

[7] Cass 3 Mercredi 11 mai 2011 pourvoi 10-13.782

Annexe

Extrait Cour de cassation chambre civile 3 Audience publique du mercredi 11 mai 2011 N° de pourvoi : 10-13.782 « l'ASL n'a pas qualité pour solliciter l'indemnisation des préjudices subis au titre de la perte de valeur de revente des habitations des copropriétaires et de la privation de jouissance »

Attendu, selon l'arrêt attaqué (Versailles, 4 janvier 2010), que le programme immobilier de Port Cergy a été exécuté courant 1990 dans le cadre d'une zone d'aménagement concertée (ZAC) ; que la société en nom collectif Port Cergy aménagement (la SNC) a réalisé en qualité d'aménageur de la ZAC un port public sur l'Oise prolongé par un canal privé débouchant sur la même rivière en amont, le port et le canal étant séparés par un barrage constitué par un pont équipé de vannes ; que la société civile immobilière Port Cergy II (la SCI) a construit et vendu en l'état futur d'achèvement les immeubles collectifs et les maisons individuelles édifiés en bordure du canal privé et du port public dont les acquéreurs sont réunis dans l'association syndicale foncière libre du groupe d'immeubles Port Cergy II (l'ASL) ; que les intervenants à la construction du port public et du canal privé ont été, notamment, la société Sogreah Ingénierie, aux droits de laquelle vient la société Sogreah consultants, chargée de l'étude préalable sur la faisabilité de la construction d'un port en darse, M. Bernard X..., architecte, chargé de la conception d'ensemble du projet, M. Y..., ingénieur conseil, chargé des études d'exécution du canal, la société CEP aux droits de laquelle vient la société.

Attendu que l'ASL fait grief à l'arrêt de dire irrecevables les demandes en réparation qu'elle a formées au titre de la perte de valeur de revente des habitations des copropriétaires, ainsi que de la privation de jouissance du canal et des emplacements privés pendant plus de dix ans alors, selon le moyen, que l'Association syndicale libre faisait valoir que ses membres avaient subi une perte globale de plus de 1 290 000 francs, les désordres constatés les ayant empêchés d'utiliser le canal et de jouir d'un élément essentiel de l'agrément des maisons acquises, que **cette perte de jouissance est** d'autant plus grave et avérée qu'il suffit de se reporter aux documents de vente et publicitaires pour constater que l'existence du canal et son utilisation étaient les éléments essentiels et déterminants de la qualité de vie attendue et mise en avant pour l'acquisition d'une maison à Port Cergy ; qu'en décidant que le tribunal a exactement rejeté cette demande par des motifs que la cour adopte et, par motifs adoptés, que les défendeurs font justement valoir que la SCI n'a pas qualité pour solliciter l'indemnisation de ce préjudice, la demande devant être formulée et justifiée par chacun des copropriétaires concernés, sans préciser d'où il résultait que l'Association syndicale libre n'avait pas qualité pour faire une telle demande, les juges du fond ont violé l'article 455 du Code de procédure civile ;

Attendu que l'ASL fait grief à l'arrêt de dire irrecevables les demandes en réparation qu'elle a formées **au titre de la perte de valeur de revente des habitations des copropriétaires, ainsi que de la privation de jouissance du canal et des emplacements privés pendant plus de dix ans** alors, selon le moyen, que l'Association syndicale libre faisait valoir que ses membres avaient subi une perte globale de plus de 1 290 000 francs, les désordres constatés les ayant empêchés d'utiliser le canal et de jouir d'un élément essentiel de l'agrément des maisons acquises, que cette perte de jouissance est d'autant plus grave et avérée qu'il suffit de se reporter aux documents de vente et publicitaires pour constater que l'existence du canal et son utilisation étaient les éléments essentiels et déterminants de la qualité de vie attendue et mise en avant pour l'acquisition d'une maison à Port Cergy ; qu'en décidant que le tribunal a exactement rejeté cette demande par des motifs que la cour adopte et, par motifs adoptés, que les défendeurs font justement valoir que la SCI n'a pas qualité pour solliciter l'indemnisation de ce préjudice, la demande devant être formulée et justifiée par chacun des copropriétaires concernés, sans préciser d'où il résultait que l'Association syndicale libre n'avait pas qualité pour faire une telle demande, les juges du fond ont violé l'article 455 du Code de procédure civile.

Mais attendu que la cour d'appel a exactement retenu, par motifs adoptés, que l'ASL n'avait pas qualité pour solliciter l'indemnisation des préjudices subis au titre de la perte de valeur de revente des habitations des copropriétaires et de la privation de jouissance du canal et des emplacements privés pendant plus de dix ans, **cette demande devant être formulée et justifiée par chacun des copropriétaires concernés ;**

D'où il suit que le moyen n'est pas fondé. Dans le même sens 2019, n° 18/10195 ; Juridiction : **cour d'appel** de Paris ; Numéro(s) : 18/10195 ; Décision SAS **PEME GOURDIN** c/ Association ASSOCIATION SYNDICALE LIBRE DU. **Piscine** ; Sociétés ; Pompe ; Eaux ; Sinistre ; Responsabilité ; Préjudice de ...

Annexe complémentaire

Illustration de l'intérêt de la notion d'objet social « À propos du refus de paiement des charges d'une piscine »

Cas concret relatif au refus de paiement par des colotis des charges d'une piscine commune au motif qu'elle n'est pas la propriété de l'ASL et qu'elle n'est pas comprise dans le périmètre de l'ASL « Illustration de l'intérêt de l'objet social ».

Des propriétaires du lotissement refusent de participer aux charges d'une piscine commune à laquelle ils ont accès. La raison est que cette piscine n'est pas située dans le périmètre de l'Association Syndicale Libre (ASL) et que l'ASL n'est pas la propriétaire de la piscine.

La Cour de cassation sur la question des charges donne tort à ces derniers (Cass 3 civ 12 mai 2016 n° de pourvoi 15-12.420) dans la mesure où :

1 l'objet de l'Association Syndicale Libre (ASL) comprenait, selon les statuts, l'entretien et la gestion de cette piscine.

2 La propriété du bien commun n'est nullement nécessaire « Sans que son appropriation constitue un préalable nécessaire à la réalisation de ses missions (...) ».

Chapitre IV :

Siège social de l'association syndicale libre

Section I Approche du siège social

Le siège social d'une association qui est unique est défini comme le lieu où se tient la direction de l'association. Il s'agit de la direction effective distincte des divers établissements où elle peut exercer des activités.

L'adresse du siège peut figurer dans les statuts mais ce n'est nullement obligatoire.

En règle générale la détermination du siège d'une association ne pose pas de problème (choix libre) sauf pour les associations dites internationales dont le siège social est dit tournant selon les dires des dirigeants ou membres de nationalité diverse (ex congrès internationaux). Toutefois en droit les associations sont en principe soumises à une législation unique qui est celle du lieu du siège social.

Le siège d'une association se situe souvent à l'intérieur du périmètre syndical et au domicile du président. Toutefois :

-Rien n'exclut que le siège d'une telle association puisse être fixé au domicile d'un membre, coloti propriétaire de son logement (sous réserve de respect du règlement de copropriété en cas d'immeuble). Si la domiciliation entraîne l'exercice d'une activité effective dans le logement, le copropriétaire doit au préalable obtenir l'accord de tous les copropriétaires. Mais toute clause d'un contrat de location d'un logement interdisant au locataire l'exercice d'une activité associative est illégale.

– Rien n'exclut que le siège se situe dans un immeuble de location ou mis à la disposition par le maire. Mais le logement doit rester le lieu d'habitation du locataire Il ne peut pas devenir le lieu de l'activité effective de l'association par la transformation du logement en un établissement d'activité tel un bureau de réception continue. À défaut, le contrat de location pourrait être résilié.

– Rien n'exclut enfin que le siège social se situe en dehors du périmètre de l'association.

Le président de l'association doit déclarer l'association lors de sa création au lieu de son siège social. Mais il n'est nullement obligé de faire figurer l'adresse précise dans les statuts.

Si ainsi qu'il a été précisé la mention du siège social dans les statuts n'est nullement une obligation en revanche la mention du siège social dans la déclaration préalable est obligatoire.

Dans l'hypothèse où le siège social est indiqué dans les statuts avec précision (nom de la commune, adresse exacte) tout transfert de siège social doit faire l'objet d'une modification statutaire. En revanche en l'absence de mention de la rue et du numéro le transfert du siège dans la commune n'implique pas de modification statutaire. Enfin le transfert du siège social qu'il soit ou non mentionné dans les statuts impose une déclaration modificative à la préfecture ou la sous-préfecture.

Section 2 Incidences du siège social des associations syndicales libres

Elles seront brièvement décrites car tel n'est pas le sujet précis. Nous renvoyons pour l'essentiel au droit des associations. Le siège social détermine entre autres le lieu des formalités administratives, le tribunal compétent en défense, la nationalité, le lieu du bureau des hypothèques. C'est au siège social que devraient parvenir les pouvoirs en blanc.

Chapitre V :

Durée de l'ASL /Dissolution

Section 1 Le principe d'une durée de vie illimitée aussi longtemps que le bien existe en l'absence de texte légal

Faute de texte précis en matière d'association syndicale libre la question s'est posée de savoir quelle est la durée d'une ASL. Le principe est qu'une association a une durée de vie illimitée[1]. Cette perpétuité spécifique par rapport à la durée des personnes morales qui est de 99 ans est fondée sur le fait que l'ASL présente un caractère réel en ce sens que c'est plus le bien qui est associé que la personne. Dès lors le décès de l'ensemble des membres ne conduit pas à la dissolution de l'association. Les biens abandonnés sont considérés comme sans maître. Les immeubles sont dévolus à la commune l'établissement public compétent ou l'État.

Section 2 Prorogation possible à la majorité de la durée limitée si demande formulée avant échéance

La Cour de cassation[2] considère que les statuts peuvent être à durée déterminée. La fixation d'une durée limitée est donc possible. La jurisprudence semble même favoriser la prorogation d'une ASL à durée déterminée. Elle admet une demande de prorogation à des conditions autres que l'unanimité[3] du moins si la demande est formulée avant l'échéance. En revanche l'unanimité est requise en cas de départ anticipé lorsque la durée de l'ASL est déterminée.

---

[1] Cass, 3e civ, 3 avril 1990, n°87-11287, Bull. civ. III.
[2] Cass 1 civ 90 Bull civ numéro 78
[3] Cass 1ere civ 3 avril 1990 87 -II-290 inédit

Section 3 La formulation des statuts « tant que perdure la nécessité légale de son existence » tempère le principe de durée indéterminée

Certaines clauses de statuts indiquent que « l'association a une durée indéterminée tant que perdure la nécessité légale de son existence ». Cette phrase peu compréhensible pour le profane « Tant que perdure la nécessité légale de son existence » indique qu'en cas de disparition de l'objet social, si la mission est terminée, l'ASL peut être dissoute puisque l'objet qui était le fondement de sa mission a disparu. Il en est ainsi des situations où il est possible d'envisager de mettre un terme à la vie de l'association ASL et donc de prononcer la dissolution bien que la durée soit indéterminée. Ainsi si tous les espaces et biens communs du lotissement ont été rétrocédés à une collectivité, la commune par exemple, l'ASL peut être dissoute en raison de la disparition de son objet social si tel est bien ce seul dernier objet qui figure dans les statuts. De même si l'association a pour objet et pour mission de gérer des aménagements communs tels les réseaux d'épuration d'un lotissement et que ces derniers sont mis à la charge d'un autre organisme (loi Noble) du fait de l'intercommunalité par exemple la dissolution pourrait être prononcée en raison de la disparition de l'objet social.

Section 4 Approche de la dissolution

L'expiration de la durée est avec la disparition de l'objet social une des causes de la dissolution de l'ASL. La législation est muette sur les conditions de dissolution qui doivent être prévues par les statuts (article 3 de l'ordonnance). Les textes sur la mise en conformité des statuts imposent une telle modalité à défaut de quoi l'ASL peut perdre sa capacité juridique. Il est donc devenu impératif de désigner l'organe compétent pour prononcer la dissolution, préciser les motifs et les règles de délibération, la manière dont les biens seront répartis. À défaut de précision les biens de l'ASL peuvent revenir à l'État ou estime-t-on parfois revenir de manière indivise aux associés.

Une étude approfondie sur la dissolution a été spécifiquement réalisée et présente un certain rapport avec le sujet ci-dessus (voir Dissolution infra).

LIVRE IV :

LES ASSEMBLÉES

TITRE I :

Composition et convocation

Chapitre I :

Composition des assemblées et représentation des colotis

Section 1. Composition des assemblées

Sous-section .1 Participation de principe de tous les colotis propriétaires sans exclusion

Les assemblées d'ASL sont composées des propriétaires colotis et les statuts déterminent le nombre de voix dont chaque propriétaire peut bénéficier. Mais il peut arriver que tous les propriétaires ne soient pas présents à l'assemblée. Certains peuvent se faire représenter (étude la représentation des colotis).

Il a été autorisé à une époque, jusqu'en 2008, que les statuts puissent priver d'accès à l'assemblée de trop petits propriétaires.

Sous-section 2 Participation de principe du nu-propriétaire sauf accord distinct en cas de propriété démembrée

En cas de démembrement de la propriété du lot l'article 3 alinéa 2 de l'ordonnance de 2004 prévoit que le nu-propriétaire est seul membre de l'association à pouvoir participer à l'assemblée, sauf convention contraire conclue avec l'usufruitier. L'usufruitier doit être tenu informé des décisions de l'ASL.

Sous-section 3 Nécessité d'un mandataire commun en cas indivision

En cas d'indivision sur un lot les propriétaires indivis doivent être considérés comme membres de l'association. La solution paraît être de désigner un représentant commun.

Sous-section 4 Suppression d'un seuil minimum pour accéder à l'assemblée de l'ASL

La loi de 1865 permettait d'exclure de l'assemblée les propriétaires jugés trop petits par les statuts, ceux « ne possédant pas le minimum d'intérêt ». La nouvelle ordonnance de 2004 ne permet plus cette éviction. Il ne paraît pas possible d'invoquer la liberté d'organisation des ASL pour maintenir cette règle. L'ordonnance ne l'autorise que pour les Associations Syndicales Autorisées de droit public. Les statuts des ASL qui prévoiraient encore une exclusion des propriétaires en fonction du peu d'importance de certaines propriétés doivent être modifiés.

En l'absence de convocation des membres, dans le silence des statuts, le défaut de convocation ne semble pas être selon la décision qui suit une cause de nullité de l'assemblée[1]. Toutefois tel n'est pas le cas pour tous selon l'arrêt du 14 nov. 2012[2].

Section 2 Représentation à l'assemblée de colotis propriétaires dans une ASL

Sous-section.1 Représentation possible du coloti à l'assemblée (ou au syndicat) « par une personne de son choix » (mandataire professionnel ou non)

Le principe général paraît être que, sauf clause statutaire spécifique contraire, le coloti peut se faire représenter dans le silence des statuts à l'assemblée par toute personne de son choix[3]. Le nombre de mandats pouvant être détenus par un mandataire n'est précisé par aucun texte. La loi est muette sur le sujet. Le nombre nous paraît être illimité.

Toute personne et y compris donc un professionnel (mandataire professionnel, administrateur de biens) peut représenter un propriétaire à l'assemblée (sous réserve de statuts). Il peut même faire acte de candidature pour devenir membre du syndicat. Il pourrait donc siéger valablement au sein du syndicat. Ainsi l'ordonnance de 2004 précise : « L'association syndicale libre est administrée par un syndicat composé de membres élus parmi les propriétaires membres de l'association ou leurs représentants dans les conditions fixées par les statuts».

---

[1] Cass.3 civ. 14 avril 1999 D1999 p 370
[2] Cass 3. civ 3e, 14 nov. 2012
[3] Cass. civ. 14 nov. 2012

Le fait que les copropriétaires d'immeubles inclus dans une ASL n'aient pas accès à l'assemblée en raison des mandats donnés au mandataire ne les empêche nullement d'être élus au « Syndicat », (le Conseil de direction de l'ASL). La nouvelle ordonnance de 2004 est très claire sur ce point : « L'association syndicale libre est administrée par un syndicat composé de membres élus parmi les propriétaires membres de l'association ou leurs représentants dans les conditions fixées par les statuts. »

Sous-section 2 Représentation possible du coloti à l'assemblée « par le syndic de copropriété en cas d'immeubles en copropriété situés dans le périmètre de l'ASL »

Les statuts peuvent prévoir une clause selon laquelle tous les copropriétaires d'un immeuble en copropriété inclus dans le périmètre de l'ASL sont représentés en bloc par leur syndic de copropriété. Ce dernier devient alors membre de l'assemblée (mais non de l'association). Il peut donc y avoir une série de syndics si plusieurs immeubles sont en copropriété. Il ne s'agit là que d'une faculté pour les ASL (en revanche cette modalité est obligatoire pour les AFUL). Pour autant, les colotis absents à l'assemblée puisque représentés par le syndic de copropriété demeurent membres de l'association. Dans la pratique, il importe que le syndic de copropriété puisse avoir des instructions précises lorsqu'il siège à l'assemblée de l'ASL. Il lui appartient donc de faire inscrire à l'ordre du jour de l'assemblée du syndicat de copropriété (sa propre assemblée) tous les points importants qui concerneront l'assemblée de l'ASL : budget, travaux à réaliser, etc. En raison de cette représentation par le syndic d'immeuble de copropriété, les copropriétaires ne sont pas tous présents à l'assemblée et en sont même exclus de fait.

L'exclusion de l'assemblée de colotis copropriétaires d'immeubles n'implique pas exclusion desdits colotis au syndicat ou à la direction. Le fait que les copropriétaires d'immeubles inclus dans une ASL n'aient pas accès à l'assemblée ne les empêche nullement d'être élus au « Syndicat », ou à la présidence de l'ASL. Il est possible d'envisager que le représentant élu à l'assemblée vote notamment pour ces propriétaires. La nouvelle ordonnance de 2004 est très claire sur ce point : « L'association syndicale libre est administrée par un syndicat composé de membres élus parmi les propriétaires membres de l'association ou leurs représentants dans les conditions fixées par les statuts ».

Sous-section 3 Le syndic de copropriété d'immeuble situé dans le périmètre de l'ASL peut être élu au syndicat mais n'est pas membre de l'ASL

Le représentant d'un coloti et donc dans l'exemple qui précède le syndic de copropriété qui représenterait le coloti peut être élu au syndicat. Ainsi l'ordonnance de 2004 précise : « L'association syndicale libre est administrée par un syndicat composé de membres élus parmi les propriétaires membres de l'association « ou leurs représentants « dans les conditions fixées par les statuts. ». Mais le syndic de copropriété ne peut pas en tant que tel être membre de l'association ASL. Le syndic de copropriété régi par la loi du 10 juillet 1965 n'est pas propriétaire d'un patrimoine immobilier et ne peut l'être (à la différence de l'ASL qui peut (éventuellement) être propriétaire des parties communes ou être propriétaire d'un bien). Le syndic n'a pas de patrimoine immobilier. Les parties communes sont parties indivises des copropriétaires (ce qui pourrait aussi être aussi le cas de l'ASL). C'est la raison pour laquelle un syndic de copropriété d'immeuble ne peut être membre d'une association ASL.

Section 3 Les statuts des ASL peuvent déroger aux règles supplétives citées

En matière d'ASL, les textes sont peu nombreux et rarement impératifs. L'absence ou le caractère supplétif d'un certain nombre de dispositions légales laissent aux statuts la possibilité dans bien des cas de remédier au silence ou à l'insuffisance de dispositions. Encore faut-il que les dispositions prises par les membres ne soient pas contraires au droit ! On ne peut se fier à des statuts voisins parfois inadaptables à la situation précise ou comportant des erreurs.

Chapitre II :

Convocation des assemblées et représentation des colotis

Section 1 Absence de règle spécifique et application de règles de droit commun en matière d'ASL concernant la convocation à l'assemblée

La forme de convocation n'est pas précisée. La lettre recommandée n'est pas obligatoire, ni le délai de trois semaines requis pour les copropriétés (statuts de la copropriété), mais les règles de principe du droit commun s'appliquent : convocation obligatoire, ordre du jour compréhensible comportant les éléments nécessaires à la prise de décision.

Sous -section 1 Initiative de la convocation

Le président en exercice a le pouvoir de convoquer l'assemblée. La jurisprudence paraît considérer que tous les membres de l'assemblée doivent être convoqués. Un propriétaire non convoqué et donc oublié ne peut obtenir l'annulation de l'assemblée[1], mais peut seul se prévaloir de l'irrégularité, ce qui semble être critiqué par la doctrine.

Sous -section 2 Demande de convocation en référé en l'absence de convocation par tout

En l'absence de convocation par le président ou en l'absence de représentant légal et dans le silence des statuts, une demande en référé peut être demandée par tout propriétaire au président.

[1] Aix 4e ch. À 15 juin 2007 RG 05/09344

Section 2 Sanction de nullité des délibérations en cas de non-respect des statuts, et d'inopposabilité de la décision par la personne oubliée et non convoquée

La nullité des délibérations peut résulter du seul fait du non-respect des clauses des statuts relatifs aux votes, même en l'absence d'incidence sur l'adoption d'une décision. En revanche l'oubli de convocation n'engendre pas l'annulation mais l'inopposabilité de la décision.

Il a été jugé qu'un propriétaire non convoqué et donc oublié ne peut obtenir l'annulation de l'assemblée[2] mais peut seul se prévaloir de l'irrégularité.

---

[2] Pour l'inopposabilité Aix 4e ch. À 15 juin 2007 RG 05/09344 contra pour la nullité de la décision Chritian Attias et JM Roux Guide des associations syndicales libres de propriétaires 8e édition Edilaix 181

TITRE II :

Voix Quorum Majorités

Chapitre I :

Les voix dans les assemblées et la représentation des colotis

Préambule. Distinction entre voix et vote

Le vote et la voix sont souvent employés de manière indifférente. Il s'agit pourtant de notions distinctes.

La voix désigne tout aussi bien le droit d'exprimer son opinion, l'expression même de cette opinion le choix qui est fait à l'occasion d'un vote. Le vote est plus collégial dans la prise de décision. Il permet à un groupe de personnes de prendre une décision qui ne satisfait pas nécessairement tout le monde.

Section 1. Le silence des textes et l'importance des clauses statutaires libres

Le silence des textes est grand dans les ASL sur la question des voix et des votes (comme de manière plus générale sur les assemblées). La liberté statutaire est importante. Il semblerait ainsi que puisse être statutairement envisagé le vote à bulletin secret ou même le vote à main levée. Aucune disposition ne permet d'exclure de telles modalités.

En règle générale les bulletins sont nominatifs et chaque lot confère une voix. Un coloti peut détenir plusieurs lots. Il peut arriver que des dispositions statutaires soient adoptées par l'ASL afin de limiter la toute-puissance de ceux qui posséderaient à eux seuls plus de 50 % des voix. On peut ainsi prévoir dans les statuts que si un nombre de voix d'un copropriétaire représente plus de la moitié des voix, il est ramené aux nombres de voix dont disposent tous les autres copropriétaires. Cette solution est adoptée par la loi du 10 juillet 1965 sur la copropriété sans pour autant que l'on puisse affirmer que l'ASL est soumise dans son intégralité à un tel texte. En pratique, cette disposition propre à la copropriété prévue pour lutter contre une forme de dictature est contournée par certains copropriétaires majoritaires qui n'hésitent pas à transférer la propriété d'une partie de leurs lots (parfois sous forme de donation) à un prête-nom (une société civile immobilière ou une personne proche parent). Le procédé est illicite, mais difficile à démontrer car la fraude ne se présume pas.

Il convient d'ajouter qu'il n'y a plus d'exclusion possible (comme le prévoyait initialement la loi) de petits propriétaires dans les ASL. Les statuts des ASL qui prévoient une exclusion des propriétaires du fait de la petitesse de leur propriété doivent être modifiés car contraires à la loi.

Section 2. Nullité des délibérations en l'absence de respect des règles relatives aux modalités de vote et ce en dépit de l'absence d'incidence sur la décision

La Cour de cassation[1] considère que le seul fait qu'une assemblée générale ne respecte pas les règles relatives aux modalités de vote entraîne la nullité de la délibération. Peu importe que les irrégularités n'aient eu aucune incidence sur l'adoption des décisions. Le contenu de l'arrêt du 27 juin 2000 est le suivant :

« Vu l'article 1134 du Code civil ;

Attendu que, pour débouter M. Jardin de sa demande en nullité des délibérations prises par l'Association syndicale libre " Les Demeures du Golf ", le 1er avril 1996, l'arrêt attaqué relève que si ces délibérations, prises en accordant au syndic représentant chaque immeuble collectif une seule voix contrairement aux stipulations de l'acte complémentaire du 23 février 1995, sont intervenues dans des conditions irrégulières, le requérant ne démontre pas que les irrégularités commises, eu égard au nombre de voix devant être accordées au représentant de chaque immeuble collectif ayant participé à cette réunion, étaient susceptibles d'avoir une incidence sur l'adoption de l'une quelconque des décisions prises ;

Qu'en statuant ainsi, alors que la nullité de la délibération d'une assemblée générale d'association résulte du seul fait que cette assemblée n'a pas respecté les règles statutaires relatives aux modalités de vote, la cour d'appel a violé le texte susvisé ;

PAR CES MOTIFS, et sans qu'il y ait lieu de statuer sur la seconde branche du moyen :

[1] Cass. Civ. 1. 27 juin 2000 n° 98-23.193 Bull civ I n°196 p 127

CASSE ET ANNULE, dans toutes ses dispositions, l'arrêt rendu le 13 octobre 1998, entre les parties, par la cour d'appel de Paris ; remet, en conséquence, la cause et les parties dans l'état où elles se trouvaient avant ledit arrêt et, pour être fait droit, les renvoie devant la cour d'appel d'Amiens ».

Chapitre II :

Le Quorum dans les ASL

Préambule. Le calcul du quorum est parfois confondu avec celui de la majorité

Section 1 La notion de quorum et les ASL

Sous-section 1 Définition et approche succincte du quorum

Le quorum est en règle générale défini comme le nombre minimum de membres de l'ASL nécessaire pour qu'une assemblée puisse valablement délibérer (Lexis juridique édit Dalloz). Il peut donc s'agir d'un nombre de membres, de votants, physiquement présents pendant toute la réunion. Il peut s'agir aussi ou d'un nombre de membres présents et d'un nombre de membres représentés par un autre membre par rapport au nombre total de personnes habilitées à voter. Il peut enfin aussi s'agir d'un pourcentage minimum de voix que doivent posséder les sociétaires présents ou représentés à l'assemblée par rapport au total des voix de l'ensemble des sociétaires (exemple les présents ou représentés doivent détenir un total équivalent à 10 % de l'ensemble des voix des sociétaires). Cette dernière modalité paraît valable bien qu'a priori on s'éloigne de la définition d'origine fondée sur le pourcentage de sociétaires dont la présence peut être requise. Mais il s'agit aussi de vérifier leur représentativité.

La mise en place d'un quorum permet d'éviter que les décisions soient prises par un trop petit nombre de participants ou par un plus grand nombre de participants qui ne sont pas assez représentatifs. À titre d'exemple le quorum pourrait être fixé à dix quinze trente pour cent au minimum de voix des présents ou représentes voire plus du total des voix.

Sous-section 2 Absence de quorum obligatoire dans la législation sur les ASL

Dans le cas où aucune disposition réglementaire ou statutaire n'est mentionnée, aucun quorum minimum ou automatique ne peut être appliqué. En ce qui concerne les ASL l'ordonnance de 2004 et le décret d'application de 2006 sont muets sur ce sujet. Le quorum n'est donc nullement obligatoire dans les ASL. Il en est de même pour les associations ou en matière de copropriété.

Il peut arriver qu'une ASL prévoie un quorum dans des circonstances importantes, notamment en cas de modification des statuts. On ne peut se contenter dans un tel cas d'une participation trop faible, d'autant qu'en matière d'ASL il n'existe pas de règle de majorité absolue obligée ou de majorité qualifiée des deux tiers par exemple. Une modification des statuts à la majorité simple peut être retenue.

Dans l'hypothèse où un quorum est prévu dans les statuts et n'est pas atteint une absence de quorum signifie que le vote ne peut avoir lieu ou qu'il est invalide (ou que le résultat est automatiquement invalide, dans le cas où le décompte des votants a lieu après le vote). Toutes les décisions prises seront donc annulées.

En pratique les colotis hostiles ne viennent pas à l'assemblée et de ce fait le quorum n'est pas atteint.

Section 2 Différence entre quorum et majorité

Le quorum concerne la validité de la délibération et ne doit pas être confondu avec la majorité, qui concerne le résultat. Une absence de quorum signifie que le vote ne peut avoir lieu (ou que le résultat est automatiquement invalide, dans le cas où le décompte des votants a lieu après le vote). La réunion devra donc être reportée. Toutes les décisions prises sont sans valeur si le seuil minimum prévu de votants n'est pas atteint.

Si le quorum était réuni mais que la majorité n'a pas été atteinte, la décision est rejetée, mais la procédure de vote proprement dite est valable.

Le calcul du quorum est fondé en principe sur l'ensemble des membres de l'ASL qui peut voter. Il s'agit là d'une différence avec le calcul de la majorité qui ne tient compte que de l'ensemble des membres présents ou représentés.

La majorité représente le seuil d'opinion favorable pour qu'une résolution soit adoptée. Elle constitue le nombre de voix qui doit être atteint pour que les propositions soient adoptées. Cette majorité peut être par exemple la majorité des suffrages exprimés ou au contraire la majorité (simple absolue qualifiée infra) des voix. En principe en cas de majorité des suffrages ou voix exprimés les bulletins blancs abstentions ou nuls ne sont pas pris en compte. En cas de majorité des voix les bulletins blancs ou nuls sont pris en considération pour le décompte.

Section 3 Obligation des membres

Les membres du quorum doivent être présents pendant toute la durée. En cas de départ de la réunion si le nombre n'est plus atteint la séance doit être levée et reportée à une date ultérieure.

La législation est muette au cas où les conditions de quorum ne sont pas atteintes. Il appartient alors aux statuts de prévoir les suites. Généralement une seconde assemblée est prévue sans condition de quorum ou avec un quorum réduit et les mêmes règles de majorité.

Chapitre III :

Les conditions de Majorités dans les assemblées (ASL)

Le terme majorité est écrit volontairement avec un s pour souligner que chaque résolution pourrait être subordonnée à une délibération prise à une majorité distincte.

Section 1 La libre disposition de déterminer les conditions de Majorité(s)

Sous-section 1 La nécessité de remédier au silence des textes et d'adopter un raisonnement juridiquement adapté

L'ordonnance de 2004 et le décret de 2006 sont silencieux sur les questions de majorité. Dans les ASL, les règles de majorité sont donc librement déterminées par les statuts, ce à la différence des règles de copropriété où les majorités sont fonction de la gravité de la situation à trancher. Des décisions très importantes telles celles modifiant les statuts peuvent ainsi être prises statutairement à la majorité simple. En fonction de chaque décision, il est possible de prévoir des majorités distinctes. On pourrait imaginer autant de décisions que de majorités distinctes.

Les statuts étant déterminant on ne peut que recommander d'établir une hiérarchie en fonction de l'importance des décisions à prendre. Mais les statuts ne peuvent tout prévoir.

Quel raisonnement, quelle règle de principe doit-on suivre dans le silence des statuts ?

On peut être tenté de soutenir que si le niveau de majorité n'est pas précisé, la modification des statuts doit être votée à l'unanimité[1]. Par exemple la décision de révocation d'un syndicat ou comité syndical qui ne serait pas prévue dans les statuts devrait-elle nécessiter l'accord unanime de l'ensemble des sociétaires ? Ce serait alors considérer en

[1] En ce sens Cass civ 21 Sept 2011

fait que ce syndicat est irrévocable tant il est difficile d'obtenir cette unanimité. Juridiquement cette thèse n'est pas totalement absurde car une clause statutaire peut prévoir l'irrévocabilité du président. Mais c'est oublier peut-que l'ASL n'est pas un contrat auquel cas la règle de l'unanimité se justifierait mais une personne morale ! Ce qui pourrait être vrai en matière de modification du cahier des charges de nature contractuelle est plus difficilement applicable aux statuts. Un autre fondement dans l'exemple cité pourrait être recherché. Dans le silence des statuts, les décisions dans les assemblées pourraient être prises, la législation étant muette, en fonction du principe du parallélisme des formes. L'élection dans une ASL d'un syndic à la majorité simple engendrerait la possibilité d'une exclusion à la majorité simple. Cet avis doit toutefois être nuancé. À l'instar de nombreux adages qui en droit sont erronés (ex qui ne dit mot consent) une telle affirmation est peut-être trop péremptoire. Il paraîtrait judicieux de tenir compte de la nature (l'élection est-elle de même nature que la révocation) et de l'importance plus ou moins grande de la décision, ou plus encore de l'évolution législative intervenue. L'élection initiale d'un syndic ou président d'une ASL ayant tout pouvoir d'administration ne doit-elle pas être différenciée (du fait d'une direction collégiale devenue impérative) de la révocation de l'ensemble de syndics ? En d'autres termes ce n'est pas parce qu'un syndic a été élu à la majorité simple en tant que président que pour autant la révocation de l'ensemble des syndics (du fait d'une direction devenue entre-temps collective) peut être demandée à la même majorité simple. En la matière et bien que diverses comparaisons avec les règles de la copropriété soient critiquables il n'apparaît pas illégitime de procéder au minimum en cas de révocation d'un ensemble de syndic par l'assemblée selon les règles de la copropriété (majorité absolue). En dépit d'un processus en principe démocratique le vote de révocation d'un syndic dont le travail bénévole est souvent ignoré et la tâche ingrate se distingue de celui de l'élection, a fortiori lorsqu'il s'agit de l'exclusion de l'ensemble des syndics (comité syndical ou syndicat) alors même que l'élection de chacun des syndics ne résulte pas d'un scrutin de liste mais de personnalités différentes. Par ailleurs la demande de révocation porte souvent les germes d'une atteinte aux droits de la défense car elle tente d'être justifiée par des critiques ou rumeurs auxquelles il est difficile de répondre. Une action en diffamation ne saurait être à elle seule la solution. (Le cas d'une demande de révocation de l'ensemble des syndics d'une ASL pour motifs plus ou moins précis et fictifs d'atteinte aux intérêts des colotis a pu se poser avec notamment pour reproche de ne pas avoir tenu une assemblée générale réunissant physiquement les colotis à l'heure de la COVID et ce quasi simultanément à la prise de mesures législatives sanitaires prohibant les rassemblements). Retenir une majorité simple serait une prime à l'ingratitude, une atteinte à la santé publique et sans doute aussi au droit des ASL qui n'a jamais interdit le vote par correspondance ou la consultation écrite.

La mise à jour des statuts (qui suppose le plus souvent une modification des statuts) doit être déclarée en préfecture dans les trois mois suivant la tenue de l'assemblée générale. Les documents nécessaires sont les nouveaux statuts en double exemplaire, le procès-verbal de l'assemblée générale au cours de laquelle a eu lieu le vote et le formulaire de modification d'association syndicale libre. La publication au JOAFE est également effectuée.

La disposition de l'article 442-10 relative à la modification du lotissement et notamment du cahier des charges est particulière. Elle obéit à un régime distinct de celui des statuts. Elle ne nécessite pas nécessairement la tenue d'une assemblée. Elle est applicable à des conditions autres qu'à l'unanimité alors même que le cahier des charges est un contrat qui par principe n'était initialement modifiable qu'avec l'accord de tous les signataires. L'article 442-10 Code de l'urbanisme prévoit en effet : « Lorsque des propriétaires détenant ensemble les deux tiers au moins de la superficie d'un lotissement ou les deux tiers des propriétaires détenant au moins la moitié de cette superficie le demandent ou l'acceptent, l'autorité compétente peut prononcer la modification de tout ou partie des documents du lotissement, notamment le règlement, le cahier des charges s'il a été approuvé ou les clauses de nature réglementaire du cahier des charges s'il n'a pas été approuvé. Cette modification doit être compatible avec la réglementation d'urbanisme applicable ». Faculté est ainsi offerte aux colotis de procéder à la modification des règles internes au Cahier des charges[2] si les dispositions du cahier des charges offrent cette possibilité.[3] Depuis un arrêt du 27 juin 2019 il suffirait même que cette possibilité soit inscrite dans les clauses des « statuts » [4] de l'ASL.

Les propriétaires de lots dans un lotissement, sans nécessairement réunir une assemblée peuvent donc selon l'article L442-10 Code

[2] C. urbi., art. L. 442-10
[3] En ce sens arrêt de la Cour de cassation du 12 07 2018
[4] Arrêt du 27 juin 2019 / Cass 3eme Civ 2018 numéro 18-14.003

urbanisme obtenir la modification d'un document tel le cahier des charges.

Il convient de préciser que la commune peut imposer légalement une mise en concordance des documents du lotissement (règlement et Cahier des charges) au regard du PLU[5].

Sous-section 2 Les divers types de majorité

Il existe plusieurs types de majorités. La liste ci-dessous n'est pas exhaustive. On peut distinguer la majorité intangible qu'on ne peut modifier, rare dans les ASL, plus usuelle en matière de copropriété, de la majorité tangible, usuelle en ce qui concerne les ASL ; la majorité par tête, chaque coloti n'ayant qu'une voix, de la majorité par voix, un coloti pouvant avoir plusieurs voix. On peut aussi distinguer la majorité simple ou relative (est majoritaire celui qui obtient le plus grand nombre de voix) de la majorité absolue (50 % de voix plus une) ou de la majorité qualifiée ou renforcée (par exemple majorité des deux tiers et donc à des conditions plus difficiles que la majorité absolue). On peut distinguer aussi la majorité des voix des membres de l'assemblée de la majorité des voix des colotis (voir supra livre IV Titre I). De manière générale l'important n'est pas tant de retenir par cœur les divers qualificatifs que de préciser dans les statuts la signification à donner au qualificatif utilisé.

Les situations sont très complexes et équivoques s'il n'est pas mentionné clairement avec précision dans les statuts ou le règlement la majorité qui est recherchée (simple, absolue, qualifiée, des 2 /3 ou 3 /4 ou même unanimité). Par ailleurs au niveau de l'assiette s'agit-il d'une question de majorité des membres de l'assemblée ? S'agit-il d'une question d'une majorité des membres de l'association ? Ce qui est distinct. S'agit-il d'une majorité de membres présents ? S'agit-il d'une question de « majorité des membres présents ou représentés » ? S'agit-il d'une question de « majorité des suffrages exprimés » ? S'agit-il d'une question de « majorité des voix » synonyme en principe de votants, sans certitude toutefois si les votants disposent de plusieurs voix. En l'absence de clause claire, on ne peut que redouter des oppositions, des contradictions dans les solutions non seulement entre les membres de l'association mais parfois entre les magistrats eux-mêmes.

---

[5] C. Urbanisme., art. L. 442-11.

Il convient d'insister plus particulièrement car les erreurs et confusions sont nombreuses et le sujet d'actualité du fait de la loi nouvelle sur les sociétés commerciales de 2019 sur la distinction entre deux clauses usuelles : la clause concernant la majorité des voix des associés ou sociétaires présents ou représentés et celle relative à la majorité des voix « exprimées » des associés présents ou représentés. En d'autres termes et plus particulièrement quelle signification particulière attribuer à « voix exprimée» ?

Sous-section 3

Mode de calcul de la majorité. Distinction entre les décisions prises à la majorité des voix des présents ou représentés ou à la majorité des voix exprimées des présents ou représentés ?

Majorité des présents et représentés ou majorité des voix exprimées ? La question est de savoir ce que recouvrent avec précision ces termes susceptibles d'interprétation distincte et plus précisément le terme « exprimé » qui n'a pas été défini par un texte légal précis. La raison est que ces expressions sont souvent utilisées mais aussi confondues. Certains statuts mentionnent que la majorité est la majorité des voix des présents et représentés mais lors du décompte des voix suite à la tenue de l'assemblée le terme utilisé n'est pas identique. Il est évoqué un décompte selon la majorité des voix exprimées. La différence peut être importante. Les voix exprimées des présents et représentés ne comprennent pas les votes blancs abstention ou nuls. Au demeurant il n'est pas toujours évident de distinguer le vote nul (souvent annoté ou crayonné) du vote abstention (souvent comportant une enveloppe sans bulletin).

À titre d'exemple, en cas de modification des statuts d'une ASL composée de 1000 membres, la majorité peut être des deux tiers des voix exprimées des présents ou représentés.

– Dans la mesure où il s'agit de voix exprimées les bulletins blancs ou nuls sont selon la pratique (qui peut parfois varier) déduits du total (retranchement) des voix pour le calcul de la majorité. Ils réduisent le dividende. De ce fait la majorité est aussi réduite. Ils sont alors considérés comme votant « pour » la résolution.

- Le calcul est alors le suivant (1000 – 400) x 2/3 soit 400. Il suffit donc de 400 voix plus une, soit 401 voix pour que la résolution soit adoptée à la majorité.

Calcul : 1000 – 400 = 600

600 2/3 = 1200/3 = 400 voix plus une voix pour obtenir la majorité.

Mais la majorité peut être aussi celle des deux tiers des voix des présents et représentés.

– Dans la mesure où il s'agirait de la majorité des voix des présents ou représentés les votes blancs et nuls font partie du total des voix. Ils ne sont pas soustraits. Ils sont considérés alors par comparaison comme des votes « contre » la résolution (vote négatif. Il faudra pour adopter la décision ne rien retrancher (aucun retranchement des votes abstentions ou nul).

Le calcul de la majorité est le suivant 2/3 x 1000 soit 666 voix plus une pour obtenir la majorité.

La différence en fonction des clauses est importante. Le choix de la clause est libre en matière d'ASL faute de texte précis. Mais la question du mode de calcul de la majorité se pose en l'absence de clause statutaire ou en cas de clause contradictoire ou équivoque.

En réalité et avant même de souligner ci-dessous la solution qui de nos jours paraît s'imposer ou du moins s'étendre, il importe de connaître un bref historique permettant de justifier au mieux l'application d'une clause par rapport à l'autre.

Sous-section 4 Les choix privilégiés en fonction des éléments juridiques et sociologiques

– §1 L'arrêt de la cour d'appel de Douai et le choix de la clause privilégiant les termes « voix des présents et représentés »

Selon deux arrêts (applicables aux associations) de la cour d'appel de Douai en date de 1994 et de 2017, les abstentions sont (étaient) considérées dans le silence des statuts comme un vote négatif - vote contre - à défaut de dispositions statutaires contraires[6]. On retiendra surtout que pour cette juridiction le fondement de la décision repose sur la transposition en l'espèce des règles en matière de sociétés commerciales anonymes aux associations. Une similitude entre le comptage des voix des associations et celui des sociétés commerciales est établie. C'est ainsi qu'elle justifie que les votes blancs abstention sont considérés comme des votes contre la résolution. Or ce n'est pas ce que recherchent avant tout les nombreux abstentionnistes dans les ASL, qui ne désirent nullement une opposition frontale ou que leur

[6] CAA Douai 17 nov. 1994 Bull Joly 1995 p 671/ CA Douai, 15 juin 2017, n°17 DA00200.

position soit assimilée à un vote négatif. Mais les temps ont changé ; la jurisprudence et la législation aussi. Progressivement la situation des abstentionnistes s'est améliorée, y compris dans le cadre des élections législatives, même s'il y a encore beaucoup à faire. Les votes blancs (ex vote avec enveloppe vide ou absence de nom) sont décomptés de manière séparée des votes nuls (ex bulletin déchiré ou annoté) depuis la loi du 21 février 2014 mais comme antérieurement ils ne sont pas pris en compte dans le nombre de suffrages exprimés (suffrage exprimé étant usuellement entendu comme ensemble des bulletins de vote moins vote blanc et nul).

– §2 La loi du 19 juillet 2019 et le choix de la clause privilégiant les termes « voix exprimée »

La loi du 19 juillet 2019 dite loi de modification du droit des sociétés accorde une place particulière au vote blanc ou nul ou même à l'abstention. Plus précisément les voix dites exprimées (ce dernier terme n'est pas vraiment défini légalement) par les actionnaires présents ou représentés ne comprennent pour le calcul de la majorité ni les votes abstentions, ni les votes blancs, ni les votes nuls. Cette modification, qui concerne les assemblées générales des sociétés anonymes et des sociétés en commandite par actions, est d'autant plus importante qu'elle présente un caractère « impératif ». Les statuts ne peuvent y déroger. Le contenu du formulaire de vote à distance et du document unique de vote, qui n'avait pas été modifié à l'origine, a été par la suite revu pour tenir compte de cette nouvelle règle selon laquelle l'abstention n'est plus comptabilisée comme un vote négatif. Les abstentionnistes sont donc censés voter « pour » la résolution. Une mise à jour un peu tardive en ce sens a eu lieu sur les documents de vote par correspondance. Elle est importante du fait du dispositif sur les crises sanitaires qui ne permet pas les réunions physiques. L'ASL est tenue ou pourrait être tenue de suivre ces évolutions si du moins on se réfère à la jurisprudence précédente[7] et donc aux magistrats de la cour d'appel de Douai, qui s'inspiraient des règles de la société par actions pour les appliquer en l'espèce aux associations.

[7] CA Douai 17 nov. 1994 Bull Joly 1995 p 671 / CA Douai, 15 juin 2017, n° 17DA00200

– §3 Les statuts de la société européenne favorables à la clause « voix exprimée »

Un autre argument de nature juridique et comparée pourrait être avancé pour justifier les modalités de comptage des voix exprimées et le fait que de nos jours l'abstention ne constitue plus un vote « contre » la résolution. Il repose sur la législation relative à la société européenne. Le règlement européen relatif aux statuts des sociétés européennes ne considère pas que les abstentions constituent des votes négatifs. La majorité pour les décisions collectives est fonction des seules voix dites exprimées. Ces seules voix exprimées doivent être interprétées comme excluant les votes abstentions ou le vote blanc pour le calcul de la majorité à retenir.

Enfin, cette mesure est conforme à celle de nombreux pays européens. En France même, un groupe de l'Autorité des marchés financiers AMF, qui travaillait sur les assemblées générales d'actionnaires de sociétés cotées, regrettait le peu de considération qui était portée aux abstentions : « la lisibilité du dispositif, qui consiste à traiter le choix d'abstention de la même manière que l'expression du vote contre, est critiquée, en particulier par les investisseurs anglo-saxons qui ne le comprennent pas ([8]) ».

Section 2 Arguments en faveur du vote abstentionniste et de la clause «majorité des voix exprimées» nouveau mode de calcul de la majorité

Sous -section 1 La nécessité de mesures préventives permettant d'éviter le conflit

La question des majorités requises pour l'adoption de résolution constituait une sorte de source de conflit. La réponse était rarement fondée sur des motivations juridiques. Elle reposait sur une interprétation souvent personnelle ou quelques habitudes répetées. En matière de droit des sociétés ou des associations par exemple, le calcul de « la majorité des suffrages exprimés » s'opposait à celui de la « majorité des voix des présents et représentés » plus par mimétisme et répétition de formule que par véritable réflexion.

Dans le premier cas, celui des suffrages exprimés, les bulletins blancs ou nuls n'étaient pas pris en considération dans le comptage total pour déterminer la majorité (vote pour). Dans le dernier cas, celui de la

[8] Doc 2012-05 modifié en octobre 2018. Position n°2.1

majorité des voix, les bulletins blancs ou nuls étaient pris en considération et comptabilisés (vote contre la résolution de ce fait). Mais le fondement juridique de ce choix était rarement invoqué, la notion de vote exprimée discutable, mal cernée, alors même que les abstentionnistes ou ceux qui votaient blanc manifestaient de plus en plus une volonté de reconnaissance.

Jusqu'à l'application de la loi du 19 juillet 2019 sur les sociétés commerciales, les votes abstentions, (blancs voire nuls) lorsqu'on évoque le calcul de la majorité, étaient assez souvent englobées dans le total des votes et assimilées à des votes contre (contre la résolution). Ce n'était pas la demande des abstentionnistes dont la position était de manière significative une position médiane ou hors des solutions proposées tout en voulant rentrer dans le jeu.

En définitive, les réformes récentes de la loi du 19 juillet 2019 de simplification, de clarification et d'actualisation du droit des sociétés figurant dans le nouvel article L. 225-107 du Code de commerce et les articles L 225-96 et L 225-98 indiquent que la majorité requise pour l'adoption des décisions des assemblées générales ordinaires et extraordinaires des sociétés anonymes est maintenant déterminée en fonction des seules voix exprimées par les actionnaires présents ou représentés. Les voix des abstentionnistes ou si l'on préfère les abstentions, les votes, blancs ou nuls, pour le calcul des majorités ne sont pas comptabilisées dans le total (ce qui signifie que pour le calcul de la majorité le dividende est réduit et que la majorité est donc obtenue plus aisément (paradoxalement pour mieux prendre en considération les abstentions).

Plus précisément il convient de le répéter et d'insister selon l'article L225-96 du Code de commerce et l'article L 225-98 du même Code provenant de la loi du 19 juillet 2019 et relatif respectivement aux AG et AGE « Les voix exprimées ne comprennent pas celles attachées aux actions pour lesquelles l'actionnaire n'a pas pris part au vote, s'est abstenu ou a voté blanc ou nul».

Par un raisonnement par analogie, qui n'est nullement personnel mais qui provient de la jurisprudence[9] et donc des magistrats, les dispositions sur le décompte des voix qui concernent les sociétés anonymes s'appliquent aux associations et a fortiori à notre sens aux ASL. Les abstentions, les votes nuls ou blancs, qui valaient avant pour un vote négatif, et étaient comptabilisés pour le calcul de la majorité ne

[9] CA Douai 1994.

seront plus du tout pris en compte lors de la saison prochaine. Dès lors la loi du 19 juillet 2019 devrait s'appliquer aux assemblées des associations statuant en 2020 sur les comptes de 2019. On peut même se demander si ce texte issu des articles L225-96 du Code de commerce et l'article L 225-98 du même Code ne met pas fin aux formules distinctes mais controversées car sans réel fondement des votes dits « exprimés » s'opposant à la formule des votes des présents ou représentés (les suffrages sont dits exprimés lorsqu'ils correspondent à un choix précis autorisé pour l'élection en question). Le nombre de suffrages exprimés est donc l'ensemble des bulletins moins les votes blancs (abstention) et nuls. En revanche lorsqu'on évoque les votes ou voix des représentants et représentés l'ensemble des bulletins et donc ceux des abstentionnistes (vote abstention) sont comptabilisés à la différence de la situation précédente. La majorité nécessite pour l'obtenir un nombre supérieur de voix que dans le cas précédent.

Une analyse juridique plus approfondie pourrait consister à se demander si cette nouvelle loi modificative du 19 juillet 2019 s'applique impérativement à l'ASL ou nécessite à défaut une modification des statuts de l'ASL. En effet comme déjà dit la jurisprudence a transféré les règles applicables en matière de société commerciale par actions aux associations et ASL[10] sauf, à l'époque, dispositions statutaires contraires. De nos jours la référence à la législation du 19 juillet 2019 pourrait ou même devrait en bonne logique être la norme appliquée aux ASL.

Sous-section 2 L'argumentation juridique en faveur de la prise en considération du vote blanc ou nul ou abstention (vote pour) dans le recomptage des voix pour la Majorité dans les ASL

La majorité requise pour l'adoption des décisions des assemblées générales ordinaires et extraordinaires des sociétés anonymes est maintenant déterminée en fonction des seules voix exprimées par les actionnaires présents ou représentés ([11]) des sociétés cotées ou non. Par analogie avec la jurisprudence antérieure de la cour d'appel de Douai, la majorité requise pour l'adoption des décisions des assemblées générales ordinaires et extraordinaires des associations devrait ainsi être déterminée en fonction des seules voix exprimées des présents ou représentés à l'exception des abstentions ou bulletins nuls. Cette

[10] CA Douai 17 nov. 1994

[11] article L. 225-107 du Code de commerce article L225-96 et 98 Code de commerce

opinion est renforcée par le fait que le modèle des statuts types des associations reconnues d'utilité publique, propose le texte suivant : « *Les délibérations sont acquises à la majorité des suffrages exprimés.* ***Les abstentions ne sont pas comptabilisées comme suffrages exprimés, ni les votes blancs ou nuls en cas de scrutin secret*». En ce sens donc le calcul pour déterminer la majorité est fonction des seules voix exprimées présentes ou représentées par les colotis, à l'exception des bulletins blancs ou nuls ce qu'il convient toujours de préciser. Dans la mesure où l'ASL peut se situer entre ces groupements, sociétés ou associations, dans la mesure où il est fréquent que le rédacteur des clauses des statuts des ASL s'inspire pour partie des clauses des sociétés anonymes ou de celles des associations, il apparaît légal et légitime au regard des analyses précédentes que le comptage des voix présentes ou représentées soit analogue pour chacune de ces personnes morales. Les abstentions sans doute et en tous les cas les votes qui correspondent à des « abstentions » c'est-à-dire les votes blancs ou nuls car comment véritablement en pratique discerner l'un de l'autre ne font plus partie du total des votes (ce qui amenuise le montant du dividende) et diminue lors du calcul le chiffre pour atteindre la majorité afin de les reconnaître. En d'autres termes celui qui s'abstient n'émet pas un vote contre. Une telle solution est proche de la réalité psychologique. Ainsi un coloti qui ne se prononce pas, qui s'abstient, veut de nos jours se faire reconnaître comme porteur d'un message plus qu'il ne manifeste une opposition.

Section 3 Impact d'usages anciens en matière de calcul de la majorité

Des usages anciens en matière de calcul de la majorité peuvent s'imposer aux dispositions statutaires nouvelles (ex. élection à la majorité des membres selon les statuts ne visant que les membres présents alors que les usages anciens incluaient les personnes représentées).

Il peut arriver que des usages anciens soient différents des clauses statutaires nouvelles. En l'espèce, des clauses nouvelles de statuts ne visaient que le vote des membres présents alors que l'habitude était pour certains de voter par procuration et les convocations adressées incorporaient en ce sens ces procurations. Dans ce cas, il faut aussi tenir compte de l'ancienneté des usages. Il a été ainsi jugé à propos de la détermination du calcul de la majorité que l'assemblée ne pouvait ignorer les usages anciens, ou du moins devait en tenir compte lors du calcul pour déterminer la majorité des membres présents et représentés ainsi que mentionné sur la convocation, alors que les statuts n'évoquaient que les conditions de calcul de majorité des seuls membres présents[12].

Section 4 Applications pratiques Cas concret

Une ASL qui comporte environ 200 lotissements a été créée il y a 15 ans. Il est prévu qu'une décision doit être prise en assemblée afin de permettre un vote limitant la vitesse des véhicules dans le lotissement à 35 km/h. Des discussions ont lieu entre les colotis pour savoir si cette limitation de vitesse nécessite une décision en assemblée à la majorité simple ou en assemblée générale extraordinaire à la majorité des deux tiers des voix présentes et représentées. Les statuts ne mentionnent pas de quorum. Comme il se trouve qu'une clause des statuts évoquait une vitesse de 20 km/h, il a été décidé que la résolution serait prise en AGE (la majorité des deux tiers des voix présentes et représentées comme indiqué dans les statuts) car il s'agissait d'une modification statutaire.

Comment est calculée la majorité ?

Les voix « contre » sont au nombre de 56. Les voix « pour » sont au nombre de 116. Les votes abstentions ou votes blancs sont au nombre de 10.

La résolution est-elle ou non adoptée ? Tout dépend du mode de calcul.

Si on adopte un mode de calcul avant 2020, mode de calcul fréquent qui n'est pas partagé par tous car il ne tient pas les votes abstentions comme une catégorie à part, la résolution n'est pas adoptée (voir 1), en revanche elle est adoptée si par analogie avec le droit des sociétés anonymes, on tient compte du vote abstentions (voir 2).

1° Selon un calcul qui ne tient pas compte des évolutions en matière de comptage des voix dans les sociétés (nouvelle loi 2019) ni de la prise en compte des abstentionnistes, le calcul total des voix semble être le suivant :

(116 + 56 + 10) x 2/3 = 182 x 2/3 = 121,3 ; la majorité est à 121. La résolution n'est pas adoptée puisqu'elle n'obtient que 116 voix pour.

2° Selon le calcul qui tient compte de la loi nouvelle de 19 juillet 2019 applicable (en 2020 pour les comptes 2019) aux sociétés anonymes et sociétés par actions, qui par analogie sont une référence

[12] CA 26 fév.1991 RTD COM 1991

selon les juges pour le comptage des voix dans les associations et à notre sens pour les ASL selon le modèle type de l'association reconnue d'utilité publique, le calcul de la majorité est le suivant (majorité des 2/3) :

(116 +56 présents et représentés) x 2/3 = 114,6 ; la majorité est à 115. La résolution est adoptée puisqu'elle obtient 116 voix pour.

Annexes :

Ce qu'il faut retenir Adaptation des règles aux évolutions actuelles et à la loi du 19 juillet 2019

1- La loi de simplification de juillet 2019 apporte une modification significative : seules les voix exprimées seront prises en compte pour l'adoption d'une décision collective. À l'opposé, les votes abstentions c'est-à-dire ceux se manifestant par des votes blancs ou nuls ne seront plus comptabilisés pour le calcul de la majorité applicable au vote des actionnaires. Cette modalité est applicable notamment aux sociétés anonymes (et non à toutes les sociétés). Elle devrait être applicable aussi aux ASL d'autant que la jurisprudence en matière de société anonyme commerciale était applicable aux associations[13]. Si donc à l'époque la transposition en l'espèce des règles des sociétés commerciales par actions aux associations par la cour de Douai amenait à considérer que les votes « abstentions » devaient être considérés comme des votes négatifs, de nos jours le maintien logique d'une telle transposition dont on ne voit pas pourquoi elle cesserait aboutit du fait de la loi sur les sociétés commerciales de juillet 2019 et notamment des articles L225-96 et 98 Code de commerce à consacrer plus fermement encore le sentiment que les votes abstentions ou blancs sont considérés comme des votes positifs c'est dire pour la résolution. Le vote « abstention » blanc ou nul n'est plus de ce fait équivalent à un vote négatif. Ainsi est renforcée la possibilité de faire voter une résolution par une courte majorité. Si, par exemple, 100 personnes sont présentes lors d'une assemblée générale (AG) et qu'il y a 50 votes abstentions, une résolution peut être emportée avec 26 voix seulement.

Il faut dès lors changer certains formulaires de votes par correspondance. Jusqu'à présent, des formulaires ne comportaient que deux cases à cocher : « oui » ou « non » (puisque l'abstention valait un « non »). Il y a dorénavant trois cases à prévoir : « oui », « non » ou « abstention».

À notre sens l'adaptation des statuts aux évolutions législatives et réglementaires constatées depuis son établissement devrait être immédiate et de droit si la loi est impérative. À défaut elle pourrait être établie à la majorité simple (comme tel est le cas en matière de copropriété par application de l'article 24 (infra annexe en gras).

[13] CA Douai 1994 Bull Jolly 1995 p 671

2 -Rappel En matière de copropriété

De nombreuses décisions sont prises à la majorité simple des voix « exprimées » (article 24) et les votes des abstentionnistes (votes blancs ou nuls) ne sont pas pris en compte. (Majorité des voix exprimées).

Exemple :

- l'adoption du budget prévisionnel ;
- l'approbation annuelle des comptes et de l'activité du syndic, le vote du quitus.;
- l'organisation et fonctionnement du conseil syndical.
- les travaux nécessaires à la conservation de l'immeuble ainsi qu'à la prévention de la santé et la sécurité physique des occupants.
- le remplacement d'un équipement vétuste par un équipement du même type : ascenseur, chauffage collectif ;
- l'adaptation du règlement de copropriété aux évolutions législatives et réglementaires constatées depuis son établissement ; (de ce fait idem pour les statuts d'ASL)
- les modalités de réalisation et d'exécution des travaux rendus obligatoires par la loi (isolation par l'extérieur à l'occasion d'un ravalement), ou par une disposition réglementaire ou par un arrêté de police concernant la sécurité ou la salubrité publique

TITRE III :

Rôle des assemblées, Tenue des Assemblées, Ordre du jour, Délibérations des assemblées

Chapitre I :

Rôle de l'Assemblée

Section 1 Une certaine concurrence entre assemblée et syndicat

Il existe de nos jours une certaine concurrence entre le rôle des assemblées et celui du syndicat, dans la mesure où selon l'article 9 de l'ordonnance de 2004 « le syndicat règle, par ses délibérations, les affaires de l'association ».

En principe toutefois, le rôle des assemblées, parce que de nature la plus démocratique, devrait prédominer sur celui du syndicat. Mais on ne peut oublier que l'assemblée n'est pas un organe permanent. C'est sans doute la raison pour laquelle si en général les actes les plus importants lui sont confiés par les statuts, le syndicat qui se réunit plus aisément joue aussi un rôle essentiel.

Section 2 L'assemblée ne peut agir que dans le cadre strict de l'objet social

L'assemblée délibère sur toutes les questions en rapport avec l'objet social (budget, appel de fonds travaux divers, acquisition, réparation, transformation). L'objet d'une ASL (qui est considérée comme une personne morale de droit privé) est limité, contrairement à celui d'une société. Son domaine d'action reste étroitement conditionné par son objet. L'article 1 de l'ordonnance prévoit en substance que son objet est de :

- Prévenir les risques naturels ou sanitaires
- Préserver les ressources naturelles
- Aménager les cours d'eau et réseaux divers
- Mettre en valeur des propriétés

L'Association Syndicale Libre de lotissement est de nos jours particulièrement concernée par cette dernière finalité lorsqu'elle est mentionnée dans les statuts. Si à l'origine l'ASL présentait un caractère essentiellement rural la dernière citation élargit notablement son objet et permet de considérer que les travaux réalisés peuvent être des travaux destinés aussi à l'amélioration de l'environnement.

Elle a principalement pour rôle de détenir la propriété des espaces communs, (si du moins elle en est véritablement propriétaire ce qui n'est nullement impératif) de gérer les parties communes, de faire respecter le Cahier des Charges, de répartir les dépenses et de recouvrer les charges afférentes. Mais cette mission n'est pas générale en ce sens qu'elle est réduite à cette finalité. L'ASL ne peut agir que dans la mesure où il existe un lien entre son activité et l'objet social poursuivi[1].

La jurisprudence a tiré les conséquences suivantes de cette finalité limitée.

Une ASL dont l'objet est de gérer et entretenir des ouvrages communs à plusieurs propriétés ne peut acquérir une parcelle sans utilité pour cette mission, et donc étrangère à son objet[2]. Une ASL dont l'objet est de gérer les voies d'un lotissement ne peut pas prendre de décisions concernant la hauteur des immeubles, ces décisions n'entrant pas dans son objet. La demande en justice du respect des clauses d'un cahier des charges rentre en revanche dans l'objet[3] de l'ASL.

Section 3 Les délibérations et votes de l'ASL

Sous-section 1 Les divers types de délibération

L'assemblée vote sur toutes les décisions de sa compétence. Parmi les délibérations de la compétence de l'assemblée, il faut noter notamment à titre d'exemple les votes sur les réparations, l'entretien et les travaux, les mises aux normes. La Cour de cassation, dans un arrêt du 9 avril 2008[4] estime que le vote de principe des travaux pris à la majorité de l'article 26, ne dispense pas d'adopter les devis correspondants à la majorité simple de l'article 24. Cet arrêt rappelle une jurisprudence constante selon laquelle une décision de principe n'a aucune valeur autre qu'informative sur un projet et que toutes les modalités d'exécution des travaux sont soumises à la même majorité définie par les caractéristiques propres à la nature des travaux. L'ASL

[1] Sur l'objet social distinct de l'intérêt social *Manuel Droit des Sociétés* p 60 et s Édition Dalloz/Gestion Jacques Delga

[2] Cass. 3e civ. 3 décembre 1975 - JCP n°.1976.II .18 352

[3] CA Aix-en-Provence 4 janvier 1983.Bull civ III n° 2

[4] Cass. civ. 3°, 9 avril 2008,

délibère de même sur la modification de statuts, l'approbation des comptes, le quitus, les acquisitions ou aliénations éventuelles de biens communs.

Une explication paraît nécessaire concernant trois points notables : approbation des comptes, quitus de gestion, aliénation ou acquisition.

1°) L'approbation annuelle des comptes

L'approbation annuelle des comptes vise la seule gestion comptable de l'ASL. Le vote désapprouvant les comptes signale une irrégularité comptable et financière. Le refus met l'accent sur le dysfonctionnement. Le vote dans le cadre des ASL se fait selon les conditions prévues par les statuts et généralement à la majorité simple[5].

2°) Le quitus sur la gestion

Le quitus, distinct de l'approbation des comptes, vaut approbation de la gestion du syndicat. Il a pour effet notamment la ratification des actes réalisés par son syndic. Les initiatives prises par le syndicat sans autorisation de l'assemblée générale, lorsqu'elle est requise, sont ainsi ratifiées par le vote lui donnant quitus. Elles ne le sont pas du fait de l'approbation des comptes.

3°) L'appel de fonds

L'assemblée délibère sur les appels de fonds et notamment les appels extraordinaires. S'il n'est pas prévu de règles particulières pour effectuer un appel de fonds exceptionnel pour dépenses imprévues, il serait préférable de convoquer une assemblée générale, afin de voter les modalités de cet appel de fonds exceptionnel.

4°) Acquisition d'immeuble ou aliénation d'immeuble, élément commun, sous réserve du respect de l'objet social

L'assemblée peut vendre un immeuble appartenant aux parties communes, ce qui réduit le périmètre de l'ASL, ce sous réserve que ces actes rentrent dans le cadre de l'objet social.

La décision de céder un terrain appartenant à l'ASL est fonction selon des auteurs du contenu des statuts[6]. À notre sens, dans la mesure où le patrimoine est modifié, la décision ne devrait pas être prise par l'ASL sans se soumettre aux exigences de l'unanimité[7]. **L'assemblée en effet ne peut porter atteinte aux caractéristiques essentielles du lotissement tels que décrits dans le Cahier des charges de nature contractuelle.** Un accord à l'unanimité serait donc nécessaire.

[5] De nombreuses clauses des statuts sont en ce sens

[6] D. 2006, art. 3

[7] Ou de l'ancien article 315.3 devenu le L 442-10 du Code de l'urbanisme

Toutefois **les juges dans divers cas ont fait primer les statuts,** sans doute parce qu'ils sont plus aptes à tenir compte des évolutions en matière de lotissement.

Si donc en principe, conformément au droit « pur », la vente d'un immeuble commun qui réduit le périmètre de l'ASL devrait nécessiter un accord unanime dans la mesure où le Cahier des charges est concerné, les magistrats ne se réfèrent parfois qu'aux statuts dans la mesure où ces derniers sont plus aptes à tenir compte des évolutions et adaptations nécessaires.

Sous-section.2 Absence de délai (autre que statutaire) pour faire exécuter une décision prise par l'assemblée

Les résolutions de l'assemblée s'imposent tant qu'elles n'ont pas été annulées en justice. **Aucun délai légal n'est fixé pour l'exécution** (sauf si les statuts le prévoient). Un recours judiciaire éventuel n'est pas en principe suspensif (sauf clause des statuts).

Il n'y a pas de formalités requises pour l'exécution de la décision, à la différence des statuts ou des modifications statutaires, qui faute d'être publiées sont inopposables au tiers. La nullité d'une décision de l'assemblée générale d'une association syndicale résulte du seul fait qu'elle n'a pas respecté les règles statutaires relatives aux modalités[8]. Mais la nullité nécessite le recours aux tribunaux. Elle est en ce sens judiciaire. Cette modalité refroidit souvent les ardeurs des contestataires.

Pour les raisons citées supra afin d'éviter l'arbitraire il nous semble souhaitable qu'un registre des résolutions puisse être tenu. À défaut comment connaître toutes les règles anciennes toujours applicables ?

Sous-section .3 Absence de délai pour contester une décision (mise en place fréquente d'un délai statutaire)

La législation sur les ASL ne fait mention d'aucun délai pour contester la décision. Or la plupart des statuts sont muets sur le sujet. Le délai de droit commun de l'article 1304 du Code civil devrait alors s'appliquer, faute de précision. Le texte prévoit que les contestations peuvent être exercées pendant les cinq années qui suivent les décisions (en pratique il est parfois de deux mois selon les statuts de l'ASL à compter de la notification du PV ou à défaut de la tenue).

---

[8] Arrêt de la Cour de cassation du 14 juin 2018 n°17-20.692

Cette durée de cinq ans peut paraître excessive comparée au délai de forclusion de deux mois prévus par l'article 42 de la loi du 10 juillet 1965 en matière de copropriété. La tentation est grande de profiter de l'occasion de la mise à jour des statuts pour aligner les deux régimes et soumettre contractuellement la recevabilité des contestations à un bref délai (deux mois dans certaines ASL). Le délai de l'action en contestation des décisions d'une ASL selon le droit commun n'est pas en effet d'ordre public. Il peut être abrégé ou allongé dans les statuts, qui ont une valeur contractuelle.

Dans les faits, la difficulté ou les hésitations à contester les résolutions d'une assemblée en sus des critiques usuelles adressées (lenteur de la justice) résultent souvent du délai statutairement prévu parfois donc très court, deux mois souvent selon les statuts, de l'importance des charges financières (on règle des cotisations générales pour une procédure contre soi-même), du risque de marginalisation.

L'ASL n'a parfois qu'une apparence de démocratie et l'importance des abstentions ne résulte pas toujours de l'absence d'intérêt des colotis mais de l'impuissance à être entendus.

Section 4 Interrogations et équivoques sur les règles applicables (majorité ou unanimité ?) en cas d'augmentation par l'assemblée de l'engagement individuel des propriétaires colotis membres de l'ASL

Il existe un grand trouble et des incertitudes concernant des décisions (unanimité ou majorité ?) prises par l'assemblée qui augmentent les engagements individuels des colotis. En l'absence de règle légale et à la différence donc des dispositions relatives à la copropriété les engagements d'un associé ou coloti vis-à-vis de sa société ou de l'ASL résultent de son adhésion au contrat de société ou d'ASL. Ils ne peuvent donc être étendus sans un nouveau consentement de sa part. Il s'agit là de l'application de l'article 1134 du Code civil. C'est pourquoi l'assemblée générale extraordinaire ne peut (ne devrait pouvoir) augmenter les engagements de ces derniers que par une décision prise à l'unanimité. À défaut, la délibération de l'assemblée générale serait nulle, la nullité pouvant être demandée par tout associé ou coloti, y compris par ceux ayant voté en faveur de la résolution.

La loi ne définit pas la notion d'augmentation des engagements des associés. Selon la jurisprudence « les engagements des associés ne sont augmentés que si les dispositions prises par l'assemblée générale entraînent une aggravation de la dette contractée par eux envers la société ou envers les tiers [9]». Tel est le cas d'une décision de l'assemblée générale des associés qui les oblige, directement ou indirectement, à apporter à la société une contribution supérieure à celle qu'ils avaient consentie initialement. On peut citer à titre d'exemple de décisions augmentant les engagements financiers des associés, la modification de la répartition des cotisations (charges), l'obligation pour les sociétaires de procéder à un apport en nature ou en numéraire à la société, le blocage des sommes déposées en compte courant. Dans une affaire relative à une ASL les magistrats de la Cour de cassation[10] ont précisé que « toute modification statutaire tendant à fixer une nouvelle répartition des charges ne peut être adoptée qu'à l'unanimité, **quelle que soit la majorité prévue pour la révision des statuts, si elle aboutit à l'augmentation des engagements d'un propriétaire** [11] ». Il est mentionné par la Cour de cassation que « La décision de l'assemblée générale d'une association syndicale libre qui adopte un nouveau mode de répartition des charges doit être votée à l'unanimité dès lors qu'elle entraîne une modification des statuts aboutissant à une augmentation des engagements des membres, même si les statuts prévoient que les délibérations, sans distinction quant à leur objet, sont prises à la majorité des voix ».

En l'espèce, une résolution avait abouti à adopter un mode de répartition des charges sur la base de la superficie des lots à la place d'une répartition uniforme par lots. Cette décision avait été prise à la majorité des voix, conformément aux règles fixées par les statuts de l'ASL en cause, qui ne fixait aucune règle de majorité particulière en matière de nouvelle répartition de charges. Les juges de la Cour de cassation ont cassé l'arrêt des juges de la cour d'appel qui avaient validé cette décision. Les juges ont en effet considéré que si le changement statutaire aboutissait à une augmentation des engagements de colotis, il était indispensable que ces derniers consentent à ladite modification. Une modification de la répartition des charges en ASL est donc valable soit en application d'une majorité expressément prévue à cet effet dans les statuts de l'ASL, soit en application de la règle d'unanimité, en vertu de l'article 1134 du Code civil en cas d'augmentation de l'engagement individuel du coloti et ce, quelle que soit la majorité prévue pour la

[9] Cass. civ. 3e du 21 sept. 2011, n°10-18788
[10] Cass.civ .3 e, 21/09/2011, pourvoi n°10-18788
[11] Cass. civ. 3e du 21 sept. 2011, n°10-18788

révision des statuts (en des termes généraux), si ce changement aboutit à l'augmentation des engagements d'un propriétaire. Dans le même sens la cour d'appel d'Aix-en-Provence en date du 16 oct. 2009 indique que « l'assemblée générale ne peut imposer la prise en charge d'une dépense dont la mise en place n'a pas été approuvée au préalable par les membres de l'assemblée ». Pourtant, en dépit de telles solutions, on ne peut manquer de citer la décision de **la Cour de cassation qui a considéré en 2001 et 2002 à propos de la modification de répartition des cotisations que cette modification de la répartition des cotisations (charges) pouvait être décidée à la majorité**[12]**.**

Ces solutions contradictoires sont nuisibles et portent atteinte à la sécurité des transactions.

[12] Cass. 24 janvier 2001 n°99-13-942/Cass 3eme civ 10 07 2002 n°01-03 :227

Chapitre II :

Tenue des assemblées dans les ASL
(dispositions usuelles hors crise sanitaire)

Section 1. Le silence des textes en matière de tenue des assemblées d'ASL autorise ou implique de nombreuses possibilités (sauf clauses statutaires contraires)

Sous-section 1 Tout mandataire même n'étant pas membre de l'association ASL peut présider l'assemblée

L'ordonnance de 2004 et le décret d'application de 2006 sont muets sur de nombreuses questions. Le silence règne sur la question de la désignation du président de l'assemblée ou de son remplaçant et le scrutateur dans l'assemblée générale de l'ASL. Il règne de même sur le rédacteur à désigner en début de séance comme sur le registre des délibérations. Rien n'est en effet prévu.

À défaut de statuts contraires, tout coloti ou même toute personne autre qu'un coloti propriétaire pourrait à notre sens être élu président de l'assemblée. Rien ne l'interdit. Il en est de même des représentants des propriétaires à l'assemblée. Rien n'exclut que les propriétaires puissent se faire représenter à l'assemblée par la personne de leur choix. Le mandataire n'est donc pas obligé d'avoir la qualité de membre de l'association.

Sous-section 2 Tout mandataire y compris professionnel de l'immobilier peut être membre de l'assemblée ou du syndicat

Rien n'interdit à un propriétaire de choisir pour mandataire un administrateur de biens financé par lui à cette fin. Ce professionnel syndic ou administrateur représentant le propriétaire pourrait même faire acte de candidature pour devenir membre du syndicat. Il n'existe aucune éviction des professionnels, fussent-ils professionnels de l'immobilier.

Sous-section 3 Tout professionnel y compris administrateur de biens ou syndic immobilier peut bénéficier d'une délégation de pouvoir du syndicat
(qui ne soit pas totale)

Peut-être même est-il possible, bien que cette réflexion dépasse ici le sujet traité, de concevoir qu'une délégation du syndicat comité (syndical) soit possible au profit d'un administrateur de biens ou d'un syndic immobilier, sous réserve que ce mandat soit strictement limité à la mise en œuvre des décisions prises par le syndicat. Ce dernier resterait détenteur du pouvoir de délibération. En aucun cas, la délégation ne devrait conduire à une perte de pouvoir du syndicat.

Sous-section 4 Une grande liberté existe sur le choix des modalités de vote d'un registre des délibérations, la possibilité de consultation écrite, la possibilité d'un vote à main levée.
Rien n'est prévu mais rien ne semble être interdit !

Sous-section 5 Une grande liberté est possible sur les conditions de majorité dans les assemblées

Une grande liberté dans les conditions de majorité à adopter dans les assemblées d'ASL. On peut imaginer des majorités distinctes en fonction de cas précis qui se posent. On peut aussi envisager que des décisions importantes puissent être prises à la majorité simple. Il nous semble néanmoins que les actes de gestion courante à défaut de précision devraient être votés à la majorité simple, sans qu'il s'agisse nécessairement dans ce cas d'une règle de principe.

Les statuts sur les points ci-dessus sont donc libres mais ils peuvent aussi restreindre la liberté accordée.

Section 2 Les statuts doivent être respectés sous peine de nullité

Ainsi les statuts (sous les réserves ci-dessous crise sanitaire) sont déterminants. Ils doivent être respectés à peine de nullité. Si une assemblée générale ne respecte pas les statuts (ou si des irrégularités sont constatées dans le décompte des voix), ses délibérations sont nulles. Cette nullité qui doit être prononcée en justice résulte du seul fait de la violation des statuts syndicaux. Elle n'est subordonnée à aucune autre condition.

Chapitre III :

L'Ordre du jour

Préambule : Le silence des textes sur le déroulement des élections

Les textes sont silencieux sur le déroulement des élections et les dispositions du Code électoral ne sont pas nécessairement applicables.

L'ordonnance de 2004 et son décret de 2006 sont silencieux sur la question du déroulement des élections (bulletin secret, isoloir, etc.) et laissent donc libre l'ASL de son choix, sans même avoir à appliquer les dispositions du Code électoral.

Section 1 La notion d'ordre du jour et son intérêt

L'ordre du jour permet de savoir de quoi on va débattre. Une information préalable et exhaustive des colotis est nécessaire selon la jurisprudence[1]. Mais il n'existe aucun impératif, sauf clause contraire des statuts, à des justifications des opérations par des devis précis ou diverses factures si les tableaux financiers sont présentés correctement.

La Cour de cassation estime que le syndic, saisi régulièrement par un copropriétaire d'une demande d'inscription à l'ordre du jour d'une question supplémentaire, est tenu d'y donner suite sans pouvoir apprécier son utilité ou son opportunité[2]. Toutefois à notre sens les éléments d'information fournis doivent permettre un vote « éclairé » pour pouvoir voter en connaissance de cause. Il paraît nécessaire au préalable de connaître les conditions de vote et notamment si le vote est à la majorité simple ou absolue.

---

[1] Aix-en-Provence 4e ch. À 15 juin 2007 RG 05/09344

[2] Cass, Civ3ème, 13 sept. 2018, n° 17-22.124

Aucune résolution d'assemblée n'est valable sans ordre du jour préalable. L'ordre du jour d'une assemblée générale quelle qu'elle soit ne peut être modifié en cours de réunion. De ce fait, aucune résolution ne peut être prise valablement. Tout ce qui a été voté en sus n'est pas en principe applicable, et ce même en dépit d'un vote lors de l'AG, sauf clauses des statuts. Par ailleurs, dans le silence des textes ou des statuts, l'omission d'une question à l'ordre du jour formulée par un coloti d'une ASL n'est pas une cause de nullité si cet oubli n'a pas d'incidence sur les autres votes[3]. Parmi la demande de résolution complémentaire pourrait figurer la demande de révocation du président ou de membres du syndicat. En droit de la copropriété la majorité absolue est nécessaire. Rien n'est prévu en droit des ASL. On pourrait évoquer le parallélisme des formes et/ou se référer plus concrètement à la modalité de révocation du PDG de société anonyme. Mais cette référence dans le silence des textes ne peut être absolue. Dans les sociétés anonymes avec directoire ou même dans les SARL le parallélisme des formes ne joue pas. Il paraîtrait judicieux qu'il en soit de même pour l'ASL car de nos jours un collectif et non le président seul administre et gère l'ASL. À défaut une sanction pour non-conformité pourrait être appliquée. De ce fait la comparaison usuelle avec la révocation ad nutum d'un PDG avec conseil d'administration perd de son intérêt ainsi que le respect du principe du parallélisme de formes. Ce n'est pas tant le principe du parallélisme des formes qui doit être rejeté en l'espèce mais le fait que les conditions ne sont pas toujours remplies.

De manière plus générale les éléments d'informations fournis par celui qui dépose une demande complémentaire de résolution ne peuvent être équivoques et doivent permettre un vote éclairé.

Section 2 Le problème des questions diverses (incertitudes sur validité)

La rubrique « questions diverses » nullement obligatoire mais qui figure dans grand nombre d'assemblées pose problème. Il semblerait qu'il soit admis que l'assemblée puisse statuer sur des points annexes, secondaires, relatifs par exemple à la gestion courante.

Par exception à ce qui a été énoncé supra, on admet toutefois que la révocation du dirigeant d'association ad nutum peut être décidée dans une assemblée en l'absence même d'ordre du jour. La question se pose

[3] Cass 3 civ 21 sept 2011 Bull Civ. n°151

pour le dirigeant d'ASL d'autant que cette dernière est pilotée par un organe collectif, le syndicat. La référence au droit des associations n'est nullement parfaite comme il a été déjà souligné.

Chapitre IV :

Délibération générale dans les « assemblées »

Préambule

Les textes relatifs aux ASL sont le plus souvent silencieux sur les assemblées et les modalités de délibérations. C'est la raison pour laquelle le sujet ci-dessous relatif aux délibérations est abordé en tenant compte directement des pratiques usuelles.

Ces pratiques reprennent parfois, voire souvent les dispositions de la loi sur la copropriété en date du 10 juillet 1965 sur la copropriété.

Il convient pourtant d'insister à nouveau sur le fait qu'une ASL n'est pas régie par les lois sur la copropriété, que si les textes sont rares, il faut se référer aux statuts ou à défaut aux dispositions de droit commun. Mais lesquels ? Il appartient d'en faire la recherche. En pratique du fait de telles difficultés pour le profane non juriste ou même juriste la référence dans le silence des textes est la loi sur la copropriété puisqu'elle regroupe aussi des copropriétaires comme dans les ASL. Il s'agit d'une erreur qui a déjà été soulignée. Dans bien des cas les juges rejettent cette solution tant ces deux textes sont de nature diverse. Par exemple l'inégale répartition des charges ne pourrait être contestée dans une ASL en ce sens qu'elle n'est nullement fondée sur le critère dit d'utilité (voir infra majorité art 11 Majorités).

La liberté qu'offre l'ASL est un peu comme l'autodiscipline. Elle s'apprend. Elle a un coût élevé (l'annulation) si on ignore les règles avec lesquelles on peut jongler. C'est la raison pour laquelle dans bien des cas, mais pas toujours, les gestionnaires immobiliers ignorent la législation sur les ASL qui demande une connaissance trop générale du droit et préfèrent appliquer ou insérer dans les statuts des ASL des clauses issues des dispositions sur la copropriété qui sont souvent plus rigides mais mieux connues de ces derniers et parfois même plus certaines.

Ainsi qu'il a été souligné dans la plupart des ASL de nombreuses dispositions ou même les termes utilisés « parties privatives », « parties communes, » (au lieu de lot privé ou lot commun) sont issus du droit de la copropriété. Cette pratique peut pousser à la faute et donner à penser que le fondement de la décision repose sur les dispositions de la loi du 10 juillet 1965 et du décret du 17 mars 1967 ce qui serait inexact. Le fondement applicable sur lequel repose obligatoirement la décision est celui de l'ASL à moins qu'en dépit de l'appellation ASL les critères principaux qui caractérisent l'ASL soient devenus inexistants.

Section 1 La délibération de l'assemblée, le procès-verbal, sa notification

Sous-section.1 Le procès-verbal valide la décision prise et permet son exécution

– §1 La notion de délibération

La délibération en matière d'assemblée est le résultat de la discussion et plus précisément la décision qui est prise. En principe, le procès-verbal conformément au droit des personnes morales fait foi des votes obtenus. Il doit être constaté pour rendre valide la décision et permettre son exécution qu'il y a bien eu vote et le procès-verbal en atteste. Tout autre écrit n'aurait pas la même valeur.

Il est recommandé en début de séance la nomination d'un rédacteur appelé secrétaire et la tenue d'un registre des délibérations votées en assemblée (les statuts devraient le prévoir, ce qui ne semble pas toujours le cas).

– §2 Le procès-verbal d'assemblée

Les conditions décrites ci-dessous sont celles prévues par le droit de la copropriété. Elles sont reprises dans les clauses de très nombreuses ASL. Mais encore une fois le fondement juridique de la décision ne repose pas sur la loi de la copropriété mais le droit des ASL.

Le procès-verbal doit mentionner le nombre de présents et de représentés et pour chaque résolution, les votes contre et les abstentions. Il doit être signé du Président et du Secrétaire de séance. **S'il n'est fait mention que des votes favorables, la nullité de la délibération est encourue[1]. Le procès-verbal est inscrit à la suite du précédent sur un** registre prévu spécialement.

[1] CA Paris 23e Ch. 11.09.1992

Sous-section 2 La notification du procès-verbal ou son défaut

– §1 Notification du procès-verbal

Le procès-verbal est adressé aux absents non représentés et aux opposants (vote contre) aux résolutions par lettre recommandée avec accusé de réception dans les deux mois qui suivent la tenue. La raison repose sur le fait que **seuls les opposants (ceux qui ont voté contre une décision) ou les défaillants (ceux qui n'étaient pas présents à l'assemblée) sont susceptibles d'exercer un recours dans le cadre de l'art. 42 de la loi du 10 juillet 1965 sur la copropriété.** Pour les autres propriétaires, ce procès-verbal peut être envoyé par simple courrier.

– §2Le défaut de notification.

Le seul défaut de notification du PV n'est pas une cause d'annulation si le demandeur ne conteste pas en avoir eu connaissance. **Seuls les opposants (ceux qui ont voté contre une décision) ou les défaillants (ceux qui n'étaient pas présents à l'assemblée) sont susceptibles d'exercer un recours** Le fait de contester le PV ne signifie pas nécessairement que décision prise est contestée.

Suggestions Peut-être serait-il judicieux, si ce n'était parfois coûteux, de prévoir que le procès-verbal soit notifié à tous les propriétaires par lettre recommandée avec accusé de réception.

Section 2 Les décisions d'assemblée mêmes irrégulières sont exécutoires de plein droit sans limite de temps

La loi sur les ASL étant muette sur le sujet, les décisions, mêmes irrégulières, sont exécutoires de plein droit. Il n'existe pas de limite légale de temps. Toutefois dans l'hypothèse où l'exécution d'une décision serait très ou trop tardive le risque est la condamnation du demandeur pour procédure abusive ou abus de droit.

Il n'y a pas de formalités requises pour rendre opposable la délibération, à la différence **des statuts** ou des modifications statutaires qui faute d'être publiées sont inopposables aux tiers.

Dans le silence des textes les statuts pourraient prévoir un délai maximum pour exécuter les décisions. Ce délai pourrait être raisonnablement de 6 ou 12 mois au maximum. De même il pourrait être indiqué statutairement que tout recours est suspensif. En pratique la mention d'un délai maximum pour exécuter la résolution et celle du caractère suspensif du recours figurent assez rarement dans les statuts.

Section 3 Contestations de la décision

Un très grand nombre de statuts se réfèrent sur ce sujet aux dispositions de la loi sur la copropriété

La décision peut être contestée si elle a été prise irrégulièrement. Mais encore faut-il qu'il y ait eu une véritable délibération avec vote à l'ordre du jour. De simples avis ou même des accords de principe ne suffisent pas. Seules les délibérations présentant le caractère de décision (au sens de l'art. 42 L. 65) peuvent être contestées. Un vote régulier est nécessaire. Les simples accords de principe, ou les décisions ne figurant pas à l'ordre du jour sont exclus. Il importe peu par ailleurs que la décision porte préjudice au demandeur.

Le délai pour contester les décisions dans le silence des textes sur les ASL est en principe légalement celui de droit commun qui est de cinq ans. Mais ce délai n'est pas d'ordre public. Il peut être réduit. En fait par analogie avec la loi du 10 juillet 1965 sur le délai de prescription de la copropriété (ce qui a été initialement fortement contesté) le délai mentionné dans de nombreuses clauses statutaires est celui de deux mois si la notification a eu lieu et est régulière. **Une décision même irrégulière devient donc définitive passé un délai de deux mois si personne ne la conteste et si la convocation a été régulière[2]. Ce délai de deux mois est qualifié de délai de forclusion. À la différence du délai de prescription ce délai de forclusion n'éteint pas un droit mais rend la demande irrecevable.**

Il convient in fine d'attirer l'attention sur le point qui suit. Les décisions prises par l'assemblée (doivent être contestées dans délai de deux mois) n'ont pas à être inscrites sur un registre de manière obligatoire. Par ailleurs aucun délai n'est fixé pour l'application de ces résolutions. Il en résulte qu'en théorie il serait possible d'opposer une résolution votée depuis de très nombreuses années et inconnues de nombreux colotis. Seul le jeu de l'abus de droit pourrait peut-être être invoqué. Pour éviter tout arbitraire **il serait judicieux que des clauses soient insérées dans les statuts remédiant au silence de textes et prévoyant la possibilité d'opposer la décision prise dans un délai**

[2] Cass. civ. 09/01/1973 - Bull. cass. 12/1970 (Cass. civ. 17/07/1975 - IR Copro 1975-174

plus raisonnable de quelques années (délai de deux ans voire trois par exemple).

Section 4 Suggestions diverses

– §1 Archivage

Dans **les statuts** il devrait être indiqué que les archives doivent être conservées. À défaut de texte légal, c'est souvent le gestionnaire qui en assure la conservation[3]. Ce sujet est important car le cahier des charges parfois très ancien est toujours pérenne et d'une grande importance. De plus il n'existe pas de limite légale de temps pour faire exécuter une décision.

– §2 Crise sanitaire

En ces temps de crise sanitaire le recours à une consultation par correspondance ou une consultation écrite devrait être systématiquement prévu dans les statuts.

– §3 Votes des abstentionnistes

Il conviendrait il s'agit d'une redite que soit prise en compte de manière spécifique le vote des abstentionnistes comme tel est le cas de nos jours pour les sociétés anonymes auxquelles les associations font aussi référence (sur le sujet voir supra).

– §4 Registre des délibérations

La troisième chambre civile de la Cour de cassation a indiqué par décision du 11 février 2016 n° 14-50 .051 que dans le silence des statuts de l'ASL l'absence de tenue d'un registre spécial des délibérations (ainsi que l'absence de désignation d'un scrutateur et d'un secrétaire général ou de la tenue préalable d'un conseil syndical) n'est pas de nature à entraîner l'annulation d'une assemblée générale. Il conviendrait cependant que soit mentionnée dans les statuts afin d'éviter tout arbitraire la nécessité de la tenue d'un registre des délibérations.

---

[3] 4e ch. 15 juin 2007 RG 05/09344

Annexe 1

Modèle de lettre de convocation à une assemblée générale

Envoi par lettre recommandée avec accusé réception

Madame Monsieur

En tant que président du comité syndical je vous invite à vous rendre à la réunion de l'assemblée générale annuelle qui aura lieu à Paris le 15 décembre au café l'étincelle lieu précis adresse

L'ordre du jour de l'assemblée est le suivant :

Présentation des comptes annuels du syndicat et compte rendu sur la gestion

Vote sur approbation des comptes

Vote sur quitus au syndic

Vote sur budget provisionnel du syndicat

Je vous rappelle que vous pouvez poser toute question supplémentaire précise conformément aux indications figurant dans les statuts

En cas d'indisponibilité vous pouvez vous faire représenter par un mandataire de votre choix

Annexe 2

À propos de l'information des membres de l'ASL en vue d'une assemblée générale

La Cour de cassation[4] estime que la décision inscrite à l'ordre du jour lors d'une assemblée ne nécessite pas de rajouter des éléments autres que ceux prévus par les statuts.

En conséquence elle casse et annule la décision de la cour d'appel.

« la loi n'imposait de formes particulières pour informer les colotis des décisions inscrites à l'ordre du jour pour faire exécuter des travaux urgents dans l'intérêt commun des colotis, la cour d'appel a n'a pas tiré les conséquences légales de ses constatations, violant encore les statuts de l'ASL ».

– Les faits

Attendu, selon l'arrêt attaqué[5], que M. et Mme R..., propriétaires d'une parcelle située dans le périmètre de l'association syndicale libre du [...] (l'ASL), ont assigné celle-ci en annulation de l'assemblée générale du 17 août 2015 et, subsidiairement, de la décision n°5 ;

– La motivation de la cour d'appel

Attendu que, pour accueillir la demande, l'arrêt retient que, si les statuts de l'ASL et les dispositions légales applicables n'imposent aucun formalisme pour l'information des colotis en vue de l'assemblée générale, ceux-ci doivent être avisés de manière exhaustive, par l'ordre du jour joint à la convocation, des différents points qui seront traités, afin de pouvoir prendre toutes décisions de manière éclairée, et qu'il n'apparaît pas que la convocation à l'assemblée générale adressée le 30 juillet 2015 contenait **les devis relatifs aux travaux envisagés** ;

– L'argumentation de la Cour de cassation

Qu'en statuant ainsi, alors que seuls les statuts définissent les règles de fonctionnement de l'association syndicale libre**, la cour d'appel, qui a ajouté une condition que ceux-ci ne prévoient pas, a violé les textes susvisés ;**

PAR CES MOTIFS :

CASSE ET ANNULE, dans toutes ses dispositions, l'arrêt rendu le 21 juin 2018, entre les parties, par la cour d'appel d'Aix-en-Provence ; remet, en conséquence, la cause et les parties dans l'état où elles se

---

[4] Cass14 Nov. 20 219 pourvoi n° 18-22 .739

[5] Aix-en-Provence, 21 juin 2018

trouvaient avant ledit arrêt et, pour être fait droit, les renvoie devant la cour d'appel d'Aix-en-Provence, autrement composée ; Condamne M. et Mme R... aux dépens ;

Les motivations détaillées de la Cour de cassation et critiques de l'argumentation la cour d'appel

1°) ALORS, de première part, QUE **les statuts des associations syndicales libres ont un caractère contractuel et s'imposent aux parties avec force obligatoire ; que, dès lors que les colotis ont voté l'exécution de travaux dans l'intérêt commun du lotissement lors d'une assemblée générale extraordinaire à laquelle ils ont été régulièrement conviés, celle-ci suffit pour engager lesdites dépenses ; qu'en l'espèce, pour prononcer la nullité de la résolution n° 5 adoptée le 17 août 2015 par l'assemblée de l'ASL du [...], la cour d'appel a considéré que les propriétaires n'avaient pas reçu une « information éclairée » tandis que les colotis ont reçu une convocation régulière précisant la cause, l'objet et le coût des travaux de rénovation du réseau d'eau ; qu'en exigeant ainsi que les devis définitifs des travaux soient joints à la convocation des colotis, la cour d'appel a ajouté une condition formelle que les règles statutaires ne prévoient pas et a ainsi violé les statuts de l'ASL du [...], ensemble l'article 1103 du Code civil ;**

2°) ALORS, de deuxième part, QUE les juges ne peuvent dénaturer les écrits qui leur sont soumis ; qu'en l'espèce, il ressort de la lettre de convocation à l'assemblée générale spéciale envoyée aux colotis que celle-ci contenait une présentation exhaustive précisant la cause, l'objet et le coût des travaux de « réfection du réseau d'eau du domaine » à hauteur de « 215 000 euros pour l'ensemble des travaux » (production) ; qu'en jugeant cependant que les colotis n'avaient pas reçu une information éclairée pour statuer en connaissance de cause, la cour d'appel a dénaturé les termes clairs et précis de la lettre de convocation en date du 30 juillet 2015 et la résolution n° 5 de l'assemblée générale, en violation du principe de non-dénaturation des écrits ;

3°) ALORS, de troisième part, QUE les statuts de l'association syndicale libre du [...] énonçaient qu'elle avait pour objet l'entretien, la gestion et « toutes installations d'intérêt commun » (article 2.01), que les convocations « comprennent l'indication des jours, heure, lieu, et l'ordre du jour de la séance » (article 3.04) et que « les délibérations sont prises à la majorité absolue des voix » (article 3.15) ; qu'en l'espèce, pour accueillir la demande d'annulation de la résolution n° 5 nonobstant la majorité absolue obtenue lors de l'assemblée générale extraordinaire, la cour d'appel a retenu que « les devis versés aux débats par l'ASL ne correspondent pas à ceux évoqués dans ses écritures ni au montant de 215 000 € mentionné dans le procès-verbal d'assemblée » ; qu'en statuant ainsi, par des motifs inopérants cependant qu'il ressortait de ses propres appréciations que ni les statuts, ni la loi n'imposaient de formes particulières pour informer les colotis des décisions inscrites à l'ordre du jour pour faire exécuter des travaux urgents dans l'intérêt commun des colotis, la cour d'appel n'a pas tiré les conséquences légales de ses constatations, violant encore les statuts de l'ASL

4°) ALORS, enfin et en tout état de cause, QUE le jugement doit être motivé ; que les juges ne peuvent se déterminer par des motifs contradictoires ; qu'en l'espèce, la cour d'appel ne pouvait tout à la fois affirmer que « ni les statuts de l'ASL ni les dispositions légales qui lui sont applicables n'imposent de formalisme relativement à l'information des colotis aux réunions d'assemblée générale » et considérer que les colotis devaient être «avisés de manière exhaustive par l'ordre du jour joint » et que « la résolution ainsi adoptée manque de précision quant au coût et à la nature des travaux ainsi que l'entreprise missionnée » ; qu'en statuant ainsi, la cour d'appel a statué par des motifs contradictoires en violation de l'article 455 du Code de procédure civile.

Cour de cassation, civile, Chambre civile 3, 14 novembre 2019, 18-22.739, Inédit

Annexe 3

Le recours à la consultation écrite officialisée et généralisée par l'ordonnance du 2 décembre 2020

En l'absence d'interdiction par une clause des statuts et/ou en l'absence de clause des statuts la prévoyant on pouvait s'interroger sur le recours à la consultation écrite pouvant remplacer la tenue physique d'une assemblée. Les avis divergeaient. Le principe de liberté des ASL conduisait à reconnaître cette possibilité ; mais d'autres s'y opposaient. Une ordonnance parue le 25 mars 2020 l'autorisait explicitement mais uniquement dans les cas où la loi le prévoyait ce qui pouvait générer des interprétations distinctes.

Depuis une ordonnance du 2 décembre 2020 la consultation écrite est autorisée et généralisée non seulement sans restriction mais encore sans « sans qu'une clause des statuts (...) ne soit nécessaire à cet effet ni ne puisse s'y opposer ».

Les modalités qui permettent de prendre des décisions de la compétence de l'assemblée sont simples et précises. Il appartient à l'organe compètent pour convoquer l'assemblée de prendre la décision. Cet organe compétent dans la plupart des statuts est le président de l'association. Il nous semble préférable par précaution d'associer du fait d'une direction collective le comité syndical.

LIVRE V :

LES ORGANES DE GESTION DIRECTE, LE PRÉSIDENT, LE SYNDIC ET LE SYNDICAT

Préambule

Le pouvoir de gestion et de décision dans les ASL

En théorie le pouvoir de gestion des biens de l'ASL appartient au syndicat, organe collectif de décision, et à l'assemblée. Le syndicat de l'ASL par le biais de ses membres a un rôle direct de décision « le syndicat règle par ses délibérations les affaires[1] ». En pratique toutefois le président bien que juridiquement selon les textes ne pouvant exercer seul le pouvoir afin d'éviter des dérives passées a en fait en dépit d'une réforme lui enlevant les prérogatives de gouverner seul une importance considérable en raison des informations générales qu'il possède. On reproche aux membres du syndicat à l'instar des administrateurs d'un conseil d'administration une certaine soumission qui peut toutefois s'expliquer par les raisons indiquées. Ajoutons qu'en France pays relativement individualiste l'affirmation selon laquelle le pouvoir ne se partage pas est encore une réalité dans bien des cas.

L'assemblée de l'ASL a aussi juridiquement un rôle important, les résolutions sont votées en assemblée, mais elle n'a qu'indirectement un rôle de décision. Elle élit les syndics qui constituent le syndicat de l'ASL. Ce rôle dans la gestion est plus effacé que celui du syndicat. Cet effacement peut peut-être expliquer les raisons pour lesquelles la législation est si silencieuse sur son fonctionnement laissant aux statuts les soins de prévoir les conditions de délibération de convocations, etc.

Le rôle de l'assemblée de l'ASL est par ailleurs distinct de celui de l'assemblée de copropriété. L'assemble générale de copropriété est

[1] art 9 ordonnance 1er juillet de 2004

l'organe unique de décisions du syndicat des copropriétaires. L'assemblée de l'ASL n'a comme il a été précisé pas ou peu de pouvoir décisionnel direct. Elle élit les syndics qui prendront les décisions via le syndicat. Cette méthode de déconcentration ou décentralisation des pouvoirs ou plus précisément cette sorte de délégation de pouvoir permet que des décisions soient prises plus aisément dans les très grandes sociétés dont l'importance du nombre de lots ne permet pas une gestion efficace Le droit de la copropriété nécessiterait la réunion d'une assemblée générale de copropriétaires.

TITRE I :

Le président au regard des règles de l'ASL

Chapitre I :

Règles relatives à la situation personnelle du dirigeant d'ASL en général

Section 1 Nomination possible d'un président rémunéré et extérieur à l'ASL

L'ordonnance de 2004 est muette sur la question de savoir si le président (ou directeur) peut être élu en dehors du comité syndical (ou syndicat). Elle précise seulement dans l'article 9[1] qu'en ce qui concerne les associations syndicales dites « autorisées » le président est élu parmi les membres. Doit-il en être de même pour l'association syndicale libre ? Une réponse ministérielle publiée au JO le 30 mai 2016 JO indique que tel devrait être le cas par analogie avec le droit des associations (voir note association). Mais cette réponse n'a pas valeur de loi et la référence aux solutions en matière de droit des associations est discutable car les réponses sont diverses et contradictoires. La question n'est pas sans importance en pratique et heureusement les statuts sont bien souvent déterminants.

L'ordonnance du 1er juillet 2004 a en réalité supprimé l'obligation d'élire le président parmi les membres du conseil de direction de l'ASL (le "syndicat"). Si l'on se réfère à l'esprit de liberté d'organisation qui caractérise les ASL, peut-on considérer que le "syndicat" peut élire un président en dehors de ses membres ? Le Décret de 2006 semble confirmer cette interprétation en précisant dans son Article 3 que : "les statuts de l'association syndicale libre fixent les modalités de sa représentation à l'égard des tiers". La Cour de cassation dans un arrêt récent du 17 juin 2019 confirme cette orientation Il semblerait désormais possible que le "syndicat", organe collectif de direction, puisse confier l'exécution de ses décisions et la représentation à l'égard des tiers à des membres extérieurs au syndicat ou même à l'ASL. Un cabinet professionnel pourrait ainsi jouer ce rôle ce qui présente des

[1] Ordonnance de 2004

avantages pratiques évidents, car la gestion d'une ASL est très lourde pour des bénévoles. Il reste naturellement entendu que les décisions restent prises, lors des délibérations par le syndicat organe collectif de décision. La direction d'une ASL est en ce sens collégiale. Le Président ne peut donc « qu'exécuter » les décisions du conseil de direction, le" syndicat" dont il est membre.

En résumé donc le président ne peut décider seul. À défaut il serait en contradiction avec les textes qui attribuent le pouvoir de décision au syndicat. Au mieux il ne pourrait avoir qu'une délégation de pouvoir. Une organisation de ce type ne pourrait s'envisager que si les statuts le prévoient spécifiquement.

Une comparaison avec le droit des associations pourrait être intéressante. En droit des associations demeurent des incertitudes sur la question de savoir si le président doit être nécessairement un sociétaire ou peut être un tiers. La question est débattue. Certains affirment qu'un tiers, non sociétaire donc, peut être président. Tel ne peut être le cas pour d'autres. Il a été admis que le dirigeant n'est pas tenu d'être membre de l'association dans l'ouvrage *Mémentos Droit des Associations*[2]. En revanche le manuel *Droit des Associations* 2000[3] considère que le président doit être choisi parmi les sociétaires.

La jurisprudence confirme que le président de l'ASL peut être statutairement un tiers non-membre de l'ASL[4].

En résumé d'une autre manière : le syndicat de l'ASL organe collectif de direction nomme un président pour le représenter dans ses rapports avec les tiers. Il s'agit souvent d'un membre de ladite association. Toutefois la Cour de cassation dans un arrêt récent précise que les membres de l'ASL ne sont pas tenus de confier la mission de représentation à un membre de celle-ci. Le Président peut donc être un tiers. « Les dispositions des articles 22 et 24 de la loi du 21 juin 1865, texte d'origine sur les ASL ne sont pas d'ordre public. Rien ne s'opposait en l'espèce à ce que les statuts prévoient de confier la mission à ce monsieur K[5] ». D'une part donc les anciennes dispositions de la loi de 1865 ne sont pas (n'étaient pas) impératives. Il est (était) possible d'y déroger[6] et d'autre part la loi sur ce dernier point a été

---

[2] F. Lefebvre n° 512 Année 1998 et réponse Couste 12 mai 1979 rev sociétés 1979 p 631

[3] Édit Dalloz 2000

[4] Cassation 27 juin 2019 infra)

[5] Arrêt n°584 du 27 juin 2019 (17-28.871) Cour de cassation Troisième chambre civile

[6] Cass 27 juin 2019

abrogée. Rien ne s'oppose en l'espèce à ce que les statuts prévoient que le président puisse être un tiers.

Section 2 Révocation du président de l'ASL (et silence des textes)

Les statuts en l'absence de texte précis en la matière déterminent les conditions de révocation. À défaut le président pourrait dans le silence des statuts si on suit le droit des associations être révoqué par les membres du syndicat. Il pourrait de même être révoqué en tant que membre du syndicat (voir révocation des syndics) par l'assemblée. Mais la mesure et surtout les conditions de révocation peuvent être débattues. Les ASL ne répondent pas à un certain nombre de critères du droit associatif dont le principal est celui de la liberté associative et de la direction par un président seul. La référence au droit des associations n'est pas parfaite. La question d'une révocation ad nutum par le syndicat alors même que les décisions doivent être prises de manière collective est contestable. Les droits propres aux sanctions disciplinaires et à la défense doivent être respectés.

La révocation du président par l'assemblée en tant que syndic pose des problèmes de nature identique à ceux concernant tout syndic (voir révocation des syndics). En sus d'une révocation abusive portant atteinte à son honneur le dirigeant peut invoquer la violation du principe du contradictoire. Il doit pouvoir présenter ses observations même lorsqu'il s'agit d'une révocation ad nutum. À défaut selon une jurisprudence ancienne et usuelle[7] des dommages et intérêts peuvent être demandés à l'ASL.

Pour justifier que le président d'une association peut être révoqué sans motif et dans les mêmes conditions que son élection certains font référence au contrat de mandat au parallélisme des formes et/ou à la révocation ad nutum du PDG de société anonyme. Pour en terminer avec des comparaisons implicites ou explicites relatives au contrat de mandat ou à la révocation ad nutum du PDG sans justes motifs il convient de préciser que si une comparaison doit être effectuée avec la direction des sociétés anonymes, la référence devrait être celle des sociétés anonymes ayant à leur tête un directoire c'est-à-dire une direction collégiale et non celles ayant un PDG révocable ad nutum et un conseil d'administration. Le législateur a en effet particulièrement insisté sous peine de sanction de non-conformité afin que les ASL aient

[7] Cass com 26 avril 1994 Bull Joly 1994 p 831 note Le Cannu

une direction collective. Or en la matière s'agissant de la révocation des membres du directoire d'une société anonyme il existe une dissymétrie avec la procédure de nomination. Par ailleurs la révocation sans justes motifs des membres du directoire ouvre le droit à des dommages et intérêts. Enfin le dirigeant peut invoquer la violation du principe du contradictoire.

En définitive les statuts d'une ASL doivent explicitement mettre en relief de nos jours l'importance d'une direction collégiale et la disparation d'un président unique ayant tout pouvoir. Ainsi pourrait être mieux comprise l'absence de parallélisme des formes entre l'élection d'un directoire et la révocation des membres.

Le président quant à lui n'a pas le pouvoir de radier selon l'arrêt récent de la Cour de cassation de 2019 le syndic (membre du conseil syndical). L'assemblée pourrait seule y procéder.

Section 3 Présidence et direction générale de l'association ?

Le principe initial tiré de la loi de 1865 de libre répartition des tâches et des pouvoirs du président est affecté par la volonté de l'ordonnance de 2004 et du décret de 2006 d'accroître les pouvoirs du syndicat au détriment de celui du président.

Les attributions et fonctions du président appelé parfois directeur ne sont pas clairement définies par les textes à l'exception de la tenue à jour de l'état nominatif de propriétaires et du plan des parcelles ou de la publication des modifications apportées aux statuts.

Le président de l'ASL représente en principe l'ASL (voir infra 4), en principe car la loi est silencieuse. De même dans une association loi 1901 le pouvoir de représenter l'association n'est pas de droit pour le président. La question a été débattue à l'origine. Divers tribunaux estiment que la qualité de président fait présumer celle de représentant de l'association[8]. Le président d'ASL était à l'origine quant à lui bien souvent omnipotent. Il était président du syndicat et président de l'assemblée. Il était aussi souvent directeur général, chef de service de l'association, dans la mesure où le syndicat lui confiait la gestion (qui pouvait aussi être confiée à un directeur salarié par ledit syndic). Il prenait souvent les décisions seul. Le rôle du syndicat était parfois essentiellement consultatif ou du moins subordonné en droit comme en fait à celui du président. L'importance des pouvoirs et attributions du

[8] Versailles 5 mai 1995 Rev Société 1995. 769

président doit de nos jours être relativisée, car les décisions doivent être prises collectivement par le syndicat depuis l'ordonnance de 2004 et le décret du 3 mai 2006. Des modifications des statuts devraient avoir lieu à défaut la sanction pourrait être en raison de l'absence de mise en conformité des statuts la perte de la capacité juridique. Il existe enfin des interdits absolus. Ainsi le président ne pourrait lui seul dispenser un propriétaire d'une obligation résultant d'une sujétion des actes de lotissement ou du cahier des charges ou même des statuts (dispense de charges, dispense de respect d'obligations du cahier de lotissement, ou du cahier des charges[9].

De nombreux auteurs ont initialement considéré que dans le silence des textes il devrait être possible de s'inspirer plus succinctement à la lettre des dispositions prévues par les articles 23 et 28 de l'ordonnance de 2004 en matière d'association syndicale autorisée sous réserve de ses particularismes. Mais il ne s'agit là que d'une référence non impérative d'autant que de nos jours les pouvoirs du syndicat se sont accrus.

« Article 23 ordonnance du 1erjuilet 2004 »

Le président prépare et exécute les délibérations de l'assemblée des propriétaires et du syndicat. Il en convoque et préside les réunions.

Il est le chef des services de l'association et son représentant légal. Il en est l'ordonnateur.

Il peut déléguer certaines de ses attributions à un directeur nommé par lui et placé sous son autorité[10].

Le président élabore, dans des conditions fixées par le décret en Conseil d'État prévu à l'article 62, un rapport sur l'activité de l'association et sa situation financière.

Article 28 ordonnance du 1erjuilet 2004

Outre les compétences qu'il tient de l'article 23 de l'ordonnance du 1er juillet 2004 susvisée, le président prend tous actes de préparation, de passation, d'exécution et de règlement des marchés de travaux, de fournitures et de services qui lui sont délégués par le syndicat dans les conditions prévues à l'article 26 du présent décret. Il est la personne responsable des marchés.

---

[9] en ce sens Cass 12 sept 2007 n° 06-15.820 Bull Civ III n° 140

[10] Dans une association loi 1901 le pouvoir de représenter l'association n'est pas de droit pour le président ou du moins la question est débattue contra Versailles 5 mai 95 Rev Société 769

Par délégation de l'assemblée des propriétaires, il modifie les délibérations prises par elle lorsque le préfet en a fait la demande dans les conditions prévues à l'article 40. Il rend compte de ces modifications lors de la plus proche réunion ou consultation écrite de l'assemblée des propriétaires.

Il constate les droits de l'association syndicale autorisée et liquide les recettes. Il prépare et rend exécutoires les rôles. Il tient la comptabilité de l'engagement des dépenses dans les conditions fixées par l'arrêté interministériel pris pour l'application de l'article L. 2342-2 du Code général des collectivités territoriales.

À l'exception du comptable dont les modalités de nomination sont prévues à l'article 65, il recrute, gère et affecte le personnel. Il fixe les conditions de sa rémunération.

Le vice-président supplée le président absent ou empêché.

Si la Cour de cassation[11] a certes indiqué que sous la loi ancienne les statuts dans une ASL peuvent librement déterminer (il en est de même pour les associations) la répartition des tâches et des pouvoirs[12] il conviendrait toutefois de nuancer pour partie ces indications de nos jours dans la mesure où les textes et notamment l'ordonnance du 1erjuillet 2004 et le décret du 3 mai 2006 indiquent que « l'association est administrée par « le syndicat organe collectif de décision qui règle les affaires de l'association ». Cette disposition nécessite encore une fois que soient nuancés les propos selon lesquels l'ASL répartit librement les tâches et les pouvoirs. Diverses ASL n'ont pas mis en application correctement ce dernier texte.

Section 4 Présidence et représentation en justice (nullement de droit)

Le président représente généralement l'association. Mais il n'est pas nécessairement la personne physique qui a le pouvoir d'agir en justice. La loi relative aux ASL est silencieuse sur la question. Le plus souvent, les statuts désignent le président. Il est des cas où les statuts prévoient un accord de l'assemblée ou plus simplement du bureau. Mais cette modalité n'est nullement obligatoire. Il a été jugé que dans la mesure où les statuts avaient désigné le président comme étant l'organe pour agir en justice ce dernier pouvait représenter l'ASL sans avoir à justifier

[11] 12 sept 2007 n° 06-15.820 Bull Civ III n° 140

[12] Cour de cassation 12 sept 2007 n° 06-15.820 Bull Civ III n° 140

d'une autorisation préalable de l'assemblée générale[13]. À défaut d'accord le recours à la justice s'impose.

Section 5 Questionnement sur la mise en retrait du président et l'importance de l'organe décisionnaire que semble devoir constituer le syndicat ?

L'article 9 de l'ordonnance du 1er juillet 2004 indique que «l'association syndicale libre est administrée par un syndicat composé de membres élus parmi les propriétaires membres de l'association ou leurs représentants dans les conditions fixées par les statuts. Le syndicat règle, par ses délibérations, les affaires de l'association». Ce texte paraît ou même suggère d'imposer un organe collectif «le syndicat» pour administrer l'ASL. Il se substitue ainsi d'une certaine manière (et a été voulu en tant que tel) pour remédier à la toute-puissance d'un président unique de l'ASL. Le président d'ASL cumulait jusqu'alors les pouvoirs et avait tendance à ne considérer le « syndicat » lorsqu'il existait que comme un simple conseil. On peut comprendre de nos jours l'accroissement des pouvoirs du syndicat d'autant qu'un tel organisme n'était nullement obligatoire auparavant. On peut comprendre que le syndicat ou le bureau ne se contentent plus d'être investis d'une simple fonction de contrôle, d'études et de réflexion, et qu'ils puissent avoir un véritable pouvoir d'administration. La jurisprudence de la Cour de cassation confirme cette orientation à propos de l'examen d'une mise en conformité des statuts[14].

« Attendu que le pouvoir d'administration confié par les statuts au seul directeur et non au syndicat, appelé bureau , *investi d'une simple fonction de contrôle, d'études et de réflexion*, était contraire à ladite ordonnance qui conférait au seul syndicat le pouvoir d'administration, la cour d'appel en a exactement déduit qu'en l'absence d'adoption de statuts conformes à la nouvelle réglementation l'ASL n'avait pas retrouvé son droit d'agir en justice en cours de procédure. D'où il suit que le moyen n'est pas fondé».

On peut se demander si la compétence de principe du syndicat en tant qu'organe décisionnaire doit être absolue et ce au détriment alors d'un président appelé parfois directeur qui aurait perdu tout pouvoir de décision. D'une part il n'est nullement explicitement reconnu par les

[13] Cass.3e civ, 23/05/2012, n°11 -

[14] En ce sens Cass 13 sept 2018-17-22041 Arrêt de rejet

textes une mainmise totale et exclusive du syndicat sur les affaires de l'association. Elle résulte de l'interprétation des textes et notamment de l'article 9 de l'ordonnance du 1er juillet 2004. D'autre part il n'est nullement fait mention de l'exclusion de tout pouvoir de décision du président dans l'administration même de l'association. Les décisions certes sont prises en commun par le conseil de direction ("syndicat"), et exécutées par le Président. Pour autant a-t-il perdu toute attribution personnelle ?

On imagine difficilement de nos jours qu'un président le plus souvent seul sur le terrain soit totalement soumis à l'attente de décisions du syndicat (dont il fait partie) sans réelles attributions personnelles. Si tel est vraiment le cas le législateur aurait sans doute dû être plus explicite. De plus et surtout il aurait édicté des sanctions en l'absence de respect de telles règles. Or ces dernières sont absentes.

On notera le rebondissement qui résulte de l'intervention des magistrats et notamment des magistrats de la Cour de cassation lors du dépôt de statuts de mise en conformité et de l'examen de l'administration (la gouvernance) de l'ASL. Si dans un premier temps les juges du fond étaient intervenus pour contrôler la mise en conformité, ce qui était déjà nouveau, c'est maintenant la Cour de cassation en 2019 qui exige que l'on justifie de la réalité d'une modification effective des statuts (nomination d'un véritable conseil syndical collectif avec pouvoir de décision) valant mise en conformité avec l'ordonnance de 2004. Diverses règles doivent alors être respectées (ex nomination d'un véritable conseil syndical collectif avec pouvoir de décision) ou émises (ex modalités de dissolution, établissement d'un plan parcellaire, etc. -voir mise en conformité-).

Dans un premier arrêt de cassation, daté du 6 septembre 2018[15] publié au Bulletin, la Cour de cassation impose à une Association Syndicale Libre d'annexer à ses statuts le plan parcellaire prévu à l'article quatre de l'ordonnance et la déclaration de chaque adhérent spécifiant les désignations cadastrales de son lot ainsi que la contenance des immeubles pour lesquels il s'engage, bien que ces formalités n'étaient pas exigées explicitement par les textes relatifs à la mise en conformité.

«Qu'en statuant ainsi, alors qu'il ne résulte ni de l'ordonnance ni du décret précité que les associations syndicales libres soient dispensées, lorsqu'elles mettent leurs statuts en conformité avec ces textes, de

---

[15] n°17-22815

respecter les formalités qu'ils imposent, la cour d'appel a violé les textes susvisés (...) ».

Dans un second arrêt[16] la Cour de cassation impose lors d'une mise en conformité qui fut annulée par la cour d'appel que le pouvoir d'administration de l'association soit confié au syndicat et non au président appelé alors directeur qui n'avait qu'une simple fonction de contrôle, d'études et de réflexion.

Dans cette affaire, l'administration, la gouvernance de l'association ASL était confiée au « seul » directeur ou président de l'ASL, contrairement à ce que prévoit l'article 9 de l'ordonnance du 1er juillet 2004. Le syndicat organe collectif de décision était exclu de la gouvernance de l'ASL. La cour d'appel en a déduit qu'en l'absence d'adoption des statuts conformes à la nouvelle réglementation, l'ASL n'avait pas retrouvé son droit d'agir en justice. La Cour de cassation a repris et approfondi le raisonnement de la cour d'appel. Elle a considéré qu'il fallait vérifier si le président avait bien le pouvoir de décision et dans la mesure où il n'avait qu'un pouvoir de contrôle d'étude et de réflexion en a tiré la conséquence qu'il ne pouvait assurer les affaires courantes, qu'il n'avait pas de pouvoir effectif. La Cour de cassation contrôle non seulement l'existence de la mise en place d'un syndicat organe collectif mais aussi la réalité ou non d'un pouvoir de décision lors de la mise en conformité des statuts des ASL et des AFUL par rapport à l'ordonnance du 1er juillet 2004, ce qui oblige ces dernières à vérifier que leur mode d'administration correspond bien aux dispositions applicables en la matière.

[16] Cass 13 sept 2018-17-22041 Arrêt de rejet

Chapitre II :

Règles relatives aux attributions du président d'ASL « Attributions réduites et pouvoir de gestion incertain (recours à la jurisprudence ou à un raisonnement par analogie pour déterminer l'étendue de ses pouvoirs) »

Le rôle du président d'ASL n'est pas considéré de nos jours en droit du moins comme primordial. C'est le syndicat qui a en principe le pouvoir de délibération. Certains écrits mentionnent qu'aucune décision ne peut être prise par le Président seul sans avoir été mandaté ou autorisé par le Syndicat. Une telle affirmation nous paraît excessive. On ne peut priver un président de toute attribution alors qu'il est sur le terrain souvent chaque jour et doit faire face à des situations d'urgence.

Peu de textes relatifs aux attributions spécifiques du président d'ASL existent. On se réfère donc souvent dans le silence du législateur (et des statuts) au droit des biens, au droit des contrats, au droit des associations ou à la pratique du droit des associations, au droit des associations foncières (AFULs) ou des associations syndicales autorisées. Il existe des interrogations. La référence à la jurisprudence est fréquente. Certains auteurs estiment qu'on devrait reconnaître que les clauses des statuts qui ne sont pas contraires à des règles impératives sont valides. Mais il n'est pas toujours évident de distinguer les règles supplétives des règles impératives[1].

[1]Voir en annexe Règles générales et pratiques usuelles relatives aux attributions d'un président d'association « De l'association à l'ASL

Section 1 La rareté des textes relatifs aux pouvoirs du président d'ASL

Sous-section 1 L'ordonnance de 2004 et le décret de 2006 visent plus les pouvoirs du président des associations syndicales « autorisées » (ASU voir infra) que les attributions du président d'ASL.

L'ordonnance du 1er juillet 2004 complétée et précisée par le décret d'application du 3 mai 2006 se constitue de dispositions propres aux associations syndicales de propriétaires qui peuvent être libres, (ASL) autorisées ou constituées d'office. Un des buts a été de remédier au silence législatif en matière d'associations et plus particulièrement de fonctionnement ou d'organisation. Mais ces dispositions concernent surtout les pouvoirs ou le rôle du président d'association syndicale « autorisée » (ASA). L'ordonnance du 1er juillet 2004 vise peu les ASL et moins encore le rôle du président. Dix articles environ, (article 1 à 10) sont plus ou moins consacrés à l'ASL sur un total de 67 articles. Seuls trois ou quatre articles évoquent implicitement ou explicitement le rôle ou les attributions ou les obligations du président.

Sous-section 2 Deux articles principaux seulement, l'article 4 de l'ordonnance de 2004 et l'article 5 décret 3 mai 2006 visent les attributions personnelles du président d'ASL

L'ordonnance de 2006 et le décret du 1er juillet 2004 édictent quelques attributions ou plutôt obligations à la charge du président. Tel est le cas notamment du suivi de l'état nominatif des propriétaires et du plan parcellaire ainsi que la déclaration et la publication des modifications statutaires (article 4 de l'ordonnance). Il en est de même de la publication des modalités de la dissolution de l'association (article 5 de l'ordonnance).

Article 4 de l'ordonnance du 3 mai 2006 :

L'article 4 de l'ordonnance prévoit que « le président tient à jour l'état nominatif des propriétaires des immeubles inclus dans le périmètre de celle-ci (ASL) ainsi que le plan parcellaire ». Toute mutation d'un immeuble inclus dans le périmètre de l'association de ce fait doit lui être notifiée par le notaire qui en a fait le constat. Cette tenue d'un plan parcellaire peut être distincte de la tenue du plan cadastral mais est parfois confondue. Elle est distincte dans la mesure où le plan du cadastre n'est pas nécessairement identique au plan parcellaire. Les objectifs sont en effet pour partie différents. Le plan cadastral est destiné à l'administration. Il est établi pour déterminer notamment les impôts fonciers. Le plan des parcelles est d'ordre privé. Il établit un bornage précis entre les colotis ce qui permet d'éviter des contestations de voisinage sur des propriétés qui se chevauchent en pratique il permet aussi de distinguer ce qui est du domaine privé et du domaine commun géré par l'ASL (bordures de fin de terrain, caniveau, route, chemin, etc.).

La tenue à jour d'un plan parcellaire ou de mesures liées (état nominatif des propriétaires) est parfois oubliée ce qui pose problème lors de la mise en conformité des statuts ou de la modification de ces derniers. La jurisprudence prévoit en effet que l'ASL qui met en conformité ses statuts ou les modifie doit accomplir toutes les formalités et annexer un plan parcellaire et un état nominatif comme la législation l'exige au moment de sa création[2]. En vertu de l'article 4 de l'ordonnance du 1er juillet 2004 « le président de l'ASL de propriétaires tient à jour l'état nominatif des propriétaires des immeubles inclus dans le périmètre de l'ASL ainsi que le plan parcellaire ».

L'acquisition d'une parcelle d'un lotissement vaut quasi acceptation des statuts et adhésion à l'ASL. Il est important de déterminer la parcelle précise (au regard des charges une parcelle peut comporter plusieurs lots).

Article 5 décret 3 mai 2006 :

L'article 5 du décret du3 mai 2006 portant application de l'ordonnance prévoit que « la déclaration et la publication des modifications et la dissolution sont faites par le président de l'association ».

La citation par le législateur de telles attributions dont la tenue d'un plan parcellaire et un état nominatif des propriétaires (mais aussi une déclaration en cas de modification des statuts ou de dissolution) souligne l'importance attachée à ces obligations dont sont responsables les présidents d'ASL (obligations parfois oubliées en pratique). La Cour de cassation en 2018 a confirmé que même en cas de mise en conformité des statuts (et donc pas seulement à la création) un plan parcellaire devait être déposé[3]. La même année le ministre de la Cohésion des territoires confirmait en réponse à une demande de dérogation que même en cas de mise en conformité des statuts (et donc aussi sans doute

---

[2] Cass 3 civ, 6 sept 2018 n°17-22 .815

[3] Cass 3 civ 3 6 sept 2018

de modification) il convenait de respecter les mêmes formalités qu'à la création d'une ASL de lotissement à savoir « déclaration écrite ou signée par le président, deux exemplaires des statuts conformes à réglementation de 2004 et une copie du plan parcellaire [4]» (réponse du ministère de la Cohésion des territoires).

Section 2 Les solutions à adopter dans le silence des textes ou des statuts concernant les fonctions exercées à titre individuel par le président d'une ASL ?

On ne peut aborder la question actuelle des pouvoirs ou fonctions actuelles du président qu'à travers un bref historique explicatif de sa perte de pouvoir.

Sous-section 1 La perte de pouvoir individuel du président

Les textes législatifs sont souvent silencieux sur les fonctions du président d'ASL. En pratique les statuts déterminent le plus souvent les attributions. Le juge en raison des vides peut être saisi. Il aura sans doute tendance de nos jours à accorder au « syndicat » mais non au président de larges pouvoirs sous réserve toutefois de ne pas porter atteinte au rôle des assemblées et de faire en sorte que le « syndicat » puisse accomplir sa mission qui est notamment de régler et d'administrer les affaires de l'association. Dès lors le président représentant l'ASL devient une sorte de souverain sans grand pouvoir personnel. L'explication repose sur l'historique qui suit. La loi de 1865 prévoyait une direction collégiale mais un grand nombre d'ASL étaient en pratique dirigées par un seul homme : le président élu par l'assemblée et cumulant seul de nombreux pouvoirs. Il n'existait pas bien souvent d'organes collectifs appelés de nos jours « syndicat » et s'ils existaient ils n'avaient le plus souvent qu'un rôle consultatif ou de contrôle. Il n'avait aucun pouvoir de décision ou d'administration. L'ordonnance de 2004 (complétée par le décret de 2006) a voulu remédier notamment à ce problème. Selon l'article 9 alinéa 2 du décret de 2004 le syndicat est désormais chargé de régler par ses délibérations les affaires de l'association.

[4] Réponse du ministère de la cohésion des territoires (réponse publiée dans le JO Sénat du 20 12 2018 page 6593) à la question écrite de D. Estrosi publiée dans le JO Sénat du 31 05 2018 page 2577

« Article 9 décret 2004 l'ASL est administrée par un syndicat composé de membres élus par les propriétaires membres de l'association ou leurs représentants dans les conditions fixées par les statuts ».

Afin d'obliger les ASL récalcitrantes à suivre véritablement les dispositions du décret il a été prévu que les statuts des ASL devaient officiellement être mis en harmonie avec l'ordonnance. C'est ce qui est qualifié de « mise en conformité ». En principe donc les ASL concernées ont dû modifier leurs statuts notamment afin de permettre une direction collégiale. De ce fait la désignation d'un syndicat est devenue impérative. Il doit être composé de plusieurs personnes. Il doit bénéficier de véritables pouvoirs de décision. Il est un organe de décisions collectives. Il n'est plus simplement un organe de consultation, de réflexion ou de contrôle. Le président du syndicat élu par ce dernier existe certes toujours. Il représente souvent l'ASL. Mais il n'a qu'un pouvoir individuel de représentation et non de décision. De nombreux auteurs lui dénient même tout pouvoir personnel de décision en écrivant qu'aucune décision ne peut être prise par le président seul (sans avoir été mandaté par le syndicat). Il n'est d'une certaine manière que le mandataire du syndicat ou si on veut reprendre une expression impropre déjà critiquée, mais fréquente figurant dans certains statuts l'agent d'exécution du syndicat.

Sous-section 2 Raisonnement par analogie avec les attributions du président d'une association syndicale autorisée

Faute de texte en matière de présidence d'ASL on a pu avoir tendance à se référer à la législation proche, celle des associations syndicales autorisées, sans nécessairement donc suivre ce modèle à la lettre. Les propres attributions du président d'association syndicale autorisée sont indiquées dans le Code de l'urbanisme. Il est écrit concernant le président :

« Il prépare et exécute les délibérations de l'assemblée des propriétaires et du syndicat. Il en convoque et préside les réunions.

Il est le chef des services de l'association et son représentant légal [...]

Il peut déléguer certaines de ses attributions à un directeur nommé par lui et placé sous son autorité.

[...] Le président élabore un rapport sur l'activité de l'association et sa situation financière ».

Il apparaît ainsi par comparaison que les attributions du président d'ASL sont ou étaient souvent plus ou moins inspirées de celles des associations autorisées.

Sous-section 3 Référence à la Jurisprudence

La jurisprudence prévoit sous réserve de quelques règles législatives peu nombreuses les dispositions à appliquer à défaut de statuts ou lorsque les statuts sont muets. Ainsi à titre d'exemple un arrêt récent de la Cour de cassation en date de 2019 indique que sauf clause contraire des statuts la radiation (d'un membre du conseil syndical) n'est pas du domaine du président mais du domaine de l'assemblée.

Section 3 Le problème particulier de la délégation de pouvoir du syndicat au président ou à un tiers (souvent un administrateur de biens)

Sous-section 1 La délégation générale et permanente de l'ensemble des pouvoirs du syndicat au président paraît devoir être prohibée même en l'absence de texte précis en raison de l'atteinte au pouvoir de délibération du syndicat

Depuis l'ordonnance de 2004 et le décret de 2006 il paraît contestable que le syndicat procède à une délégation générale de pouvoirs au bénéfice du président de l'Association. Ce serait un contournement des dispositions de l'article 9 de l'Ordonnance de 2004 qui désire attribuer un rôle important et de principe au syndicat en tant qu'organe collectif de décision. En ce sens, une telle délégation conduirait à l'aliénation du pouvoir de délibération du syndicat. Certes aucune sanction n'est prévue par les textes. De plus il existe encore des ASL qui n'ont qu'un président unique. Mais les tribunaux peuvent être amenés alors à prononcer la nullité de décisions prises. Il a été jugé que dans la mesure où était attribué à un directeur par les statuts le pouvoir d'administration et que le syndicat ne devenait qu'un organe de consultation la mise en conformité de l'ASL était illégale[5].

---

[5] Cass 13 septembre 2018, n° 17-22041

Sous-section 2 La délégation « partielle « de pouvoir (de décision) du syndicat au président est possible.

Il nous semble important de préciser que ce qui est recherché par le législateur n'est pas tant d'affaiblir ou d'anéantir le rôle ou les attributions du président appelé parfois directeur de l'association que de favoriser les prises de décisions collectives à travers l'organe collectif qu'est le syndicat. Le syndicat responsable de l'administration et de la gestion peut déléguer de manière partielle ses pouvoirs au président certes (mais légalement le président est président du syndicat) mais aussi à un prestataire et donc une sorte de mandataire.

*Sous-section 3 La délégation complète de **pouvoir d'exécution** ou d'application de la décision du syndicat à un président ou à un tiers est possible*

II semble possible que le « syndicat », composé de propriétaires, confie l'exécution de ses décisions et la représentation à l'égard des tiers non plus seulement à un président propriétaire mais à un tiers qui peut être un cabinet professionnel (sauf comme usuellement clause contraire des statuts). L'article 3 du décret de 2006 offre cette opportunité et indique « les statuts de l'association syndicale libre fixent les modalités de sa représentation à l'égard des tiers ». Les décisions et délibérations qui précèdent l'exécution toutefois restent du domaine du syndicat.

Annexes récapitulatives

Annexe 1

Importance du syndicat organe collégial
qui doit être doté d'un pouvoir d'administration France, Cour de cassation, Chambre civile 3, 13 septembre 2018, 17-22041

« Le pouvoir d'administration confié par les statuts au seul directeur et non au bureau, investi d'une simple fonction de contrôle, d'études et de réflexion, est contraire à ladite ordonnance qui confère au seul syndicat (appelé bureau dans les statuts) le pouvoir d'administration»

Texte :

LA COUR DE CASSATION, TROISIÈME CHAMBRE CIVILE, a rendu l'arrêt suivant :

Sur le moyen unique, ci-après annexé :

Attendu, selon l'arrêt attaqué (Aix-en-Provence, 4 mai 2017), rendu sur renvoi après cassation (3e Civ., 5 novembre 2014, pourvoi n° 13-25.099, 13-21.329, 13-21.014, 13-22.192, 13-23.624 et 13-22.383, Bull, III, n° 136), que la société Golf Ressort Terre Blanche (la société GRTB) a fait édifier un ensemble immobilier; que l'association syndicale libre Domaine de Terre Blanche, devenue l'association syndicale libre Terre Blanche (l'ASL), a été constituée en 2001 ; que, se plaignant de désordres affectant les travaux réalisés, la société GRTB et l'ASL ont, après expertise, assigné les différents intervenants aux opérations de construction et leurs assureurs en indemnisation de leurs préjudices ;

Attendu que la société GRTB et l'ASL font grief à l'arrêt d'annuler tous les actes de procédure faits à la requête de l'ASL à compter de l'assignation introductive d'instance ;

Mais attendu qu'ayant énoncé à bon droit qu'il appartient au juge judiciaire de vérifier la mise en conformité effective des statuts avec la nouvelle réglementation conditionnant le recouvrement par une association syndicale libre de son droit d'agir en justice, que le récépissé délivré par le préfet n'implique aucune vérification par celui-ci de leur régularité et qu'il résulte de l'ordonnance du 1er juillet 2004 que le syndicat, composé de membres élus parmi les propriétaires membres de l'association ou leurs représentants dans les conditions fixées par les statuts, a une compétence de principe pour administrer l'association et souverainement retenu que le pouvoir d'administration confié par les statuts au seul directeur et non au syndicat, appelé bureau, investi d'une simple fonction de contrôle, d'études et de réflexion, était contraire à ladite ordonnance qui conférait au seul syndicat le pouvoir d'administration, la cour d'appel en a exactement déduit, qu'en l'absence d'adoption de statuts conformes à la nouvelle réglementation, l'ASL n'avait pas retrouvé son droit d'agir en justice en cours de procédure ;

D'où il suit que le moyen n'est pas fondé ;

PAR CES MOTIFS :

REJETTE le pourvoi ;

Condamne la société Golf Ressort Terre Blanche et l'association syndicale libre Terre Blanche aux dépens ;

Vu l'article 700 du code de procédure civile, rejette la demande de la société Golf Ressort Terre Blanche et de l'association syndicale libre Terre Blanche et les condamne in solidum à payer à la société Bendetti-Guelpa la somme de 3 000 euros, à la SMABTP et la société SMA la somme globale de 3 000 euros, à la compagnie Areas dommages la somme de 3 000 euros et à la Mutuelle des architectes français la somme de 3 000 euros ;

Ainsi fait et jugé par la Cour de cassation, troisième chambre civile, et prononcé par le président en son audience publique du treize septembre deux mille dix-huit.

MOYEN ANNEXE au présent arrêt :

Moyen produit par la SARL Cabinet Briard, avocat aux Conseils, pour la société Golf Ressort Terre Blanche et l'association syndicale libre Domaine de Terre Blanche

Il est fait grief à l'arrêt infirmatif attaqué, après avoir infirmé l'ordonnance du juge de la mise en état du tribunal de grande instance de Draguignan en date du 24 février 2012 en ce qu'elle a dit que l'ASL Domaine de Terre Blanche est dépourvue de personnalité juridique et ne peut couvrir cette irrégularité de fond en application de l'article 121 du code de procédure civile, et, statuant à nouveau de ce chef, dit que l'ASL Terre Blanche a conservé la personnalité juridique, d'avoir confirmé ladite ordonnance en ce qu'elle a annulé tous les actes de procédure faits à la requête de l'ASL Domaine de Terre Blanche, dénommée désormais ASL Terre Blanche, à compter de l'assignation introductive d'instance,

Aux motifs que la cour constate que suite à la cassation intervenue, elle n'est saisie que des dispositions du jugement relatives à l'annulation des actes de procédure faits par l'ASL Terre Blanche et que les dispositions de l'arrêt du 4 avril 2013 relatives à l'absence de nullité du rapport d'expertise n'ont pas de caractère définitif, la Cour de cassation ayant déclaré les pourvois les concernant irrecevables ; que la Cour de cassation n'a pas dit que l'irrégularité était couverte au moment où la cour d'appel avait statué, mais que celle-ci ne pouvait pas à la fois dire que l'irrégularité était couverte lorsqu'elle statuait et que l'ASL n'avait pas retrouvé sa capacité d'ester en justice ; que du fait de la cassation intervenue, l'ASL Terre Blanche ne peut utilement se prévaloir de ce que la cour d'appel dans sa précédente composition, avait estimé que ses statuts avaient été mis en conformité avec l'ordonnance du 1er juillet 2004 ; que l'ordonnance du 1er juillet 2004 a abrogé la loi du 21 juin 1865 : les associations syndicales libres dites ASL sont désormais régies par ladite ordonnance et son décret d'application en date du 3 mai 2006 ; que le formalisme de la constitution des ASL a été accru ainsi que celui de la modification de leurs statuts ; que l'article 5 de l'ordonnance dispose que les associations syndicales libres peuvent agit en justice, acquérir, vendre, échanger, transiger, emprunter et hypothéquer sous réserve de l'accomplissement des formalités de publicité prévues par l'article 8 ; que le défaut de publication des statuts prive en conséquence une ASL de son droit d'ester en justice ; que l'ordonnance du 1er juillet 2004 régit les ASL créées antérieurement à son entrée en application et lesdites associations doivent mettre leurs statuts en conformité avec ses dispositions ; que l'article 60 de l'ordonnance édicte des dispositions transitoires en prévoyant que les statuts demeurent applicables jusqu'à la mise en conformité et que celle-ci doit intervenir dans un délai de deux ans à compter de la publication du décret d'application ; que ce délai a pris fin le 5 mai 2008 ; que l'expiration de ce délai ne fait cependant pas obstacle à ce que les ASL retrouvent leur droit d'ester en justice, en cas de régularisation postérieure à cette date ; que par ailleurs, la mise en conformité intervenue après l'introduction d'une instance en justice permet de régulariser la procédure par application des articles 117 et 121 du Code de procédure civile dès lors que l'ASL a conservé la personnalité juridique dont elle disposait antérieurement, sous réserve que cette régularisation intervienne avant la survenance d'une forclusion ou d'un délai de prescription ; qu'il appartient au juge judiciaire de vérifier la mise en conformité effective des statuts avec la nouvelle réglementation qui comporte des dispositions impératives, le récépissé délivré par le Préfet n'impliquant aucune vérification par celui-ci de leur régularité, cette mise en conformité conditionnant le recouvrement par l'ASL de son droit d'agir en justice ; que les éléments nouveaux devant figurer obligatoirement dans les statuts lorsqu'ils n'y figuraient pas antérieurement, sont les suivants : le nom, la liste des immeubles compris dans le périmètre, les modalités de représentation de l'ASL à l'égard des tiers, les modalités de distraction d'un de ses immeubles, les modalités de modification de son statut, les modalités de sa dissolution ; qu'antérieurement, devaient être mentionnées : l'objet, siège, les règles de fonctionnement, les modalités de financement et le mode de recouvrement des cotisations ; qu'il résulte par ailleurs des articles 4, 9 et 10 de l'ordonnance du 1er juillet 2004 que les ASL doivent nécessairement se doter d'une assemblée des propriétaires, d'un syndicat et d'un président, que le syndicat composé de membres élus parmi les propriétaires membres de l'association ou leurs représentants dans les conditions fixées par les statuts, à une compétence de principe pour administrer l'ASL, tandis que le président a pour attributions de base le suivi de l'état nominatif des propriétaires et du plan parcellaire, la déclaration et la publication des modifications statutaires, voire de la dissolution de l'association, ses autres attributions devant être prévues par les statuts ; que les statuts peuvent prévoir d'autres organes ou fonctions ; qu'il résulte des pièces produites les éléments suivants ; que l'ASL Domaine de Terre Blanche a été constituée le 9 novembre 2001 conformément à la loi du 21 juin 1865 et aux lois l'ayant modifiée ; qu'un extrait de ses statuts avait été publié au Journal officiel du 2 janvier 2002 avec mention de sa dénomination, de son siège, de son objet, de sa durée, de ses organes administratifs et de son directeur provisoire jusqu'à la tenue de la première assemblée ; que le 9 janvier 2004, le sous-préfet de l'arrondissement de Draguignan avait donné récépissé de déclaration au directeur de l'ASL ; que lesdits statuts prévoyaient que l'ASL comportait une assemblée générale des propriétaires qui nommait les membres du bureau, eux-mêmes désignant un président en son sein, et qu'elle était administrée par un directeur pris ou non parmi les membres de l'ASL nommé par l'assemblée, représentant m'association en justice ; que le 20 février 2012, le Sous-préfet de l'arrondissement de Draguignan a certifié avoir reçu de M. C... agissant en qualité de directeur de l'ASL, une déclaration de modification déposée complète le 24 janvier 2012 par laquelle il fait connaître les modifications apportées aux statuts de l'association, « mise en conformité des statuts » ; que la publication en a été faite au Journal Officiel du 9 juin 2012 avec mention que les modifications statutaires portent sur les articles 13 et 18 ; que la modification était en date du 13 juillet 2010 ; qu'il n'est toutefois justifié que d'une modification du cahier des charges et règlement de l'ensemble immobilier Domaine de Terre Blanche et non des statuts eux-mêmes ; qu'une modification des statuts de l'ASL a été faite le 18 avril 2013 qui a donné lieu à émission le 26 janvier 2015 d'un récépissé de déclaration de modification par le Préfet du Var remis à Monsieur C..., président, avec mention que sont joints à l'appui de la déclaration : les nouveaux statuts, le compte-rendu de l'assemblée générale du 16 mars 2012, le compte-rendu de l'assemblée générale du 22 mars 2013, le plan parcellaire cadastral Terre Blanche, la demande d'insertion au Journal Officiel ; que la publication en a été faite au Journal Officiel le 14 février 2015, avec mention que les modifications statutaires portent sur les articles 4, 28 bis et ter ; qu'il est notamment mentionné dans les statuts : • que l'acte est établi à la requête de l'ASL représentée par la SA GRTB, elle-même représentée par la SARL Detamp ; O Management, représentée par son gérant Monsieur C... ; • que l'ASL est régie par la loi du 21 juin 1865, les lois qui l'ont modifiée, les décrets pris pour son application et les présents statuts, • que l'assemblée générale se compose de tout propriétaire de parcelles divises de l'ensemble immobilier et que les nus-propriétaires et usufruitiers ainsi que les indivisaires d'un même fonds, sont tenus de désigner l'un d'entre eux ou un mandataire commun pour les représenter à l'assemblée générale, faute de quoi leur représentant pourra être désigné par le président du tribunal de grande instance en référé à la requête de l'un d'entre eux ou du président de l'ASL (article 9), • que l'assemblée générale des propriétaires est souveraine pour toutes les questions comprises dans l'objet de l'ASL, elle nomme les membres du bureau, qu'elle approuve les comptes et leur gestion, se prononce sur la modification des statuts de l'ASL et peut également modifier le cahier des charges, • que l'ASL est administrée par un directeur, pris ou non parmi les membres de l'ASL, qui est nommé par l'assemblée générale, • que le directeur administre et gère les biens, intérêts et affaires de l'ASL sous réserve des pouvoirs de contrôle du bureau et des décisions réservées à l'assemblée générale ; qu'il représente l'ASL vis-à-vis de ses membres, des tiers et de toutes administrations, ainsi qu'en justice (articles 17 et 18), • que le bureau composé de cinq membres choisis parmi les membres de l'ASL, qui élit en son sein un président, assiste le directeur et contrôle la gestion (articles 19 et 20) ; que l'assignation introductive d'instance a été diligentée au nom de l'ASL du Domaine de Terre Blanche représentée par son président en exercice alors qu'il résulte des statuts successifs de l'association qu'elle est représentée en justice par son directeur, étant souligné que l'ordonnance du 1er juillet 2004 ne prévoit pas que seul le syndicat pourrait représenter légalement une ASL en justice ; qu'il s'ensuit que l'organe désigné comme représentant l'ASL était erroné, les statuts distinguant les fonctions de président du bureau et le directeur de l'association ; que les dernières conclusions de l'ASL Terre Blanche font simplement mention qu'elle est représentée par son représentant légal ; que la société Aviva Assurances et la société Benedetti-Guelpa ne peuvent toutefois utilement arguer d'une nullité des actes accomplis au nom de l'ASL Terre Blanche, s'agissant d'une nullité de forme et la preuve d'un grief n'étant pas rapportée ; que la société SMA ne peut davantage soutenir que le droit du directeur d'ester en justice serait subordonné à une délibération du syndicat l'autorisant à ester en justice, les statuts de l'ASL Terre Blanche ne prévoyant pas une telle autorisation préalable, ni davantage l'ordonnance du 1er juillet 2004 et son décret d'application ; que l'ASL Domaine de Terre Blanche disposait de la personnalité morale suite à sa constitution régulière en 2009 et à la publication de ses statuts ; que l'absence de mise en conformité et de publication de ses statuts suite à l'entrée en application de l'ordonnance du 1er juillet 2004, lui ont fait perdre son droit d'agir en justice, qu'elle n'avait pas retrouvé lors de l'engagement de la procédure devant le tribunal de grande instance de Draguignan ; qu'elle n'a en revanche pas perdu sa personnalité morale ; que si aucune conséquence n'a lieu d'être tirée de la mention de l'ordonnance du 1er juillet 2004 seulement à la fin des derniers statuts publiés par l'ASL Terre Blanche, au chapitre relatif à la publicité, lesdits statuts ne sont cependant pas conformes aux dispositions impératives de ladite ordonnance ; que la clause relative aux nus - propriétaires et usufruitiers ne peut être utilement critiquée dès lors que l'article 3 de l'ordonnance prévoit la possibilité d'un accord entre nu-propriétaire et usufruitier tendant à ce que ce dernier prenne seul la qualité de membre de l'association ; qu'il en est de même de la disposition relative aux avis de mutation qui n'est pas contraire au dit article 3 ou de l'absence de rappel de l'hypothèque légale garantissant les créances de toute nature de l'ASL à l'encontre de l'un de ses membres prévue par l'article 6 de l'ordonnance, qui a vocation à s'appliquer même en l'absence de rappel de ses dispositions ; que le renvoi fait au cahier des charges et règlement de l'ensemble immobilier pour la précision des modalités de financement et le mode de recouvrement des cotisations n'est pas contraire à l'ordonnance du 1er juillet 2004 dès lors que lesdites modalités et mode de recouvrement y figurent ; que la modification des statuts envisagée à l'article 27 est également conforme à l'article 3 du décret du 3 mai 2006, aucune exigence n'étant formulée dans ce texte quant à la détermination de modalités spécifiques pour une transformation en association syndicale autorisée ; que l'absence de justification qu'une déclaration de chaque adhérent a été annexée aux statuts conformément à l'article 3 du décret du 3 mai 2006, n'a pas d'incidence sur la conformité ou non des statuts eux-mêmes ; qu'en revanche, le pouvoir d'administration confié au seul directeur et non au bureau, investi d'une simple fonction de contrôle, d'études et de réflexion, est contraire à ladite ordonnance qui confère au seul syndicat (appelé bureau dans les statuts) le pouvoir d'administration, la collégialité dans l'administration qui en résulte se trouvant ici écartée par les statuts de l'ASL Terre Blanche contrairement à ce que soutient celle-ci, et une ASL n'étant pas libre d'écarter cette collégialité ; qu'il s'ensuit, sans qu'il y ait lieu de rechercher en outre si les formalités de publicité ont été exécutées conformément à l'ordonnance du 1er juillet 2004 et à son décret d'application, qu'en l'absence d'adoption de statuts conformes à la nouvelle réglementation, l'ASL Terre Blanche n'a pas retrouvé son droit d'ester en justice en cours de procédure et que l'assignation introductive d'instance comme les actes subséquents qu'elle a accomplis sont entachés de nullité faute d'avoir été accomplis par une personne disposant de la capacité d'ester en justice ; que la décision déférée sera en conséquence infirmée en ce qu'elle a dit que l'ASL Domaine de Terre Blanche est dépourvue de personnalité juridique et ne peut couvrir cette irrégularité de fond en application de l'article 121 du Code de procédure civile, mais confirmée pour d'autres motifs, en ce qu'elle a annulé lesdits actes,

1° Alors en premier lieu qu'aux termes de l'article 5 de l'*ordonnance n° 2004-632* du 1er juillet 2004, les associations syndicales de propriétaires peuvent agir en justice, acquérir, vendre, échanger, transiger, emprunter et hypothéquer sous réserve de l'accomplissement des formalités de publicité prévues selon le cas aux articles 8, 15 ou 43 ; que les associations syndicales libres ont la possibilité de recouvrer leur droit d'ester en justice en accomplissant, même après l'expiration du délai prévu par l'article 60, les mesures de publicité prévues par l'article 8 de ladite ordonnance sans qu'il y ait lieu pour le juge de procéder ensuite au contrôle de la conformité des statuts avec l'ensemble des dispositions de l'ordonnance précitée et de son décret d'application ; qu'il s'évince des constatations de l'arrêt que la modification des statuts de l'ASL Domaine de Terre Blanche a été effectuée le 18 avril 2013 et a donné lieu à émission le 26 janvier 2015 d'un récépissé de déclaration de modification par le Préfet du Var remis à M. C..., président, avec mention que sont joints à l'appui de la déclaration : les nouveaux statuts, le compte-rendu de l'assemblée générale du 16 mars 2010, le compte-rendu de l'assemblée générale du 22 mars 2013, le plan parcellaire cadastral Terre Blanche, la demande d'insertion au Journal Officiel et que la publication en a été faite au Journal Officiel le 14 février 2015, avec mention que les modifications statutaires portent sur les articles 4, 28 bis et ter ; qu'en énonçant qu'il incombait néanmoins au juge judiciaire de vérifier la mise en conformité effective des statuts avec la nouvelle réglementation qui comporte des dispositions impératives, le récépissé délivré par le Préfet n'impliquant aucune vérification par celui-ci de leur régularité, cette mise en conformité conditionnant le recouvrement par l'ASL du Domaine de Terre Blanche de son droit d'agir en justice, sans qu'il y ait lieu de rechercher en outre si les formalités de publicité ont été exécutées conformément à l'ordonnance du 1er juillet 2004 et à son décret d'application, la cour d'appel a violé les articles 5, 8 et 60 de l'*ordonnance n° 2004-632* du 1er juillet 2004, ensemble le décret du 3 mai 2006, et les articles 117 et 121 du code de procédure civile,

2° Alors en second lieu et à titre subsidiaire qu'aux termes de l'article 9 de l'*ordonnance n° 2004-632* du 1er juillet 2004, l'association syndicale libre est administrée par un syndicat composé de membres élus parmi les propriétaires membres de l'association ou leurs représentants dans les conditions fixées par les statuts. Le syndicat règle, par ses délibérations, les affaires de l'association ; qu'est conforme à ces dispositions, la clause statutaire aux termes de laquelle : « Le Bureau [le syndicat] est un organe de contrôle, d'études et de réflexion émanant de l'Association, placé sous l'autorité de l'Assemblée Générale de celle-ci et envers laquelle il est tenu à un devoir d'information et de communication. Il suit la gestion du Domaine par le Directeur et notamment l'affectation des fonds appelés. Il donne au Directeur les avis relevant de sa compétence conformément aux clauses des présents statuts. Il peut provoquer la réunion de l'Assemblée de l'ASL : son président la convoque en cas de carence du Directeur et fixe alors l'ordre du jour, sans préjudice du droit pour tout membre de l'Assemblée de proposer un ordre du jour complémentaire. Il peut être saisi et saisir le Directeur et tout membre de l'Assemblée générale de l'ASL de toutes questions. Il procède à toutes études, soit de sa propre initiative soit à la demande de l'Assemblée. Il peut se faire assister par tous techniciens de son choix » ; **qu'en énonçant que le pouvoir d'administration confié au seul directeur et non au bureau, investi d'une simple fonction de contrôle, d'études et de réflexion, est contraire à ladite ordonnance qui confère au seul syndicat (appelé bureau dans les statuts) le pouvoir d'administration, la collégialité dans l'administration qui en résulte se trouvant ici écartée par les statuts de l'ASL Terre Blanche contrairement à ce que soutient celle-ci, et une ASL n'étant pas libre d'écarter cette collégialité pour en déduire qu'en l'absence d'adoption de statuts conformes à la nouvelle réglementation, l'ASL Terre Blanche n'a pas retrouvé son droit d'agir en justice en cours de procédure, la cour d'appel a violé les articles 5, 9 et 60 de l'***ordonnance n° 2004-632* **du 1er juillet 2004 et son décret d'application.**

Références :

Décision attaquée : *Cour d'appel d'Aix-en-Provence, 04 mai*

Annexe 2

Obligations et attributions spécifiques du président.
Tout président d'ASL peut être tenu à défaut de respect des considérations ci-dessous pour personnellement responsable

– 1 Les obligations particulières quasi personnelles du président (Art 4/5 décret du 3 mai 2006)

À Dénombrement des parcelles et des colotis à jour

– Tenue à jour de l'état nominatif de propriétaires des immeubles inclus dans le périmètre de l'ASL

– Tenue à jour du plan des parcelles

B Statuts déposés et à jour

– Déclaration et publication de constitution des statuts,

– Déclaration de mise en conformité et publication des statuts mis en conformité

– Déclaration et publication de modifications des statuts,

– Déclaration et publication de la dissolution

– 2 Les attributions particulières du président du comité syndical

À L'opposition sur le prix de vente

Possibilité pour le représentant de l'association dès la réception d'un avis de mutation de faire opposition (cf. loi 10 juillet 1965) au prix de vente du lot du coloti (art 3 ordonnance de 2004) si les créances de l'ASL sont liquides et exigibles (exclusions des provisions)

B L'hypothèque légale sur tout immeuble du débiteur

Possibilité d'inscrire une hypothèque légale pour créance de toute nature sur un immeuble du débiteur compris dans le périmètre de l'association (art 6 Ordonnance de 2004)

Annexe 3

Étude détaillée de l'opposition sur prix de vente et de l'hypothèque légal

1 Concernant l'opposition sur le prix de vente

Dès la réception d'un avis de mutation possibilité pour le représentant de l'association de faire éventuellement opposition (cf. loi 10 juillet 1965) au prix de vente du lot du coloti (art 3 ordonnance de 2004) si les créances de l'ASL sont liquides et exigibles (exclusions des provisions)

Ce super privilège vaut_non seulement pour les créances afférentes aux charges et travaux de l'année courante mais encore pour les deux dernières années échues. Même dans ce dernier cas il passe avant le privilège du prêteur de deniers et le créancier hypothécaire.

Pour les autres années et jusqu'à la cinquième il existe un concours avec les privilèges du prêteur (cas d'achat immobilier à crédit).

Ce super privilège est dit occulte car il n'est pas publié. Il n'est pas absolu au sens où d'autres créances, salariales, notamment, peuvent passer avant s'il y a lieu).

2 Concernant l'inscription d'une hypothèque légale

L'hypothèque légale peut être inscrite pour toute **créance exigible de toute nature** (cotisations, charges, dommage et intérêts, provisions sur charges). L'immeuble concerne tout_immeuble dans le périmètre de l'ASL.

Le rang de l'hypothèque légale est important mais même en cas de premier rang il existe des privilèges et super privilèges (voir supra).

Prescription en cas d'impayés

(Prescription de 5 ans application du droit commun (art 2224)

TITRE II :

Syndic et syndicat dans les ASL. Quel droit appliqué dans le silence des textes ?

« Une liberté sous surveillance. Un véritable travail de recherche juridique »

La loi initiale du 21 juin 1865, les dispositions ultérieures, les textes actuels applicables, l'ordonnance du 1er juillet 2004 et le décret de 2006 sont le plus souvent silencieux sur les syndics ou le syndicat dans les ASL.

L'article 7 de l'ordonnance de 2004 exige seulement que « les statuts de l'association définissent son nom, son objet, son siège, et ses règles de fonctionnement ». Le décret d'application de 2006 confirme l'ordonnance et insiste sur l'existence nécessaire d'une assemblée et d'un organe collectif décisionnel « le syndicat ». À l'exception de ces volontés, rien n'est véritablement prévu. Ce silence, cette liberté posent paradoxalement problème, car aucune référence au droit des associations, au droit des sociétés, au droit des contrats, au droit de la copropriété, au droit des personnes, au droit des biens, au droit des AFUL ou des associations autorisées, voire au droit commun des personnes et des biens ou même au droit de l'urbanisme n'est dans bien des cas absolue et parfaite. En d'autres termes la liberté tant revendiquée dans les faits par les humains risque en droit de conduire à des condamnations si les références sont imparfaites.

Les hésitations et incertitudes, voire les contradictions entre des auteurs ou les juridictions relatives aux dispositions à adopter en matière d'ASL résultent de l'absence de références absolues.

La référence au droit de la copropriété qui est un droit réglementaire plus que contractuel à la différence de celui de l'ASL pris souvent pour modèle est parfois inexacte et trompeuse (notamment en ce qui concerne les majorités). La référence aux associations syndicales autorisées ou aux AFUL est tout aussi imparfaite, car ces dernières qui peuvent être rendues obligatoires par l'administration peuvent alors comporter des règles impératives qui ne s'imposent pas aux ASL. La référence au droit des sociétés plus normatif n'est pas non plus idéale, car l'ASL a un caractère contractuel prédominant. La référence au droit des associations loi de 1901 est parfois insuffisante et/ou inappropriée. La loi de 1901 comporte peu de textes. Elle ne peut par ailleurs être toujours suivie, car en matière d'ASL si la liberté est grande comme en matière d'association la liberté associative de constitution n'est pas la règle. C'est même le contraire. Tout coloti (sauf le premier) est « obligé » avant tout de s'associer dans une ASL. La référence au droit des contrats ne peut être ignorée, mais il n'est pas toujours certain a priori de déterminer si une clause est nulle ou autorisée, si une disposition contractuelle est impérative ou supplétive et donc si une clause statutaire est sans conteste valable. En bref plus qu'une spécialisation en matière d'ASL (méfions-nous de certains praticiens dits spécialistes qui confondent notamment droit de la copropriété et des ASL et ont généré de nombreux problèmes) c'est une connaissance globale et approfondie du droit privé, mais aussi du droit public (si l'on songe que l'ASL est liée au règlement du lotissement ou au cahier des charges et donc aux règles de l'urbanisme) qui est nécessaire.

Il faut aborder les questions en matière d'ASL et celles relatives aux syndic et syndicat avec une certaine modestie. Contrairement à l'adage « nul n'est censé ignorer la loi » personne ne peut la connaître véritablement, ce qui par ailleurs ne servirait à rien puisqu'elle change souvent. Le droit des ASL, très rarement enseigné, ne peut être appréhendé sans effectuer un véritable travail global et subtil de recherches et de réflexions tous azimuts. L'occasion est donnée ici de souligner les méfaits de certains responsables gestionnaires praticiens immobiliers de la copropriété qui se disent spécialistes des ASL !

Les confusions terminologiques soulignées infra ne contribuent pas à simplifier la tâche et à accroître la clarté. Le syndicat de l'ASL est parfois dénommé « comité syndical » ou « conseil syndical ». Il ne devrait pas revêtir une telle appellation. La ressemblance est trop marquée avec le « conseil ou comité syndical de copropriété ». Il existe un risque important de confusions. Ce risque est accru par le fait que les membres du syndicat d'une ASL s'appellent des syndics qu'il ne faut pas confondre avec les syndics de copropriété. Il ne s'agit pas là d'un simple problème de forme. Des erreurs ont été commises en envisageant que la législation en matière de copropriété était dans certains cas une référence impérative pour les ASL. Or les règles propres aux statuts de la copropriété qui prévoient la majorité absolue dans les assemblées relatives aux statuts de la copropriété et qui sont obligatoires ne s'appliquent pas nécessairement aux ASL, même pour les décisions les plus importantes. De même la législation de la copropriété concernant notamment la répartition et la contribution aux charges ne s'impose pas aux ASL. Enfin et surtout le syndicat est considéré comme un organe collectif de décision dans les ASL alors que le conseil syndical de copropriété souvent confondu n'est qu'un organisme consultatif.

Chapitre I :

Les syndics

Section 1 Élection

Préambule Questions dérangeantes

Qui peut être élu au conseil syndical ? Qui peut être président du Conseil selon la loi ?

Les colotis propriétaires d'un immeuble situé dans le périmètre de l'ASL qui votent à l'assemblée sont-ils les seuls à pouvoir être membres du syndicat ? Faut-il nécessairement en tant que coloti voter à l'assemblée pour être candidat à la fonction de syndic ? La réponse est non. Un « syndic professionnel d'immeuble » peut-il être président d'une ASL bien qu'il ne soit pas propriétaire coloti ? La réponse est oui. Ces réponses peuvent surprendre. Elles ne sont pas toujours conformes aux solutions préconisées par les clauses statutaires. Les opinions sont contradictoires. Il convient donc de justifier les solutions indiquées.

– §1 Tout propriétaire d'un lot même démembré mais aussi des personnes autres que des colotis peuvent être membres du syndicat

L'article 9 de l'ordonnance de 2004 indique que « l'association (ASL) est administrée par un syndicat composé de membres élus par les propriétaires membre de l'association ou « leurs représentants ». Le représentant d'un coloti en cas d'ensemble immobilier n'est pas nécessairement un autre coloti. Il peut s'agir ainsi du syndic de copropriété de l'immeuble.

– §2 Un coloti qui ne vote pas aux assemblées peut être membre du syndicat.

Rien n'interdit dans l'hypothèse où des colotis seraient représentés à l'assemblée par un syndic d'immeuble que ces colotis puissent se présenter en tant que futurs membres du syndicat (ou conseil syndical ou même comité syndical). Rien ne l'interdit d'un point de vue légal sauf les clauses des statuts qui pourraient toutefois s'y opposer (tel est le cas de certains statuts).

– §3 Un syndic de copropriété peut être président du syndicat

Un syndic professionnel de copropriété d'un immeuble pourrait présider le syndicat (ou conseil syndical). Rien n'exclut à la lettre selon la législation cette désignation d'un syndic professionnel. Une telle solution pourrait reposer sur l'article 9 de l'ordonnance de 2004. Les statuts pourraient toutefois prévoir une telle interdiction (cette interdiction est mentionnée dans certains statuts portés à notre connaissance). Certes une réponse ministérielle de 2006 indique que le président de l'ASL doit obligatoirement être choisi parmi les membres de l'ASL. Mais cette réponse ministérielle n'a pas valeur de loi. La loi n'interdit nullement explicitement un tel choix (en revanche les statuts pourraient explicitement prohiber cette modalité comme tel est parfois le cas).

– §4 Désignation possible par les statuts d'un directeur non membre de l'ASL

Il est à noter la décision inverse à l'avis ministériel rendue par la Cour de cassation. Un arrêt récent de la Cour de cassation en date de 2019[1] prévoit que l'ASL est fondée à prévoir dans ses statuts la désignation d'un directeur non membre de l'association[2].

Section 2 Liste non limitative) de questions à évoquer dans le silence de textes concernant l'élection du syndic ou du président du syndicat de l'ASL

Sous-section 1 Les questions usuelles

Par qui est-il élu ? Le comité ? L'assemblée ? À quelle majorité ? À la majorité simple ? À la majorité absolue ? Quel est le nombre de minimum ou maximum de syndics ? La gratuité ou non des fonctions ? La durée de fonctions ? Selon la jurisprudence si les statuts prévoient que la durée de fonctions des membres du syndicat (syndics) est de trois

[1] Arrêt n°584 du 27 juin 2019 (17-28.871) – Cour de cassation – Troisième chambre civile

[2] Les articles 22 et 24 de la loi du 21 juin 1865 n'étant pas d'ordre public,

ans, mais que lors de l'assemblée relative à l'élection aucune durée n'avait été envisagée du fait d'oubli, la durée de fonction du syndic sera de trois ans conformément aux statuts et non d'un an[3]. Le mode de désignation des syndics ? Élection par l'assemblée générale ? La réélection de ces derniers ? Possible ou non ? Quelles sont les modalités et les conditions de délibération. Une assurance a-t-elle été contractée ? Quelle est la compétence ou la disponibilité de chacun ?

Sous-section 2 Les questions pratiques plus spécifiques

– § 1 Les colotis se présentant au comité syndical de l'ASL doivent-ils être à jour des charges ?

Il n'est nullement mentionné bien souvent dans les statuts de l'ASL si le coloti qui vise à être élu membre du comité syndical doit être à jour de ses charges. La question posée peut déranger, mais elle mérite d'être débattue. Certains pourraient penser que dans le cadre très contractuel que représente l'ASL dominé plus par la volonté des colotis que par des textes législatifs destinés à la protection de l'intérêt général l'adage qui est le suivant « Ce qui n'est pas interdit est autorisé » doit trouver application. Ainsi donc un futur membre du comité syndical ou un coloti qui se présente pour être syndic pourrait ne pas payer ses charges ou ne pas être à jour. Mais la quasi-totalité des adages est fausse en droit (il en est ainsi par exemple de l'affirmation « Qui ne dit mot consent »). Pour plus de clarté toutefois on désirerait que le futur syndic soit exemplaire ; il conviendrait qu'explicitement figure dans les statuts de l'ASL une clause conditionnant la fonction du membre du comité (syndic) au paiement de ses charges.

– §2 L'ASL peut-elle publier la liste des colotis qui ne sont pas à jour des charges requises ?'

Préalablement à chaque assemblée les services de gestion adressent la liste des propriétaires colotis à jour ou non des charges. Ce document est issu d'un document comptable. La question se pose de savoir si le nom des colotis qui n'ont pas payé les charges peut être publié ou mentionné comme tel est le cas en annexe de la convocation à l'assemblée générale ou dans le procès-verbal de l'assemblée. La réponse sous certaines réserves semble être positive. On ne peut faire

[3] Cass 14 sept 2017

autrement en comptabilité que de faire figurer une liste nominative des impayés. Cette liste peut être accessible à tout coloti. Mais toute publication doit rester par prudence dans le domaine privé et si possible ne pas être effectuée dans les parties communes. Il nous paraîtrait imprudent qu'un affichage soit réalisé dans le domaine public en raison d'un risque de diffamation. Dans un immeuble on doit donc déconseiller tout affichage dans les parties communes.

– §3 Peut-on exclure la candidature à l'élection de syndic d'un coloti en procédure judiciaire contre l'ASL ?

Des décisions prises en assemblée dans le cadre d'une ASL semblent (nous n'avons pu avoir accès à ces archives et ignorons le contenu précis et la date de cette décision) avoir interdit la possibilité à tout coloti en procédure judiciaire avec l'ASL de candidater en tant que futur membre du comité syndical (syndicat). On peut se demander quelle est la validité d'une clause aussi générale ? Il existe un risque d'annulation dans la mesure où une telle disposition prise en assemblée (mais non mentionnée dans les statuts) pourrait être considérée par les tribunaux comme privant de droit à la justice le coloti. Mais est-il possible d'estimer qu'une telle clause est nulle avant jugement ? La réponse semble être négative par application du droit de la copropriété qui déroge au droit commun. La clause illicite s'impose tant que la justice ne l'a pas déclarée nulle[4]. Un autre questionnement se pose. La référence au droit de la copropriété sur ce sujet est-elle judicieuse et la meilleure des références ?

Admettons maintenant que la décision prise en assemblée soit valable ou du moins opposable. Elle s'impose alors à tous les membres de l'ASL dans la mesure où le procès-verbal de l'assemblée a constaté le vote. On pourrait certes faire valoir qu'il n'existe aucun texte en matière d'ASL pour fixer un délai pour demander l'annulation d'une délibération prise dans le cadre d'une assemblée et qu'ainsi à tout moment une demande d'annulation peut être formulée. Mais les statuts peuvent prévoir autrement. Ainsi des clauses statutaires fixent un délai assez court de deux mois à compter de la notification du procès-verbal aux propriétaires opposants (qui ont voté contre la résolution) ou défaillants (qui n'étaient ni présents ni représentés ou qui n'ont pas pris part au vote).

[4] Cour de cassation 3e civ 21 juin2006 Bull civ III numéro 159

Une autre question se pose et mériterait une réponse faute de texte légal. À partir du moment où une résolution qui ne modifie en rien les statuts a été adoptée en assemblée en AG peut-elle être opposable à tous et a fortiori aux nouveaux alors que plusieurs années se sont écoulées, sans doute plusieurs dizaines d'années, et qu'elle n'a été enregistrée sur aucun registre (une telle mention d'une résolution d'assemblée n'étant nullement obligatoire) ? Il appartient à notre sens afin d'éviter l'arbitraire de prévoir un cahier sur lequel seraient enregistrées en l'espèce les résolutions prises. À défaut de clause l'argument qui pourrait être soulevé est celui de l'abus de droit.

Dans la mesure où en revanche cette décision modifierait les statuts et donc sous réserve d'un vote en AGE cette décision de modification si elle était incorporée dans les statuts serait opposable aux tiers suite à déclaration à la préfecture et publication au JO. À défaut de publication de la modification statutaire, la décision serait inopposable aux tiers (mais cette inopposabilité ne concerne pas les colotis qui ont été appelés régulièrement à débattre du sujet).

– §4 Les membres du comité syndical (syndics) peuvent-ils être élus à la majorité simple ?

Comment calculer cette majorité de nos jours ?

En matière de copropriété la majorité absolue des voix de tous les copropriétaires est nécessaire pour élire les membres du conseil syndical. Mais en matière d'ASL comme de manière plus générale dans le silence des textes, la majorité simple des suffrages exprimés est la **majorité par défaut**, celle qui s'applique si les statuts ne prévoient rien à ce sujet (majorité simple si plus de la moitié des suffrages exprimés). Dans le silence des textes, cette majorité qui se décompte au vu des seuls suffrages exprimés[5] ne tient pas compte dans ce décompte des votes abstentions ou nul.

Les règles de décompte des voix en France afin de déterminer la majorité à retenir viennent de plus de changer en matière de sociétés. Les votes abstentions, (votes blancs ou nuls) ne sont plus du tout pris en compte depuis une loi du 19 juillet 2019 applicable aux sociétés commerciales anonymes ou en commandite par actions. Or en la matière la jurisprudence[6] se référait à ces sociétés pour justifier ces modalités. Il conviendrait dans les statuts d'intégrer cette évolution en

---

[5]CE 2 juill. 1982, n°35184, Thibault, Lebon

[6] CA Douai 1994 supra

supprimant les formules équivoques (votes exprimes) et mentionnant très clairement que les abstentions ou votes nuls ne sont plus pris en considération pour le calcul de la majorité.

Section 3 Démission, radiation, révocation des syndics (ou membres du conseil syndical) dans une ASL

Préambule

Les termes démission radiation révocation exclusion ***sont empruntés au droit des sociétés ou des associations voire au droit privé du travail ou au droit public administratif. Ils sont parfois voire souvent utilisés de manière indifférenciée.*** *La révocation est utilisée pour souligner qu'un dirigeant d'entreprise a été destitué de son mandat de dirigeant. La radiation est plus souvent utilisée pour évoquer dans une association le départ d'un membre lorsqu'une des conditions pour adhérer n'est pas ou plus remplie (mais le terme est aussi employé au sens d'éviction suite à une sanction disciplinaire alors même que la radiation ne sanctionne pas nécessairement une faute).* ***Le contexte est important pour comprendre*** *la signification qui est envisagée car il existe des confusions.*

La brève législation sur les ASL fait silence sur les conditions de la démission de la radiation ou de la révocation du syndic. Mais le sujet mérite d'être abordé.

Sous-section1-La démission du syndic dans le silence des textes de l'ASL

La démission du syndic dans une ASL en tant que membre du syndicat ou comité syndical est comme celle de tout mandataire. Elle est libre. Elle n'a pas à être justifiée. Elle est discrétionnaire. Des condamnations sont toutefois possibles si la démission brutale intervient dans l'intention de nuire.

Rien n'exclut que l'auteur de la démission puisse se rétracter à bref délai si le comité syndical l'accepte.

Les statuts peuvent fixer un délai de préavis avant de démissionner du poste. Mais ce délai ne doit pas faire obstacle à la liberté de démissionner. Il ne doit donc pas être trop long. Une clause des statuts pourrait prévoir afin d'éviter trop de revirements qu'à partir du moment où la démission est acceptée par le conseil syndical elle ne peut être reprise.

La précision importante à souligner est que la démission en tant que syndic (ou membre du syndicat) doit être distinguée de la démission en tant que coloti. Il est rappelé en effet que les colotis ne peuvent librement sortir de l'ASL puisque leur adhésion à l'ASL n'est pas liée à leur personne, mais résulte d'un droit réel en l'espèce l'acquisition du bien immobilier. La démission d'une ASL en tant que coloti est impossible en l'absence de vente de la parcelle puisque l'adhésion à l'ASL est liée au lot. En d'autres termes la liberté d'association prévue par la loi de 1901 qui est aussi celle de ne plus être membre de l'association ne s'applique pas aux associations syndicales libres. La comparaison entre ces deux types de groupement est loin d'être parfaite.

On évoque parfois la démission dite forcée du syndic par opposition à la démission dite libre (ci-dessus). Mais il s'agit juridiquement alors plutôt d'une sorte de radiation ou de révocation du syndic.

Sous-section 2 : L'éviction du ou des syndics dans le silence des textes et statuts ou les dispositions générales applicables en cas de « radiation du syndic par le comité syndical » et de « révocation du syndic par l'assemblée

Préambule

Radiation et révocation : Notions distinctes et souvent confondues

Les textes sur les ASL sont souvent muets sur le sujet de l'éviction du ou des syndics.

De nombreux statuts abordent le thème de l'éviction sous le titre radiation ou révocation du syndic. Les termes révocation et radiation sont parfois indifféremment employés. C'est à notre sens à tort car il convient de distinguer à l'instar de nombreux statuts la radiation du syndic en interne émanant du conseil syndical, de la révocation du syndic ou du comité syndical par l'assemblée. Les conditions d'éviction et les procédures dans chacun des cas sont distinctes.

Avant d'aborder plus amplement l'étude relative à la radiation du syndic d'ASL par le comité syndical ou la révocation par l'assemblée il convient au préalable de noter que le terme de radiation n'est pas nécessairement significatif d'éviction comme semblent l'indiquer de nombreuses clauses statutaires d'ASL. De même la révocation n'est pas nécessairement toujours de plein droit et sans faute Pour certains la radiation ne nécessite pas l'existence d'une faute (on peut être radié des cadres pour cause d'âge), alors que pour d'autres il s'agit d'une sanction disciplinaire, qui doit être motivée et dont la forme la plus sévère est l'éviction. La révocation quant à elle met fin à un mandat électif avant le terme légal. Mais dans certains cas la révocation ne nécessite pas la preuve d'une faute, elle est de plein droit sans motif ; dans d'autres cas de justes motifs doivent exister. En bref diverses acceptions parfois contradictoires de ces termes peuvent être proposées. Le contexte est important. Il ne permet pas toujours de dénouer les interrogations ou de favoriser une interprétation. En cas de rédaction de clause il convient d'être particulièrement soigneux et précis.

Les clauses des statuts sont souvent confuses en matière d'éviction. On oublie parfois qu'un syndic peut être exclu soit par son propre syndicat ou comité syndical, on évoque le terme de radiation, soit par l'assemblée. Le terme de révocation du mandat est alors utilisé.

Pour la Cour de cassation[7] seule l'assemblée faute de texte législatif ou de clause statutaire peut décider de la « révocation » au sens d'éviction (infra) d'un sociétaire d'une association.

« Qu'en statuant ainsi, alors que dans le silence des textes et des statuts relatifs au fonctionnement d'une association, la décision de radier ou d'exclure un sociétaire relève de l'assemblée générale, son président ne pouvant prendre, en cette matière, que des mesures à titre conservatoire, la cour d'appel a violé les textes susvisés ».

Mais il s'agissait en l'espèce d'un sociétaire d'une association et non d'un syndic d'une ASL. La comparaison est donc doublement mal fondée.

Certains auteurs estiment toutefois que dans les ASL le comité syndical (syndicat) dans le silence des statuts du fait de sa compétence générale des affaires courantes devrait de nos jours pouvoir se prononcer sur la radiation d'un syndic. Nous n'avons pas manqué sur ce dernier point de souligner combien dans les ASL le comité syndical à direction collégiale venait concurrencer de nos jours l'assemblée.

Un exemple de sanction variable peut être cité. Il s'agit du non-paiement de cotisations des syndics.

Il apparaît assez fréquemment que le non-paiement de cotisations est souvent considéré par les statuts comme une faute grave. La sanction est tantôt la démission d'office, tantôt la radiation tantôt la révocation en tant que syndic. En cas d'exclusion il s'agit d'une mesure

[7] Cass com 4 déc. 2019 n 17-31 .094

incontestablement disciplinaire qui nécessitera l'utilisation d'une procédure sans doute plus lourde et rigoureuse que dans les cas précédents.

– §1 Radiation du syndic par le syndicat ou le conseil syndical dans le silence des textes

La radiation d'un syndic (ou membre du comité syndical) devrait être prévue de manière détaillée dans la forme comme dans le fond (commission ou organe compétent, nature de la faute, modalité de vote, nécessité de justifier de justes motifs (importance du rôle du précédent) respect du droit de la défense, possibilité d'un recours en interne).

À défaut d'être prévu dans les statuts **le juge** se fondant sur un motif grave est compétent pour prononcer la sanction d'exclusion.

En cas de clauses ambiguës, l'interprétation selon la jurisprudence doit être envisagée dans le sens favorable à celui qui est passible d'exclusion[8].

§1 a-Les conditions relatives à la radiation du syndic (ou membre du comité syndical) à la demande du syndicat (ou plus accessoirement de l'assemblée)

– §1a1Conditions relatives à la faute

Les conditions de cette radiation par le syndicat supposent qu'une faute soit commise ou du moins pour reprendre les expressions citées usuellement « qu'il existe un comportement nuisant au bon fonctionnement de l'ASL et que la justification établie repose sur des motifs sérieux ». Ce motif certes est classique. Il est souvent utilisé concernant les membres d'une association. Il est toutefois bien vague et général. Il a été constaté parfois que sous cet argument se cachait le fait que le membre du conseil posait à juste titre trop de questions qui mettaient en difficulté la présidence. Ce motif souvent général dans les clauses des statuts est peu précis. Il peut engendrer des difficultés d'application. Il serait donc heureux que le comité syndical évoque d'autres motifs plus précis. Parmi ces derniers des fautes pénales ou par exemple des absences répétées. Par ailleurs il pourrait être requis l'existence d'un lien de causalité entre la faute et l'altération du fonctionnement de l'ASL.

---

[8] Cass com 4 déc. 2019 n° 17-31 .094

– §1a2 Conditions relatives au Vote (Majorité simple ou absolue) et aux recours

Majorité

En interne dans la mesure où il serait mentionné qu'en matière de comité syndical « les avis et votes du comité syndical sont adoptés à la majorité simple » la majorité simple des présents ou représentés semble devoir être le vœu des rédacteurs et colotis ayant adopté ces statuts. Indirectement dans les faits cette majorité simple renforce implicitement les pouvoirs du président, car le nombre de membres du comité syndical (syndics) composant le comité n'est pas très important et la voix du président est prépondérante. Mais cette solution d'ordre général peut être contestée par le tribunal concernant la radiation, à notre sens, devrait nécessiter une décision à la majorité des membres du comité similaire à celle prévue dans les assemblées extraordinaires (et non une majorité simple) au regard de l'importance de la décision. L'exclusion d'un syndic ou a fortiori l'exclusion de divers membres du syndicat (ou du comité syndical en entier) ce n'est pas rien ! Il ne s'agit pas d'un acte de gestion courante. Ajoutons à cela qu'il s'agit d'une certaine manière d'une décision sanction. Les procédures assurant les droits de la défense devraient être respectées. Dans le silence des textes il paraîtrait alors légitime d'imposer au minimum une majorité absolue ce d'autant que dans les ASL il peut y avoir autant de majorités que de résolutions distinctes. Cette opinion personnelle n'est pas suivie par tous.

– §1a3 Recours interne et/ou devant les tribunaux

En tout état de cause une instance d'appel en interne pourrait judicieusement être prévue. Une assemblée pourrait par exemple être convoquée pour infirmer ou confirmer la radiation. Mais il importe alors de déterminer qui a le monopole de cette convocation (président, un certain nombre de colotis, comité syndical, etc.).

Un recours devant les tribunaux est aussi possible.

– §1 b La limitation des pouvoirs du tribunal au regard de la sanction de la procédure de radiation en interne

La juridiction peut contester la régularité de la procédure suivie (ex absence de motif précis, absence de respect des droits de la défense) et donc remettre en cause la sanction. Ajoutons même qu'il est arrivé que la juridiction demande la réintégration de la personne.

Mais dans la mesure où les statuts ou le règlement intérieur prévoient qu'une assemblée ou le conseil syndical est compétent pour prononcer la radiation au regard d'un motif déterminé le tribunal ne peut par la suite se prononcer sur la décision. Il ne peut si le motif retenu est le bon que contester la régularité de la procédure qui n'aurait pas été correctement respectée. Une décision qui n'aurait pas été prise par l'organe compétent peut être annulée faute de respect de la procédure. Il n'y a pas que le conseil syndical qui peut radier un syndic selon la procédure décrite. L'assemblée pourrait avoir les mêmes pouvoirs sous les mêmes conditions. Mais les statuts le prévoient rarement explicitement.

En tout état de cause et à titre de recommandations, l'essentiel lorsqu'une mesure de radiation est prononcée est qu'une procédure classique disciplinaire soit suivie et donc établie afin que l'intéressé connaisse les motifs puisse se faire entendre et que soient respectés les droits de la défense.

– §1 c Liste (non limitative) de recommandations et de questions à évoquer dans le silence de textes de loi ou des statuts ou dans le but d'élaborer des clauses statutaires concernant la radiation du syndic de l'ASL par le syndicat

La rédaction des clauses d'exclusion doit être particulièrement soignée. Les clauses ambiguës sont en effet par principe interprétées favorablement au profit de la défense. Par ailleurs il est nécessaire de respecter une procédure stricte.

Un courrier recommandé indiquera à l'avance les faits reprochés, la clause statutaire précise à laquelle il convient de se référer, la sanction risquant d'être encourue. L'organe devant lequel il sera possible de contester la décision en interne sera précisé ainsi que l'organe d'appel. Les conditions de vote et de délibération seront prévues.

Il doit être clairement mis en relief la concordance entre la ou les fautes énumérées dans les statuts et la sanction. Il importe que soit démontrée la réalité de la faute par des faits prouvés et circonstanciés. Il conviendra en cas d'exclusion de bien établir que la faute grave commise porte atteinte à l'objet ou à la réputation de l'ASL, à son existence ou son fonctionnement. Un débat contradictoire doit permettre toute explication à ce sujet.

Il ne faut pas confondre ces modalités en interne avec le fameux principe d'une révocation dite ad nutum à la demande de l'assemblée dont on peut se demander si compte tenu de la direction impérativement collégiale dans les assemblées la règle doit subsister en matière d'ASL

Dans un arrêt récent en date du 4 décembre 2019[9] la Cour de cassation a estimé que dans le silence des statuts et faute de texte la décision d'exclure un sociétaire d'une association relève de l'assemblée (et non du président qui ne peut prendre que des mesures conservatoires). Mais peut-être est-il audacieux de raisonner par analogie en ce qui concerne la révocation (et donc la perte du mandat) d'un syndic dans une ASL d'autant que le comité syndical de l'ASL est de nos jours en concurrence avec l'assemblée (voir assemblée).

—§2 La révocation du syndic par l'assemblée

Préambule : « Des quiproquos fréquents liés à une terminologie inadaptée »

Il y a révocation et révocation. Des termes utilisés sont parfois inappropriés. Il arrive ainsi que le terme formel de « révocation » soit confondu avec celui de « radiation ». La radiation d'un syndic d'ASL nécessite le plus souvent la preuve d'une faute et la demande provient en général du comité syndical (voir supra) ou plus rarement de l'assemblée.

Il peut arriver de découvrir à la lecture de statuts que l'alinéa relatif à la révocation d'un syndic par l'assemblée figure sous un article intitulé « Radiation » ou relatif à la « radiation d'un syndic par le syndicat (comité syndical) ». Il devient délicat alors de déterminer la version applicable.

Il convient d'éviter lors de la rédaction de statuts d'employer des termes impropres et/ou d'opérer dans ces derniers cas une analyse de fond.

– §1 a Conditions équivoques de révocation du syndic par l'assemblée

Les conditions de révocation du syndic par l'assemblée ne nécessitent pas en principe l'existence d'une faute et il ne saurait s'agir

[9] Numéro 17-31.094

d'une sanction de nature disciplinaire. Mais la difficulté et les confusions viennent du fait que les droits de la défense doivent être respectés et qu'en conséquence des griefs sont exposés afin que le syndic puisse y répondre. Ce respect des dernières règles est d'ordre public et aucune clause ne peut s'opposer. On ne peut s'empêcher de penser que la loi crée alors des équivoques.

D'après une jurisprudence certaine le dirigeant révoqué dans l'hypothèse même où l'assemblée le révoque doit pouvoir présenter des observations en cas de révocation même si sa révocation sans faute n'est pas disciplinaire. C'est ce qu'on appelle le respect du contradictoire. Il s'agit d'une mesure d'ordre public. Mais il existe alors une contradiction. On ne peut comme il est souvent entendu prétendre que le dirigeant est révocable sans faute et sans préavis par l'assemblée (ad nutum) tel le PDG et en même temps demander d'exposer des motifs afin de respecter le principe du contradictoire.

En réalité la révocation ad nutum suppose que les magistrats ne puissent intervenir dans les motifs mais que le dirigeant soit quand même entendu dans ses observations pour y répondre. Il existe là malgré tout une ambiguïté.

– §2 b La procédure de révocation en externe par l'assemblée

La révocation des syndics de l'ASL par l'assemblée ne figure pas toujours très explicitement dans les statuts d'ASL. Ce n'est pas à notre sens parce que les statuts sont muets sur la procédure à suivre d'éviction des syndics par l'assemblée qu'aucune disposition ne peut être applicable et qu'ils ne peuvent être révoqués. Mais des questions se posent. Elles sont sans que la liste soit exhaustive les suivantes :

Quel organe, quelle commission peut avoir l'initiative de réunir cette assemblée de révocation ? Sur quel fondement ? Quelles sont les conditions pour révoquer le comité, (faute, motif, préavis) et surtout à quelle majorité doit être prononcée la révocation ?

Il n'existe pas de texte spécifique sur ce sujet ce qui n'est pas étonnant puisqu'en matière d'ASL et notamment d'assemblée les textes sont rares. Un raisonnement par analogie et la recherche d'un fondement juridique paraissent indispensables. On pense naturellement à la copropriété comme on pense de même à la révocation des dirigeants d'association ou de sociétés (voir infra).

La demande de révocation par l'assemblée lors de la tenue même du jour de l'assemblée est possible. Une révélation imprévue peut en être la cause même si la question n'est pas à l'ordre du jour, même si le quitus a été donné. En dépit d'une révocation possible dite sans motif et sans faute (jeu de la démocratie, parallélisme des formes-supra- ?) on peut toutefois s'interroger sur les motifs invoqués, la majorité à adopter (simple ? absolue ? qualifiée ?), la prise en compte ou non des votes nuls ou abstentions, le respect du contradictoire. On ne peut oublier que le doute profite au mis en cause et qu'il en est de même en cas de clause statutaire équivoque. L'association dans certains cas peut s'exposer à des dommages et intérêts fondés sur une action pour rupture abusive (du fait du caractère particulièrement violent ou déshonorant de l'éviction) ou sur la violation du principe du contradictoire.

– §1 c Questionnement sur la majorité pour révoquer « Simple ou Absolue »

Les modalités de révocations du ou des syndics par l'assemblée ne sont pas toujours précisées ou insérées dans les statuts. Les textes décret ou ordonnance sont muets.

Les éléments de droit qui sont généralement cités en l'absence de précision pour justifier une décision de révocation immédiate du dirigeant d'ASL (mais plus rarement du comité syndical) sans motif et à la majorité simple sont énoncés ci-dessous (2c1). Ils ne sont pas absolus. Des tempéraments peuvent être apportés (2c2). Une décision d'éviction prise à la majorité absolue paraîtrait de nos jours préférable dans la mesure où les pouvoirs de direction appartiennent à un organe collectif le syndicat ou conseil syndical et non plus au président seul.

– § 2c1 Arguments usuels en faveur d'une révocation à la majorité simple, ad nutum, sans motif ni préavis

Le premier argument est fondé sur le respect du principe du parallélisme des formes.

Le parallélisme des formes est un principe juridique selon lequel un acte pris selon une certaine procédure ne peut être modifié ou abrogé qu'en suivant la même procédure. Une décision prise par une autorité selon une forme déterminée ne peut être anéantie que par elle en respectant les mêmes formes. Il est fait observer dans le silence des textes qu'à une élection à la majorité simple du syndic doit correspondre en l'absence de précision une révocation identique à la majorité simple. En l'espèce si le syndic est élu à la majorité simple par l'assemblée, il doit être révoqué de la même manière.

Le second argument repose sur le caractère du contrat de syndic. Ce contrat est un contrat de mandat. Or le contrat de mandat est en principe révocable ad nutum sur un signe de tête. « **Ad nutum** » est une expression latine ou dérivée du latin qui caractérise le fait que celui qui a confié un mandat à une autre personne est en droit de retirer les pouvoirs qu'il a confiés à son mandataire sans avoir à justifier des motifs de ce retrait, ni observer un préavis. L'application du principe selon lequel le mandataire peut être révoqué librement par le mandant « ad nutum » sans faute à établir est ou était souvent mise en avant. Une comparaison avec la révocation du PDG des sociétés anonymes ou du président d'association est ou était invoquée.

Le dernier élément repose sur une comparaison avec l'éviction du président d'une association ou du président d'une société anonyme avec conseil d'administration.

– § 2c2 Tempéraments à apporter aux arguments usuels en faveur d'une révocation immédiate sans motif à la majorité simple

– Critique relative à l'application du principe du parallélisme des formes. Ce principe est d'ordre administratif plus que privé. Il ne conduit pas à imposer automatiquement une identité rigide entre la forme des deux actes juridiques. Il supporte par ailleurs des exceptions. Il n'est pas d'ordre public et des clauses statutaires de l'ASL pourraient prévoir l'irrévocabilité du dirigeant. Enfin on ne peut comparer que ce qui est comparable. Or il ne s'agit pas ou plus exactement plus de révocation d'un homme, d'un président qui dans une société ou une association aurait été élu à la majorité simple mais plutôt de nos jours d'un comité car c'est le comité qui dirige collectivement l'ASL et non le président. Le pouvoir est impérativement exercé dans une ASL de manière collégiale. À défaut une sanction pour absence de mise en conformité pourrait être établie. L'importance de la décision relative à la révocation non d'un homme mais d'un comité syndical et donc d'un collectif ne permet plus le jeu du parallélisme des formes et devrait nécessiter une majorité plus importante que la majorité simple.

– Critique relative à la comparaison avec la révocation de la direction de la société anonyme. Cette dernière peut être gérée par un directoire. Dans ce cas il n'est nulle question de révocation ad nutum et de parallélisme des formes. Or désormais, le législateur et les magistrats insistent sur ce point, la direction des ASL non seulement peut mais doit être de nos jours être établie de manière collégiale. Exit le président seul. Comparaison avec la révocation du PDG ne vaut alors raison !

Dans de nombreuses sociétés outre la société anonyme avec directoire le parallélisme des formes ne joue pas. À titre comparatif dans une SARL la révocation n'a pas lieu ad nutum. Dans une SCI la décision de révocation du gérant dans le silence des textes requiert la majorité en parts sociales (50 % des parts + 1 part) et non donc la majorité simple (majorité de toutes les parts plus une).

À titre annexe l'ASL n'est pas une véritable association ne serait-ce que parce que la liberté d'association n'existe pas (on ne quitte pas une ASL comme on quitte une association). Enfin l'ASL n'est pas non plus une société même si dans le silence des textes il est souvent fait référence à une comparaison avec le droit des sociétés et notamment le droit des sociétés commerciales en France (ainsi le système de la comptabilité des majorités dans les ASL est fonction de celui des sociétés anonymes (par exemple les votes abstention ou les votes blancs ou nuls sont considérés comme des votes « pour »).

Il existe pour le moins des équivoques et les équivoques bénéficient à celui qui est mis en cause. Pour cette raison et celles qui suivent la décision de révocation du président d'ASL mais surtout a fortiori comité syndical ou d'un syndicat dans le silence de statuts pourrait voire devrait être prise à une majorité autre qu'une majorité relative.

§ 2c3 Éléments en faveur d'une décision de révocation à la majorité absolue

En sus des éléments avancés supra divers autres arguments militent en faveur d'une décision de révocation du syndicat prise à une majorité autre que simple

– En droit de la copropriété le syndic est **révocable a la majorité absolue.**

Rien n'étant prévu dans les statuts d'une ASL un raisonnement par analogie avec la révocation du syndic de copropriété paraît intéressant. Dans les faits ce qui semble être le plus proche en matière de gestion du lotissement d'une ASL est la copropriété. Certaines clauses des statuts de la copropriété sont souvent insérées dans les statuts de l'ASL.

Lors de l'assemblée générale, le syndicat des copropriétés qui demande la révocation doit rapporter la preuve du ou des manquements du syndic (courriers recommandés de rappel, par exemple). Le syndic doit ensuite exposer son point de vue. L'arrêt du contrat du syndic et donc de fin de mandat doit être voté **à la majorité absolue des copropriétaires**. Il paraît judicieux de mettre immédiatement en place un système permettant la continuité de la gestion de la copropriété. Un arrêt abusif du contrat du syndic peut entraîner une condamnation du syndicat des copropriétaires au paiement de *dommages-intérêts :*

Si on se réfère au droit de la copropriété la demande au syndic de mise à l'ordre du jour de la future assemblée peut être effectuée par un ou plusieurs copropriétaires. En cas de refus les copropriétaires (ou le syndic) peuvent convoquer une AGE. En cas de refus le propriétaire peut convoquer une AGE. L'arrêt du contrat du syndic doit être voté à la majorité absolue des copropriétaires. En l'absence de majorité absolue et dans la mesure où la décision de mettre fin au contrat recueille au moins ⅓ des voix des copropriétaires, la même assemblée doit faire un second vote à la majorité simple.

– La révocation par l'assemblée d'un syndic a fortiori de l'ensemble du comité syndical d'une ASL ne nous parait pas un acte de gestion courante. La décision ne devrait être prise qu'à la majorité absolue.

– Dans de nombreux statuts types d'ASL rédigés et présentés par la préfecture la révocation du syndic appelé souvent « administrateur » a lieu à la majorité absolue et de manière distincte de l'élection.

En définitive :

En l'absence de texte une révocation d'un syndic d'ASL par l'assemblée a fortiori du comité syndical par l'assemblée pose aujourd'hui à notre sens problème. Il n'existe pas d'éléments suffisants pour permettre un vote éclairé sur le sujet. Un souci du respect de parallélisme des formes pourrait conduire à penser que faute de texte précis le comité syndical peut être révoqué dans les mêmes conditions que celles qui ont prévalu à l'élection de chacun des syndics (majorité simple ou autre). Mais tel ne devrait plus être nécessairement le cas dans la mesure où ces notions sont de nature distincte et que cette symétrie supporte diverses exceptions (gérant de SARL et surtout membres du directoire d'une SA). L'argumentation fondée sur le respect du parallélisme des formes si souvent invoquée perd de son intérêt dans la mesure où plus que jamais la gestion et direction de l'ASL doit être du ressort de la collectivité et non d'un homme seul le président. Les statuts pas toujours à jour sur cette question doivent en témoigner à défaut de quoi l'ASL pourrait encourir une sanction pour non-conformité. La modalité de décompte des voix pour le calcul de la majorité est aussi un élément nouveau à retenir en ce sens où les votes abstention souvent nombreux ne devraient plus être comptabilisés comme antérieurement (sur le sujet voir Livre IV Titre II les Majorités dans les assemblées).

§2d Révocation abusive

Une révocation peut être parfaitement justifiée. Les règles de forme et de fond peuvent avoir été respectées, mais un préjudice peut être causé par la façon abusive dont s'est déroulée la révocation. Il en est ainsi lorsqu'il est porté atteinte injustement à l'honneur ou à la réputation de la victime.

La malveillance ou la publicité tapageuse n'est pas autorisée. L'accusation diffamatoire, les modalités injurieuses (obligations de départ du jour au lendemain, brutalité, exposition volontaire et honteuse à la vue de tous) peuvent être considérées comme abusives. Des dommages et intérêts peuvent être demandés à l'assemblée du fait de tels évènements. Il appartient au Tribunal en cas de litige de vérifier si les circonstances entourant la révocation ont porté une atteinte injustifiée à la réputation et à l'honneur du dirigeant social. Une révocation intervenue alors que le dirigeant n'a pas été en mesure de présenter ses observations est de même abusive (absence de respect du contradictoire). Il en est ainsi lorsque le dirigeant n'a pas été informé au préalable du fait que la question de sa révocation allait être discutée.

– §3 Quitus, absence de quitus et révocation

Le quitus ne fait pas l'objet d'une réglementation particulière en droit des associations ou des ASL Il n'est nullement précisé le moment où le vote quitus est requis. Il n'est pas obligatoire à la différence des sociétés. Il concerne uniquement les actes dont l'assemblée a eu connaissance et dont elle a pu apprécier les conséquences.

Le quitus étant facultatif dans les associations et les textes silencieux il appartient aux statuts ou au règlement intérieur d'en déterminer les règles

a-Par le quitus, l'assemblée **approuve (sans qu'une majorité qualifiée ne soit nécessaire) la gestion et décharge le syndic de toutes responsabilités** dans tous les domaines où il est intervenu en tant que mandataire durant une période déterminée (gestion comptable gestion du personnel, travaux divers, etc.). Toutefois le caractère délictueux d'un fait n'est pas effacé par le quitus[10]. Il en est ainsi de même en cas de harcèlement[11].

Le quitus obtenu n'exclut pas la révocation du dirigeant. La révocation du syndic peut donc être provoquée en dépit de l'obtention du quitus. Peu importe par ailleurs que ce sujet ne soit pas mis à l'ordre du jour car on voit mal un comité syndical prononcer la demande de sa propre éviction.

– b L'absence de quitus n'implique pas la révocation. Il est nécessaire que cette révocation soit prononcée de manière expresse[12].

Seuls les statuts ou le règlement intérieur peuvent prévoir les conséquences d'une **absence de quitus**. Ainsi il pourrait être prévu dans les statuts que l'absence de quitus entraîne la **révocation** du Conseil d'administration.

---

[10] Cass crim 16 déc. 1975 GP 1976 1 322

[11] chambre commerciale de la Cour de cassation en date du 15 janvier 2020 (*arrêt n°18-12.009*

[12] TGI Lyon 5 déc. 1990 Juris association numéro 85 date 1ere oct1993 p 6

Chapitre II :

Le syndicat

Le syndicat est le terme légal utilisé dans les ASL. Dans la pratique d'autres termes sont employés tels par exemple le comité de direction ou le comité syndical dans les Associations Foncières Urbaines Libres (AFUL). Le syndicat est l'organe qui gère collégialement l'ASL. Il ne doit pas être confondu avec le conseil syndical de copropriété qui n'est un organe consultatif. Contrairement au Syndic de copropriété, l'organe de direction de l'ASL n'a pas à demander constamment l'avis de l'assemblée pour agir.

Section 1 La volonté du législateur d'établir une direction collégiale

Le syndicat selon l'ordonnance de 2004 et le décret de 2006 « régit les affaires de l'association et représente cette dernière ». En tant qu'organe collectif décisionnel voulu comme le plus important par le législateur ou les pouvoirs publics toutes les affaires courantes à défaut d'autres organes compétents spécifiquement désignés sont de son ressort. Dans la mesure où il lui est accordé les pouvoirs les plus étendus on peut considérer que le syndicat peut se dispenser le plus souvent de l'autorisation de l'assemblée pour décider de diverses diligences ou travaux. La rédaction des clauses ou la lecture des statuts est sur ce point importante.

Pourtant la législation est muette tant sur l'organisation même du syndicat que sur la gouvernance. Une étude destinée à envisager la manière de combler ce silence y sera consacrée : «Modalités de fonctionnement et de travail du syndicat ». Mais si la compétence de principe du syndicat est reconnue et est soulignée cette dernière peut être mise à mal dans les faits par diverses pratiques (délégation de pouvoir, attributions par les statuts de pouvoirs à des personnes autres, modalités de répartition de pouvoirs dans les statuts, propension du gestionnaire quasi-permanente à exercer une sorte de monopole voire à occuper des fonctions qui devaient être confiées à d'autres, emploi important de tiers prestataires de services, etc.). En bref la « compétence générale de principe du syndicat » peut être battue en brèches par diverses pratiques sans compter le rôle de l'assemblée qui semble être si ce n'est ignoré du moins minimisé. Mais le plus souvent en pratique l'insertion de clauses statutaires donne au syndicat selon la formule classique « les pouvoirs les plus étendus ».

Sous-section 1 Les modalités d'organisation du syndicat sont libres, mais juridiquement subtiles à établir

Le fonctionnement interne du syndicat n'est régi par aucun texte. Il n'existe aucune disposition sur les convocations, le nombre de syndics, la durée des mandats, la possibilité de donner mandat, le nombre de mandats pouvant être détenus par une même personne, le nombre minimum de réunions, les conditions de prise de décisions, les modalités de majorité (simple ou absolue) concernant les prises de décisions, le quorum éventuel, la voix prépondérante ou non du président, la nécessité d'un nombre minimum de membres présents pour délibérer (ex trois sur cinq), la possibilité ou la nécessité d'inscription des délibérations sur un registre signé par tous les présents, etc., etc. Il faut donc combler un vide. Mais l'élaboration des clauses statutaires doit être spécifique à la situation de chaque ASL. En ce sens le recopiage de statuts types comme tel est souvent le cas n'est pas la solution la plus judicieuse. Chaque ASL peut avoir une personnalité, un objet, une orientation propre. De plus les clauses statutaires doivent présenter une certaine cohérence. On ne peut par exemple affirmer vouloir attribuer au syndicat un rôle décisionnel primordial et réduire à travers d'autres clauses sa compétence dans divers domaines. L'aspect le plus délicat réside dans le fait qu'il faut inventer des clauses qui correspondent le mieux à l'objet et la finalité de l'ASL et s'assurer que lesdites clauses sont bien conformes au droit et à la législation sur les ASL.

Sous-section 2 -Les modalités de « gouvernance » du syndicat sont éludées

La manière de diriger collectivement n'est pas véritablement évoquée par les textes qui concernent les ASL bien qu'on insiste sur la suppression d'un président unique ayant tout pouvoir. Ce sujet n'est pas seulement un problème de droit c'est aussi un problème de gestion, certains diront de management. Si la gouvernance des entreprises (ou la « corporate governance » si on veut évoquer l'international) a suscité de nombreux débats dans les sphères élevées des milieux d'affaires et des entreprises ou même dans les universités il n'en a pas été de même dans le monde des associations et plus encore des ASL. On peut le regretter dans la mesure où de nos jours la gestion des ASL doit être une gestion collective. Le président seul ne peut en droit avoir tout pouvoir. Or dans les faits tel n'est pas toujours le cas. Dans les statuts bien souvent encore une formule de direction un peu similaire à celle d'une société anonyme avec un président du syndicat qui est aussi directeur général de l'ASL est présentée. Plus précisément le président est président du syndicat et directeur général de l'ASL à l'instar d'un chef d'entreprise. Cette méthode en fait est bien souvent utilisée dans les associations ou les ASL. Elle ne contribue pas à faire du syndicat un organe « collectif « décisionnel ». C'est le plus souvent le président qui a la remontée de toutes les informations et qui dirige avec un conseil de pacotille. Faute de disponibilité, de compétence, de volonté ou de caractère de la part des syndics le syndicat peut devenir rapidement la chose du président. On reproche dans les sociétés aux membres du conseil d'administration une trop grande subordination au président. Il peut en être de même ainsi dans les associations ou dans les ASL.

Une autre méthode pourrait être la méthode dite de direction par un Directoire comme il en existe en Allemagne dans de nombreuses sociétés. Dans cette hypothèse les syndics se répartiraient les tâches en fonction de leur compétence. Mais cela suppose chez les syndics élus une multiplicité de compétences distinctes nullement évidentes à obtenir. Les départements créés seraient coordonnés par le président. La direction serait collective. Cette modalité se rapproche sans doute le plus de la volonté de l'ordonnance de 2004 qui ne souhaitait pas l'existence d'un président seul. Elle n'est toutefois pas conforme en fait à l'esprit français qui estime souvent que le pouvoir ne se partage pas.

Dans diverses ASL les syndics ne se contentent pas de se réunir et de décider du travail à faire accomplir par des prestataires. Ils participent activement et prennent en charge bénévolement en tant que professionnels ou anciens professionnels des travaux techniques ou de gestion. Des conflits peuvent naître de ce fait, car la critique ou les demandes d'explications sur le travail accompli apparaissent parfois excessives à ceux qui ont mis la main à la pâte et qui sont des spécialistes du fait de leur formation. De même qu'un chirurgien n'aime pas voir ses travaux critiqués par un profane, un chef d'entreprise entrepreneur en bâtiment n'apprécie nullement d'avoir à se justifier auprès d'autres syndics sur des travaux relevant de sa seule compétence technique. Bref les causes d'incompréhensions mutuelles ne manquent pas chez les syndics bénévoles a fortiori lorsqu'ils accomplissent en sus un travail professionnel pour l'institution.

Section 2 La compétence de principe du syndicat organe collectif de décision dans une ASL suscite des interrogations

Sous-section 1 La compétence de principe du syndicat ne pourrait-elle pas réduire le rôle et les pouvoirs de l'assemblée ?

Le syndicat organe collégial de l'ASL peut exercer son pouvoir à l'instar d'un dirigeant de société par actions sans avoir à recueillir systématiquement l'avis de l'assemblée et ce à la différence du Syndic de copropriété.

L'assemblée d'une association ou d'une société est usuellement compétente pour les actes importants de disposition ou pour des engagements ou des emprunts conséquents. Le fait que l'on puisse estimer selon l'ordonnance de 2004 que le syndicat d'une ASL a une compétence de principe n'est pas sans incidence sur la modalité de répartition des pouvoirs. Habituellement il est prévu dans les associations et notamment les associations de lotissement que l'assemblée a des pouvoirs généraux qui ne sont pas attribués à d'autres organes. Dès lors lorsque la loi est muette, et tel est souvent le cas pour les ASL, c'est l'assemblée qui devrait être compétente pour l'exercice d'une activité ou des diligences non spécifiquement prévues. Mais si le syndicat auquel l'ordonnance de 2004 veut donner de grands pouvoirs est considéré comme ayant la compétence de principe ne peut-on pas envisager que tout contrat ou tout engagement non classé par les statuts est dans le silence des textes du ressort du syndicat plus que du ressort de l'assemblée ? Cette orientation nous paraîtrait regrettable lorsque des décisions très importantes sont à prendre, car contraire à la hiérarchie usuelle des organes où l'assemblée doit prédominer, mais la question mérite d'être posée.

Sous-section 2 La compétence de principe du syndicat en tant qu'organe collectif de décision exclut-elle véritablement le transfert de pouvoir du syndicat à un tiers gestionnaire ou même au président ?

L'article 9 du décret du 1er juillet 2004 semble considérer que le syndicat a une compétence générale de principe dans l'organisation et la gestion de l'association « le syndicat règle par ses délibérations les affaires de l'association ». L'idée de l'ordonnance était de permettre à un organe collégial de prendre des décisions plutôt que de laisser ce pouvoir comme avant l'ordonnance de 2004 à une direction unique. La mise en conformité des statuts de l'ASL (voir supra mise en conformité des statuts Livre III Titre I chapitre IV) a eu pour but notamment d'obliger à modifier les statuts anciens pour les adapter aux prescriptions de l'ordonnance de 2004, car il arrivait bien souvent qu'aucun conseil collégial de direction (ou syndicat ou comité syndical) ne soit prévu. Il convenait aussi de permettre une meilleure participation des colotis. Ce sentiment est ancré dans l'esprit de certains au point d'affirmer de nos jours de manière excessive : « aucune décision ne peut être prise par le président seul (sauf urgence) sans avoir été mandatée ou autorisée par le syndicat[1] ». C'est aussi sans doute pour partie ce même état d'esprit qui paraît interdire au syndicat de faire voter une délégation quasi générale et a fortiori permanente de pouvoir du syndicat au président. De telles interdictions, certes sans doute conformes à l'esprit de l'ordonnance de 2004, sont peut-être trop absolues ou trop théoriques en l'absence de sanction explicite prise par le législateur en la matière. De même une partie des pouvoirs du syndicat peut être déléguée à un gestionnaire immobilier le plus souvent, un administrateur de biens ou à un tiers. Une telle délégation de pouvoir ne nous paraît pas contraire au droit sauf peut-être abus excessif qui ne donnerait au conseil syndical qu'un rôle de pure forme ou de simple conseil. Mais encore une fois la question se pose. Peut-on parler de dispositions ou de clauses des statuts contraires au droit alors qu'aucune sanction n'est édictée ? On ne peut toutefois exclure le risque que les tribunaux considèrent que les statuts n'ont pas été mis en conformité.

[1] Sur le sujet. Le syndicat ou comité syndical organe de direction de l'ASL (www.droit-immo.com)

Section 3 Tempéraments au pouvoir du syndicat ?

Les membres du syndicat ne demeurent pas nécessairement dans le périmètre de l'ASL. Ils ne bénéficient pas de toutes les informations que peut recueillir le président. Ils n'ont pas toujours la compétence suffisante. De ce fait en dépit de la législation, le pouvoir du syndicat est limité. Une comparaison pourrait être réalisée avec la situation des membres du conseil d'administration. Dans de nombreuses ASL le président est encore en fait naturellement celui qui a le pouvoir de décider et qui exerce ce pouvoir.

Annexe
Délégations de pouvoir attribuées par le syndicat à des mandataires et restrictions

Le mandataire (généralement un professionnel administrateur de biens) peut bénéficier d'une délégation importante de pouvoir de la part du syndicat d'une ASL.

Il existe néanmoins en droit des restrictions.

– La délégation de pouvoir attribuée par le syndicat d'une ASL à un professionnel mandataire le plus souvent administrateur de biens ou un gestionnaire de biens doit être strictement limitée à la mise en œuvre des décisions prises par le syndicat, qui reste détenteur du pouvoir de délibération.

– La délégation de pouvoir attribuée par le syndicat à un mandataire (administrateur de biens par exemple) ne peut être générale. En aucun cas, la délégation ne doit conduire à ce que le syndicat se délaisse de tout pouvoir.

– Le mandataire (administrateur de biens) ne peut en principe représenter l'ASL ou être président de l'ASL. Il est contraire à l'esprit des textes (mais la loi ne prévoit pas de sanction) régissant l'association syndicale qu'un mandataire soit amené à occuper une fonction de représentation collective.

LIVRE VI DE L'ASL :

CREANCIERE (CHARGES/ REPARTITION DES CHARGES /IMPAYES /REGLES COMPTABLES, RECOUVREMENT DES CHARGES) A L'ASL DEBITRICE

On évoque souvent la situation d'une ASL qui recouvre ses charges. On oublie souvent qu'une ASL peut être débitrice. Les situations respectives de l'ASL seront ci-dessous évoquées.

TITRE I :

L'ASL créancière

Préambule

Les magistrats de nos jours ont tendance à employer de manière indifférente le terme de charges qui correspond aux dépenses du syndicat ou celui de cotisations sorte de contribution aux dépenses communes.

De nombreux statuts d'ASL semblent adopter des clauses qui reprennent en partie ou totalité les dispositions de la loi sur les charges de copropriété ce qui engendre des confusions. Il convient de ne pas confondre les deux régimes, celui de la copropriété et celui des ASL et de ne pas imaginer que si certaines dispositions de la loi sur la copropriété sont édictées dans les statuts, il en est de même des autres.

Quatre chapitres seront consacrés à cette étude des charges. On peut imaginer que les trois premiers examens visent l'ASL en tant que créancière et demanderesse (chapitre 1 charges et répartition des charges, chapitre 2 charges et règles comptables, chapitre 3 recouvrement des impayés, chapitre 4 ASL agit en tant que créancière). Les trois premiers examens et impayés dus. Le quatrième examen pourrait viser aussi l'ASL mais cette fois en tant que débitrice défenderesse car l'ASL peut aussi avoir des dettes voire être mise en liquidation des biens.

Chapitre I :

Charges et répartition des charges

Section 1 Les charges des ASL sont de nature différente des charges de copropriété

La législation est silencieuse sur la manière de déterminer les charges des ASL. Il existe un vide juridique. La législation ne prévoit aucune modalité de répartition à la différence du droit de la copropriété, aucun appel provisionnel. La notion de tantièmes à proportion égalitaire ou l'idée de critères d'utilité est inconnue en matière d'ASL (sauf insertion de clauses statutaires spécifiques).

Les charges d'ASL pèsent (en principe) sur l'immeuble et non sur la personne. L'attachement de la charge au bien n'est pas sans intérêt si le bien est vendu ou si la personne est insolvable ou en liquidation de biens. Par ailleurs il ne servira à rien de démissionner de l'ASL pour échapper aux dettes et poursuites si le bien n'est pas vendu. Enfin en l'absence de paiement des charges la sanction à la différence d'un contrat classique ne pourrait être la résolution du contrat.

La jurisprudence de son côté semble considérer que si le bien est vendu en cours d'année il ne semble pas possible de demander à l'ASL le remboursement de charges appelées avant la vente du bien[1]. « Les cotisations régulièrement appelées par une association foncière urbaine libre, ou une ASL qu'elles soient ensuite affectées à des dépenses déterminées ou à un fonds de réserve, font partie du patrimoine de celle-ci ».

L'assemblée de l'ASL seule devrait être compétente pour édicter les règles en ce qui concerne le budget ou les appels de fonds (à défaut de clauses statutaires).

[1] Cass 3 civ 29 mars 2006 numéro 05-10 296

Annexe

Le vendeur peut-il demander à l'ASL le remboursement partiel de sa cotisation annuelle ?

Réponse : les cotisations annuelles régulièrement appelées font partie du patrimoine de l'association ASL. Elles ne sont pas sujettes à remboursement partiel à celui des membres qui vend son immeuble en cours d'année.

Illustration Jurisprudence[2]

Une AFUL (association quasi identique à l'ASL) a reçu de la part des époux X colotis et ex-membres de cette association une somme correspondant à leur quote-part annuelle du fonds de réserve pour l'année. Le tribunal de Montargis est saisi d'une demande des époux X qui étaient demandeurs afin que l'ASL rembourse une partie de la cotisation annuelle de la période postérieure à la vente de leur bien. La vente a été réalisée en juin et le remboursement est calculé au prorata de la période postérieure à la vente).

Les époux X ont-ils eu gain de cause et pourquoi ?

Ce que dit le jugement du tribunal de Melun (qui donne raison aux époux)

Attendu que pour condamner l'AFUL à rembourser aux époux X... une partie de leur cotisation annuelle calculée au prorata de la période postérieure à la vente de leur bien, le jugement relève que les droits et obligations attachés à la qualité de membre de l'association se transmettent aux propriétaires successifs **et que dès lors qu'il acquiert la propriété, l'acheteur devient, par là même, débiteur de la cotisation dont l'association est créancière et retient que l'AFUL qui est dès lors bien fondée à poursuivre le paiement de la cotisation auprès de l'acquéreur ne saurait conserver en outre la cotisation versée pour la même période par le vendeur auquel elle doit restitution à compter de la cession du bien immobilier ;**

Attendu que l'acte d'association détermine les voies et moyens pour subvenir à la dépense ainsi que le mode de recouvrement des cotisations, que les obligations qui dérivent de la constitution de l'association syndicale sont attachées aux immeubles compris dans le

[2] Cass civ 3e 29 mars 2006 numéro 05-10 296

périmètre et les suivent en quelques mains qu'ils passent jusqu'à la dissolution de l'association ;

Attendu que pour condamner l'AFUL à rembourser aux époux X... la somme correspondant à la quote-part du "fonds de réserve" correspondant à la valeur de leur bien, le jugement relève que l'AFUL a, au cours des années, constitué ce fonds **en conservant le surplus des cotisations versées par ses membres et non dépensées et retient que les** dispositions de l'article 2 du décret du 18 décembre 1927 ne sont pas applicables à une action en restitution de sommes non utilisées et non affectées, indûment conservées par l'AFUL, qui ne peuvent être assimilées à des capitaux propres constituant le "patrimoine de l'association" et ne correspondent pas à des provisions appelées pour être affectées à des dettes certaines et liquides mais non encore exigibles ;

La Cour de cassation conteste la décision. Elle casse ce jugement

Que dit la Cour de cassation[3] ?

Qu'en statuant ainsi (référence au tribunal de Melun alors que **les cotisations régulièrement appelées par une association foncière urbaine libre, qu'elles soient ensuite affectées à des dépenses déterminées ou à un fonds de réserve font partie du patrimoine propre de l'association, le tribunal a violé les textes susvisés.**

On retiendra donc que les cotisations annuelles régulièrement appelées par une association foncière urbaine libre ou une ASL **font partie du patrimoine de l'association et ne sont pas sujettes à remboursement partiel à celui de ses membres qui vend son immeuble en cours d'année.**

PAR CES MOTIFS :

CASSE ET ANNULE, dans toutes ses dispositions, le jugement rendu le 16 décembre 2003, entre les parties, par le tribunal d'instance de Melun ; remet, en conséquence, la cause et les parties dans l'état où elles se trouvaient avant ledit jugement et, pour être fait droit, les renvoie devant le tribunal d'instance de Fontainebleau ;

Sur le caractère réel des charges, dans le même sens que : Chambre civile 3, 1980-02-19, Bulletin 1980, III, n° 43, p. 30 (cassation). En revanche solution en sens contraire : Chambre civile 3, 1981-05-19, Bulletin 1981, III, n° 169, p. 137 (rejet) ; Chambre civile 3, 1998-06-30, Bulletin 1998, III, n° 140, p. 93 (cassation).

---

[3] Cass civ 3e, 29 mars 2006 numéro 05-10 296 supra

Section 2 Répartition des charges au sein d'une ASL ou d'une AFUL : quelle majorité ?

Sous-section 1 Modalités de répartition des charges et le silence de textes

Dans les **ASL** de lotissements, il est fréquent que les **charges** soient divisées par le nombre de propriétaires, sans tenir compte de l'utilité ou de la valeur ou la superficie des biens. À la différence de la copropriété il n'est nul besoin de se référer à un critère de justice ou d'équité. La particularité des ASL est d'être régies uniquement par les règles édictées dans leurs statuts. Dans de nombreuses **ASL** de lotissements pavillonnaires dont les statuts ont été examinés les **charges** étaient souvent divisées par le nombre de propriétaires, sans égard à la valeur ou la superficie des biens.

Il faudrait en principe (infra sous-section 2) l'accord unanime des membres d'une association foncière urbaine libre (AFUL) ou d'une association syndicale libre (ASL) pour modifier la répartition des charges (en l'absence de clause). Lorsqu'elle augmente les cotisations d'un ou de plusieurs propriétaires les majorités nécessaires pour la prise de décision en assemblée générale d'une ASL ou d'une AFUL ne sont prévues par aucun texte.

Sous-section 2 Modification de la répartition des charges en ASL sans augmentation des engagements des copropriétaires

La particularité des ASL est d'être régies uniquement par les règles édictées dans leurs statuts. Notamment et contrairement à ce qui se passe en copropriété, les règles de majorité pour la prise de décision ne sont prévues par aucun texte légal. En l'absence de clause spécifique, les colotis devraient donc recourir aux règles de droit commun des contrats, si du moins on estime que le caractère contractuel est prédominant ce qui induit que toute modification par application de l'article 1134 du Code civil ne peut résulter que d'un accord de l'ensemble des parties au dit contrat[4]. Une **modification** de la **répartition des charges** en **ASL** serait donc valable soit en application de la règle d'unanimité, en vertu de l'article 1134 du Code

[4] cf. article 1134 du Code civil « Les conventions légalement formées tiennent lieu de loi a ceux qui les ont faites… Elles ne peuvent être révoquées que de leur consentement mutuel (et donc à l'unanimité). Ce texte n'est pas d'ordre public ce qui en l'espèce est important de rappeler

civil, soit en application d'une clause spécifique dérogeant à l'article 1134 du Code civil car cet article de principe n'est pas d'ordre public. Une clause permettant la modification à la majorité du cahier des charges pourrait être prévue et insérée même dans les statuts de l'**ASL. La jurisprudence infra semble toutefois opérer des distinctions (infra sous-section 3 et 4).**

Sous-section 3 Modification de la répartition des charges en ASL aboutissant à une augmentation des engagements des copropriétaires

Les magistrats de la Cour de cassation[5] ont énoncé que, concernant la répartition des charges, seul un vote à l'unanimité des colotis au moment d'une AG est susceptible de permettre une modification de ladite répartition, et ce, quelle que soit la majorité prévue pour la révision des statuts (en des termes généraux), si ce changement aboutit à l'augmentation des engagements d'un propriétaire. Cette décision[6] est dans la continuité de la jurisprudence antérieure. En l'espèce[7] la résolution avait été prise de répartir les charges en fonction de la superficie des lots, alors qu'à l'origine la répartition était effectuée au nombre de lots. Cette décision avait été adoptée à la majorité des voix, conformément aux règles fixées par les statuts de l'ASL en cause, qui ne fixaient aucune règle de majorité particulière en matière de nouvelle répartition de charges. Les juges de la Cour de cassation ont cassé l'arrêt des juges de la cour d'appel qui avaient validé cette décision. Les magistrats de la Cour de cassation ont considéré que si le changement statutaire aboutissait à une augmentation des engagements de colotis, alors même qu'il n'existait aucune règle spécifique de majorité sur ce point précis, il était indispensable que tous les colotis consentent à ladite modification. L'unanimité était donc nécessaire.

Sous-section 4 Focus sur les certitudes et incertitudes concernant la modification de la répartition des charges

En matière de répartition des charges la loi est silencieuse. Les statuts déterminent seuls la répartition des charges des ASL. Cette répartition n'est pas nécessairement conforme à l'équité sans être pour

---

[5] Cass 3 Civ 21/09/2011, pourvoi n°10-18788
[6] Cass 3 civ. 21/09/2011, pourvoi n°10-18788
[7] Cass. 3 Civ 21/09/2011, pourvoi n° 10-18788

autant illégale. Cette particularité est souvent ignorée des acquéreurs non professionnels qui ont tout intérêt à prendre connaissance des statuts de l'ASL (ou AFUL) lorsqu'ils achètent une maison ou un appartement.

Il a été jugé de même que si un élargissement de la surface de l'ASL du fait d'acquisition entraînait un accroissement de l'entretien et de la gestion et une augmentation des engagements des membres, un accord à l'unanimité était nécessaire[8].

Ci-dessous l'attendu de la Cour de cassation en date du 28 novembre 2012 :

« Mais attendu qu'ayant relevé, sans dénaturation, qu'il résultait des statuts initiaux de l'ASL, de la note de présentation jointe à la convocation à l'assemblée générale et des nouveaux statuts que la modification de ceux-ci entraînait un élargissement du périmètre de l'ASL à l'ensemble des installations, équipements, ouvrages et biens mobiliers et immobiliers communs ainsi qu'un élargissement de son objet à l'acquisition, l'entretien et la gestion de toute partie commune ou d'intérêt collectif du lotissement, la cour d'appel a retenu, à bon droit, par motifs propres et adoptés, que ces modifications entraînaient une augmentation des engagements des membres de l'association syndicale nécessitant un accord unanime ».

Si une majorité est prévue dans les statuts et indique clairement qu'elle s'applique spécifiquement au cas de modification de répartition des charges, il n'est nullement certain, en raison du raisonnement de nombreux auteurs et de la diminution possible de la valeur du lot, que cette modification puisse être adoptée à la majorité. Des hésitations existent. Toutefois la Cour de cassation au travers d'un arrêt du 10 juillet 2002 a considéré qu'une clause même générale devrait s'appliquer[9].

En bref la règle d'unanimité s'applique avec une certaine certitude en l'absence de clauses précises des statuts et dans l'hypothèse de l'augmentation des engagements des colotis en vertu de l'article 1134 du Code civil.

---

[8] Cass.3 Civ. 28 nov. 2012 11.18.261

[9] Cass. 3 Civ 10 juillet 2002 n°1 03 227.

Sous-Section 5 Opposabilité de la modification de répartition des charges et délai de contestation

La décision de modification du critère de répartition est opposable dès lors que les statuts ont été mis à jour, même si ce critère est inéquitable. La nullité ne peut être que judiciaire. Un critère de répartition inéquitable n'est donc pas illégal. Les juges par ailleurs ne peuvent imposer un critère qui leur semblerait plus juste[10].

La contestation de la décision est soumise au délai de droit commun qui est de cinq ans (sauf clause statutaire distincte).

Section 3 Prescription en matière de contestation des clauses de répartition des charges

L'action en contestation des clauses de répartition des dépenses communes d'une ASL est soumise au droit commun de la prescription. Le délai de prescription de droit commun a été ramené à 5 ans « *Les actions personnelles ou mobilières se prescrivent par cinq ans à compter du jour où le titulaire d'un droit a connu ou aurait dû connaître les faits lui permettant de l'exercer*».

[10] Cass.3 Civ. 23 juillet 1991

Chapitre II :

Charges et règles comptables dans les ASL

Section 1 Les règles comptables des ASL n'ont pas fait l'objet d'une réglementation légale spécifique

Les ASL ne sont pas obligées de suivre une comptabilité spécifique d'entreprise à la différence de la copropriété. Les règles de la copropriété en matière de budget et d'appel de charges ne s'appliquent pas aux ASL (si du moins elles n'en décident pas ainsi). Les ASL ne sont donc pas tenues de suivre la pratique du budget et des appels provisionnels trimestriels, suivis d'une régularisation. La tenue d'une comptabilité d'engagement où l'entreprise enregistre les opérations au fur et à mesure qu'elles se produisent (date de facture ou date de livraison par exemple) n'est pas nécessairement applicable. Les ASL peuvent rester à l'ancien système de frais réels et fonds de roulement. Les A.S.L. n'ont aucune obligation en matière de présentation de leurs comptes. La répartition des charges n'est pas fonction de critère d'utilité. L'absence de règles légales sur les points cités ci-dessus n'empêche pas l'ASL d'adopter statutairement les dispositions de la loi sur la copropriété. Il convient donc de se reporter aux statuts de l'ASL pour connaître les modalités relatives aux appels de charges.

À défaut de règles statutaires pour effectuer un appel de fonds exceptionnel pour dépenses imprévues, il est recommandé de convoquer une assemblée générale afin de voter les modalités de cet appel de fonds exceptionnel.

Section 2 En l'absence de législation spécifique les statuts des ASL reprennent souvent de nombreuses dispositions relatives à la loi sur la copropriété en matière de paiement des charges

Une des modalités usuelles en cas de rédaction ou d'interprétation des statuts ou du silence des statuts des ASL est de se référer aux règles de la copropriété à défaut de texte. Cette manière de procéder est très critiquée par le juriste et la Cour de cassation comme il a été mentionné. Mais la raison ainsi que cela a déjà été souligné résulte des faits, de la pratique, et d'une certaine logique naturelle. Le gestionnaire d'une ASL est souvent un professionnel de la copropriété. Il applique donc ce qu'il connaît le mieux et qui est le plus aisé à envisager (mais pas toujours le mieux adapté) qui est la loi sur la copropriété.

On distinguera alors les charges générales propres à l'entretien de l'immeuble, au personnel et aux frais d'administration, des charges particulières ou spécifiques dites spécialisées concernant par exemple les équipements collectifs divers, etc.

Concernant les charges générales, un appel de fonds dit « provisions sur charges » peut être adressé chaque trimestre avec un montant identique fonction du quart du budget annuel et prévisionnel voté. Une fois l'année écoulée, le syndic procède à la régularisation des charges. Chaque lot est numéroté, et affecté d'une quote-part (tantièmes de copropriété). C'est cette quote-part qui sert à déterminer la participation de chaque copropriétaire aux charges.

Les charges spéciales sont celles entraînées par les services collectifs et éléments d'équipement commun (piscine, tennis, voierie). Elles se répartissent en fonction du critère de l'utilité (alors même que ce critère d'utilité est en principe absent en matière d'ASL sauf à ce qu'il soit revendiqué dans les statuts). Ainsi pour un ascenseur d'immeuble, les copropriétaires du rez-de-chaussée n'auront pas à participer aux dépenses de fonctionnement et d'entretien de l'ascenseur, ou du moins dans le pourcentage le plus faible.

En dépit de l'adoption éventuelle de ces nombreuses règles de la copropriété, il convient de noter toutefois l'existence d'un certain particularisme concernant la tenue des comptes.

Les Syndicats de copropriétaires doivent tenir une comptabilité conformément au Plan Comptable des copropriétés édicté par la loi S.R.U. du 1er juillet 2000. On peut envisager en matière d'ASL de prendre comme modèle la plupart des règles de la copropriété sans toutefois tenir la comptabilité selon les normes conformes au plan comptable actuel.

Enfin, la jurisprudence précise que lorsque les copropriétaires d'un immeuble qui ont formé un syndicat de copropriétaires sont membres de plein droit d'une association syndicale libre, la demande de paiement des charges formulée par l'association ASL doit être dirigée directement contre ces copropriétaires pris individuellement. Elle est irrecevable si elle est formulée contre le syndicat (qui n'est propriétaire d'aucun bien immobilier) même si celui-ci représente les membres de l'association à l'assemblée générale. Il ne faudrait pas croire toutefois que toute ASL est nécessairement propriétaire de biens (voir ASL débitrice et créancière infra).

Section 3 L'avance de trésorerie et de fonds de travaux ou fonds spéciaux

Sous-section 1 Fonds de travaux - avance de trésorerie : Notions distinctes ignorées en matière d'ASL

La lecture de certains intitulés communs de clauses d'ASL figurant sous le titre « Fonds spéciaux - fonds de travaux - avance de trésorerie » donne le sentiment que l'avance de trésorerie est une notion non seulement voisine mais encore identique aux deux autres, et qu'il n'existe pas de distinction en matière d'ASL. Ce sentiment provient sans doute du fait que rien n'est prévu dans l'ordonnance de 2004 ou le décret de 2006 en matière d'avance de trésorerie. Les ASL seraient donc libres de prendre toute disposition. Elles ne sont soumises, à la différence de la copropriété, à aucune disposition légale en matière d'avance de trésorerie. Mais les statuts peuvent en décider autrement. Un rapprochement avec les règles du droit comptable peut être prévu.

Sous-section 2 L'impact de l'adoption par les statuts des règles de l'ASL des règles de la copropriété ou du droit comptable « l'avance de trésorerie »

Les notions de fonds de travaux et d'avance de trésorerie permanente ou fonds de roulement sont des notions comptables distinctes. Les fonds spéciaux pour travaux ne sont pas remboursables. Ils ont pour objectifs de permettre des travaux obligatoires ou qui ont été décidés et votés en sus du budget courant. Les avances de trésorerie prévues par les statuts de l'ASL sont remboursables même s'il y a eu vente du lot avant l'utilisation (dans le cadre de l'ASL pris comme modèle) de la somme versée. C'est en principe au vendeur que sera remboursée lors de la cession de son lot de la somme avancée, si du moins il est à jour de ses cotisations. L'acquéreur prendra la suite[1], d'où le terme « avance permanente ». Ces avances permettent de reconstituer des réserves et de faire face à des imprévus. Elles constituent sans doute aussi une sorte de garantie contre les impayés. Pour reconstituer la réserve, le syndic est alors en droit d'exiger de l'acquéreur le versement de l'avance remboursée en intégralité au vendeur[2]. Une telle disposition est propre à aux règles de la copropriété. Elle n'est pas applicable de droit aux ASL. Mais rien n'exclut que, par convention spécifique comme tel est souvent le cas, une ASL utilise une modalité similaire. Cette mesure statutaire doit donc figurer spécifiquement dans les statuts de l'ASL. À défaut elle ne devrait pas pouvoir recevoir application. Elle s'apparente aux dispositions dites d'avance de trésorerie ou de fonds de roulement attachées aux règles de la copropriété. Si les statuts de l'ASL le prévoient il pourrait être exigé comme en matière de copropriété que l'acquéreur verse l'avance remboursée au vendeur[3]. Une telle disposition propre à la copropriété n'est pas applicable de droit aux ASL. Mais rien n'exclut que, par convention spécifique comme tel est parfois le cas, une ASL utilise une modalité similaire.

Sous-section 3 le principe du droit à restitution de l'avance de trésorerie et l'exception en cas d'emploi de l'avance avant la date cession du lot

Le principe du droit à restitution n'est pas contestable dans la pratique. Il comporte une exception notable : l'emploi effectif de certaines avances avant la date de la cession du lot interdit leur restitution. C'est le cas notamment pour une provision sur travaux futurs lorsque l'assemblée a décidé d'une part l'exécution des travaux pour la réalisation desquels elle a été constituée et, d'autre part, l'emploi de la provision pour le préfinancement du chantier. Dans ce cas le cédant ne peut plus exiger le remboursement des versements qu'il a effectués, du moins jusqu'à concurrence de sa quote-part dans le crédit voté. Les statuts peuvent toutefois en décider autrement.

[1] Cass. civ 27.3.13, n° 12-11808
[2] Cass .civ 27.3.13, n° 12-11808
[3] Cass. civ 27.3.13, n° 12-11808

Sous-section 4 Les créanciers de l'ASL ne peuvent saisir l'avance statutaire qui n'est pas la propriété de l'ASL

Dans la mesure où il ne s'agit que du remboursement d'une avance par l'acquéreur, les créanciers ne peuvent opérer de saisie sur ces fonds qui ne sont pas la propriété de l'ASL. L'ASL peut sans doute utiliser tout ou partie des avances en cas d'impayés de colotis dans la mesure où elle procède à restitution finale.

Sous-section 5 Interrogation sur l'atteinte éventuelle à la modification de la répartition des cotisations ou la rupture d'égalité ?

In fine la question peut se poser de savoir si ce versement obligé d'une avance dans la mesure où il ne toucherait que quelques nouveaux associés, ne contribuerait pas à augmenter des engagements individuels, ou à modifier d'une certaine manière la répartition des cotisations[4]. Dans ce cas le risque est la nullité, car seule l'unanimité et non la majorité peut augmenter les engagements individuels.

Dans la mesure où les charges impayées constituent un problème récurrent, les anciens colotis qui n'ont rien à supporter y voient sans doute un avantage. On peut toutefois s'interroger sur la valeur de cette clause dans les ASL. N'instaure-t-elle pas une augmentation des engagements individuels ? En matière d'association syndicale à la constitution déjà peu claire du fait de l'adhésion implicite des membres à l'ASL via le cahier des charges, s'ajouterait ainsi la discrimination opérée entre certains des membres de la personne morale. Ne risque-t-on pas alors de considérer qu'il existe une rupture d'égalité entre les colotis ? Rien n'est certain car il ne s'agit que d'une « avance » remboursable (mais sans intérêts et non sans risque !). La question mérite réflexion. Il convient d'attirer l'attention du trésorier[5]. On ne peut que recommander la prudence.

Les auteurs (renommés) Christian Arias et Jean-Marc Le Roux du livre « Le guide des associations syndicales libres des propriétaires » 8e édition, un des rares livres universitaires sur le sujet, estiment (p 252 n°331) qu'une clause relative à « l'avance pour travaux futurs ou éventuels » pourrait interdire tout remboursement au vendeur si les statuts le prévoyaient. Selon ces derniers, « une telle clause ne sera

[4] Cass. civ. 21 septembre 2011 n° 10-18. 788

[5] Cass 4e Ch. À 27 nov. 2009

probablement pas jugée illicite ». Cette solution peut paraître contestable et pose en cours de fonctionnement le problème d'une rupture d'égalité.

Chapitre III :

Recouvrement des charges impayées

Introduction

Les impayés représentent un véritable problème. On peut estimer que lorsqu'ils dépassent plus de 20 % du budget de l'année les difficultés de l'ASL deviennent sérieuses et qu'une procédure d'alerte est proche. Le rôle du président est double. Il lui appartient non seulement de réclamer les impayés mais aussi d'adopter une gestion de crise. Ce n'est sans doute pas à une telle époque qu'il convient d'effectuer de gros travaux.

Section1 Conditions pour recouvrir les dettes

Sous-section 1 La charge de la preuve en cas d'impayés appartient à l'ASL

– Le président de l'ASL a plein pouvoir pour agir dans le cadre d'une action en recouvrement des impayés. En l'absence de texte précis et sauf si les statuts s'y opposent le président de l'ASL représente l'ASL en justice (voir supra).

Il appartient à l'ASL de déterminer que l'acquéreur d'un lot devait des cotisations ou charges d'un montant déterminé et que ce dernier avait connaissance de cette obligation (voir supra création de l'association notion de membre de l'association (arrêt annexe 2). Ces charges ou cotisations sont indifférenciées en ce sens que rien n'oblige à établir des catégories distinctes (dépense de loisirs ou d'équipement ou autres).

La jurisprudence a parfois considéré qu'il n'était nullement prouvé par l'association qui a la charge de la preuve qu'il ait été porté à la connaissance du propriétaire du lot la disposition prévoyant l'obligation de contribuer aux charges (voir Annexe jurisprudence). Certes une mention en principe est faite dans le cahier des charges ou dans le contrat de vente remis au propriétaire. Mais est-elle suffisamment claire ? N'est-elle pas trop implicite ? Des décisions parfois contradictoires ont été rendues.

L'ordonnance de 2004 souligne toutefois à l'article 4 que l'ancien propriétaire doit informer le nouveau propriétaire des servitudes. Ce texte jouerait donc en faveur de l'association qui pourrait ainsi faire présumer sauf preuve contraire que l'information a été transmise. Reste à savoir toutefois si la connaissance de parties entre elles est suffisante et surtout si le notaire procède au travail d'information. L'absence de remise de tout document (Cahier des charges, statuts) est regrettable sans être déterminant.

Sous-section 2 Le nouvel acquéreur doit régler les arriérés de l'ancien propriétaire

Un problème se pose pour la détermination du débiteur en cas de changement de propriétaire. C'est en principe le nouvel acquéreur qui doit régler les dettes. La Cour de cassation considère que l'acquéreur d'un lot est débiteur des charges et de l'arriéré des charges de son prédécesseur. La jurisprudence discerne parfois s'il s'agit d'avances pour travaux éventuels des autres cas (supra). Les statuts pourraient ou devraient apporter toute précision pour éviter les conflits. Des accords amiables de répartition des sommes peuvent être enfin convenus entre acquéreur et vendeur mais ils sont inopposables à l'association.

En cas de retard du débiteur dans le paiement il est possible de faire jouer une clause pénale insérée éventuellement dans les statuts mais cette clause pénale peut être réduite par le juge.

Sous-section 3-Nécessité de l'approbation des comptes et du vote régulier du budget

Les charges naissent de l'approbation des comptes par l'assemblée et d'un vote régulier du budget. Il importe de le préciser car l'annulation de la décision approuvant la réalisation des travaux prive le syndicat de tout titre régulier pour réclamer la somme due. Une des premières réactions du juge au tribunal est souvent de vérifier outre la clarté de la clause des statuts sur laquelle s'appuie la demande le fait que le budget a été régulièrement voté. Il convient donc de fournir le PV de l'AG approuvant les comptes et le décompte de répartition des charges.

Dans l'hypothèse où un associé n'a pas demandé la nullité de l'assemblée dans les délais prévus il ne peut par la suite se prévaloir de cette nullité dans le cadre d'une demande de l'ASL[1]. On rappelle à cet effet qu'une **exception de nullité** est, en droit, un argument que l'on soulève avant même d'évoquer le fond de l'affaire, « in limine litis » et qui tend à voir annuler une pièce de la procédure ou, éventuellement, l'ensemble de la procédure, en raison de la violation par l'une des parties (demandeur, défendeur, forces de l'ordre, administration fiscale, magistrat).

Il existe enfin des cas ou faute de mise en conformité des statuts les charges n'ont pu être demandées par l'ASL (voir sur ce sujet l'étude mise en conformité) en raison de la perte de la capacité juridique de l'ASL.

Section 2 Les diverses procédures de recouvrement

Sous-section 1 Les procédures légales

– Les procédures légales « classiques » de recouvrement

Les procédures de recouvrement sont distinctes et fonction des cas. Les mesures préventives ou amiables sont importantes. Il convient de réagir sans trop tarder face aux impayés d'autant qu'on ne peut oublier que l'ASL n'est sans doute pas la seule créancière et qu'en cas de surendettement ou de liquidation de biens les espoirs de gains sont faibles. Les procédures peuvent être diverses : lettre de relance, échéancier suite à protocole d'accord, lettre de mise en demeure, intérêts de retard. Par la suite des procédures simples et rapides (tout est relatif) peuvent être utilisées telle la procédure d'injonction de payer (qui peut permettre sous certaines réserves de perdre de mesures conservatoires -saisie sur compte bancaire saisie sur salarie, etc. -.) ou la procédure de référé. Au-delà d'une certaine somme une action devant le tribunal d'instance ou de grande instance sera nécessaire. En dépit de certains privilèges de l'ASL à l'instar de la copropriété, (hypothèque légale opposition) on ne peut négliger l'étude du pourcentage de chances de recouvrement de la dette. Il peut parfois sembler faible sur le plan financier si l'on tient compte des frais divers, du temps passé, des créanciers super privilégiés et enfin du risque d'insolvabilité du débiteur.

[1] Cass 1ere 3 avril 1990 Bull civ 1 n°78

Sous-section 2 Procédures légales « spécifiques à l'ASL » (émanant de la législation) à titre de garanties contre les impayés
« Hypothèque légale et l'opposition au versement des fonds en cas de vente »

Le président de l'ASL avant toute vente du coloti débiteur de charges peut inscrire une hypothèque légale sur le lot du copropriétaire débiteur, sans avoir à solliciter l'assemblée générale, pour garantir le paiement de charges ou travaux datant de moins de cinq ans.

Lors d'une vente l'ASL peut faire opposition en cas d'impayés entre les mains du notaire qui a reçu la somme liée à la vente du lot si sa créance est certaine liquide et exigible.

– §1 L'hypothèque légale

Préalable à l'hypothèque légale

Avant l'inscription d'une l'hypothèque légale, si la somme est relativement minime il est judicieux d'adresser des lettres de rappel. On recommande l'inscription d'une hypothèque légale lorsque la somme est approximativement de 3000 euros. L'inscription d'une hypothèque légale n'exclut pas une procédure d'injonction de payer ou l'assignation devant le tribunal afin d'opérer une saisie vente immobilière. En général les tribunaux sont réticents à opérer une vente immobilière si la somme due n'est pas conséquente (aux environs de 20 000 euros).

Le non-paiement des sommes dues pour charges ou travaux après refus du copropriétaire peut conduire à l'inscription immédiate de l'hypothèque légale. **L**'hypothèque légale peut être inscrite pour toute créance exigible de toute nature (cotisations, charges dommage et intérêts, provisions sur charges). Cette mesure concerne tout immeuble dans le périmètre de l'ASL. Mais ces sommes doivent être dues depuis moins de 5 ans.

L'inconvénient de l'hypothèque légale résulte du fait qu'elle ne garantit pas les dettes anciennes et donc de plus de cinq ans. Par ailleurs les inscriptions doivent être renouvelées chaque année. Les frais divers (huissier) sont in fine coûteux.

Le rang de l'hypothèque légale est important. Il est en premier rang. Mais même en premier rang des créances super privilégiées, (ex fisc, sécurité sociale, salaires privilégiés) ou des hypothèques antérieures conventionnelles ne permettent pas bien souvent d'assurer le remboursement de la créance de l'ASL.

– §-2 L'Opposition par l'ASL au versement des fonds si vente en cas d'impayés

Principe : Dès la réception d'un avis de mutation le représentant de l'association peut faire opposition[2] au prix de vente du lot du coloti[3] si les créances de L'ASL sont liquides et exigibles (exclusions des provisions).

L'opposition dans les mains du notaire bloque comme une saisie la somme due au vendeur. Le montant de la créance et la cause doivent être précisés. Les créances de provision en sont exclues. Cette opposition ne permet plus au notaire de payer le prix au vendeur. Par la suite, à défaut d'accord dans un délai de trois mois après la constitution dans la mesure du moins où il n'y a pas eu de contestation de l'opposition par l'une des parties devant tribunal[4] la somme sera versée à l'ASL.

Ordre de préférence : Le syndicat (comité syndical) est préféré au vendeur et au prêteur non seulement pour les créances afférentes aux **charges et travaux de l'année courante mais encore pour les deux dernières années échues.** Mais même dans ce dernier cas ce super privilège (avant le privilège hypothécaire et le privilège du prêteur de deniers) dit occulte car non publié est relatif (d'autres créances, salariales notamment, peuvent passer avant s'il y a lieu).

Pour les années suivantes et jusqu'à la cinquième année il existe un concours avec les privilèges du prêteur (cas d'achat immobilier à crédit et emprunt impayé à la banque) et du vendeur. Il ne restera en fait souvent que peu si ce n'est rien à recevoir même si cette situation passe avant les créanciers hypothécaires. Si l'on ajoute la nécessité d'une ventilation de diverses créances pour former opposition parfaite et effective alors que nous sommes en recherche de pièces et archives vous voudrez bien comprendre les hésitations pouvant exister.

---

[2] cf. loi 10 juillet 1965

[3] art 3 Ordonnance du 1er juillet 2004

[4] Art 20 al 1 L65 Loi du 24 mars 2014

Section 2 Procédures émanant de dispositions statutaires

Sous-section 1 Application statutaire de la loi Elan

L'application de la loi ELAN du 23 novembre 2018, loi spécifique à la copropriété, présente un intérêt particulier si du moins les statuts de l'ASL prévoient son application. Le défaut de versement d'une provision à sa date d'exigibilité dans un délai de 30 jours justifie la condamnation du copropriétaire non seulement au paiement de l'ensemble de l'arriéré des charges dues mais aussi de manière anticipée au règlement de toutes les autres charges futures qui ont été votées. Cette application à la lettre peut toutefois soulever une interrogation. La loi sur la copropriété peut-elle s'appliquer dans tous les cas au seul au bon vouloir des ASL ? N'est-elle pas spécifique à la seule copropriété ? Les débiteurs poursuivis ne risquent-ils pas d'objecter en défense cet argument ? La réponse nous paraît fonction des statuts. Il importe que ces derniers mentionnent qu'une telle procédure puisse être appliquée à l'ASL.

En matière d'impayés il nous apparaît important qu'un lien étroit direct se tisse entre l'ASL et son conseil ou avocat.

Sous-section -2 Quelques autres dispositions statutaires fréquentes relatives à la clause pénale en cas d'impayés ou à la collecte licite des charges par le syndicat des copropriétaires (en cas d'immeubles) en copropriété attirent l'attention en raison d'une validité parfois douteuse. Il en est ainsi de :

– §1 La clause pénale insérée dans les statuts selon laquelle le propriétaire du fait d'impayés cesserait de jouir des services de l'ASL

Une telle disposition ne peut être appliquée à la lettre et suppose l'intervention du juge qui doit se prononcer sur la faute commise, sur le montant du préjudice. On peut être dubitatif sur la valeur d'une telle clause. La privation de tous les services gérés par l'ASL peut sembler excessive.

– §2 La clause selon laquelle le syndicat des copropriétaires (syndic d'immeuble) peut collecter les charges de l'ASL et est responsable des charges de l'ASL de l'immeuble

Le fonctionnement des Associations Syndicales Libres (ASL) devient complexe au cas où plusieurs immeubles inclus dans le périmètre de l'association sont placés sous le régime de la copropriété. Dans cette hypothèse, deux organismes coexistent impliqués dans la gestion et l'entretien de l'immeuble : le syndicat des copropriétaires et l'association syndicale.

Deux questions se posent :

Le syndicat de copropriétaires peut-il collecter les charges de l'ASL ? (cas n°1)

Le syndicat de copropriétaires est-il redevable des charges adressées par l'ASL ? (cas n°2)

Concernant le premier cas :

Le syndicat des copropriétaires n'a pas en principe qualité pour agir en lieu et place de l'ASL en recouvrement des cotisations. Toutefois les règlements de copropriété mentionnent parfois que pour des raisons pratiques les charges des ensembles immobiliers peuvent être collectées par le Syndicat de Copropriété auprès de leurs membres. Une clause insérée dans les statuts de l'ASL les y autorisant serait parfaitement valable.

Concernant le second cas :

Il a été jugé que le syndicat n'était pas redevable des charges. En 2010 la cour d'appel d'Aix-en-Provence indique « un syndicat de copropriétaires n'est pas propriétaire des parties communes et ne peut donc être membre d'une ASL ; seuls les copropriétaires en sont individuellement membres ; qu'il en résulte que nonobstant les stipulations du règlement de copropriété de l'îlot J, seuls les copropriétaires sont redevables des charges envers l'ASL[5]».

Cette précision est importante car des clauses des statuts des ASL mentionnent parfois encore que le syndicat des copropriétaires soit responsable des charges impayées.

---

[5] CA Aix-en-Provence 28 juin 2010

Section 3 Délai de prescription

Le délai prescription en matière d'impayés de cotisations ou si l'on préfère de charges est de 5 ans. Ce délai est le délai de prescription de droit commun[6]. Il est identique en cas de répétition de l'indu lorsqu'il s'avère qu'un coloti ou un ancien propriétaire a trop payé de charges à l'association.

Cette étude suppose l'absence de procédure de surendettement ou de redressement judiciaire du débiteur. Dans le cas inverse les chances de l'ASL qui aurait un débiteur en liquidation de biens sont financièrement réduites, voire quasi nulles.

---

[6] Art 2224 C civ. Les actions personnelles ou mobilières se prescrivent par cinq ans à compter du jour où le titulaire d'un droit a connu ou aurait dû connaître les faits lui permettant de l'exercer.

TITRE II :

L'ASL débitrice

Une ASL peut avoir des dettes. La question de l'importance du patrimoine ou de la responsabilité personnelle des membres de l'ASL se pose.

Les créanciers de l'ASL peuvent avoir tendance à penser que leur situation est meilleure qu'elle ne l'est véritablement. Car si l'ASL gère les biens communs tous les biens communs qu'elle gère ne sont pas sa propriété. Par ailleurs les biens des membres ne peuvent être saisis. Les créanciers de l'association ont un gage réduit du fait d'un patrimoine réduit.

Section 1 L'autonomie patrimoniale de l'ASL (et l'impact sur les créanciers)

L'ASL est considérée comme une personne morale de droit privé. Selon la Cour de cassation son patrimoine est distinct de celui de ses membres. En cas de dettes, les membres ne sont pas responsables du passif[216]. Leurs biens ne peuvent être saisis.

On dit souvent que l'ASL possède plus de biens que le syndicat de copropriété qui selon la loi de 1965 n'a pas en principe de patrimoine immobilier. À l'examen attentif la différence n'est pas toujours évidente. L'ASL gère certes des biens communs, mais elle n'en est pas pour autant nécessairement propriétaire. Elle peut même n'être propriétaire d'aucun bien et assurer une mission de gestion et d'administration sur des terrains appartenant à chacun des propriétaires.

Parmi les biens qui sont la propriété de L'ASL figurent en premier lieu les cotisations. Toutes les cotisations régulièrement appelées

[216] Cass 3 civ 27 Sept 2000 Bull civ III numéro 192

chaque année et perçues sont propriété de l'ASL à l'exception des avances pour financement de travaux éventuels. Il est estimé qu'il n'y a pas lieu à remboursement au propriétaire qui vend en cours d'année. Mais qu'en est-il des autres biens, tennis, jeux divers, voirie, espaces verts, équipements. L'ASL n'en est pas nécessairement propriétaire. Les colotis peuvent être copropriétaire en indivision, le lotisseur peut avoir voulu garder la propriété de certains biens, etc. Une étude ou une recherche de documents et titres de propriété s'impose. La perte des archives d'origine est assez fréquente et ne facilite pas la tâche.

En principe le lotisseur prend à l'origine l'engagement de constituer une ASL à laquelle seront dévolus « la propriété » la gestion et l'entretien des terrains et équipements communs (art 442 - 7 du code de l'urbanisme). Mais il existe des exceptions au profit de la commune ou des acquéreurs de lots (art 442-8). Il peut être prévu que des éléments communs puissent entrer dans le patrimoine de ces derniers. Des colotis peuvent ainsi être propriétaires d'une portion de voie proportionnelle à leur parcelle ou propriétaire indivis avec tous les autres acquéreurs. Par ailleurs il peut arriver en pratique que le lotisseur oublie de céder des éléments communs. Cette inertie peut poser problème à l'ASL qui bien qu'obligée à l'entretien du bien commun n'est pas propriétaire de ce dernier. Elle ne peut donc souscrire un contrat d'entretien avec un tiers et n'a pas qualité pour agir en réparation des désordres affectant ce bien[217]. En revanche les risques demeurent à la charge du lotisseur si ce dernier est toujours propriétaire. Chaque cas est un cas d'espèce et il importe de savoir qui est le propriétaire de même qu'il importe de savoir si la cession de préférence notariée est réalisée à titre gratuit ou onéreux.

La Cour de cassation semble reconnaître que l'ASL peut être mise en redressement judiciaire[218].

Section 2 Les créanciers de l'association ASL ne peuvent poursuivre les membres sur leurs biens personnels

La question de la responsabilité des membres de l'ASL à l'égard des tiers et aux dettes de l'ASL a été posée. Originairement la Cour de cassation avait répondu positivement. Une action des créanciers contre les associés a été reconnue possible à travers deux arrêts de la troisième Chambre civile et ce au prorata des tantièmes. Mais la troisième

---

[217] Cass 2 janvier 2010 n° 08-13949

[218] Cass 3 civ 27 septembre 2000

Chambre civile du 12 juin 2002[219] a considéré que cette solution était en contradiction avec les articles 3 et 5 de la loi du 21 juin 1865 sur les associations syndicales et 1165 du Code civil au motif qu'une A.S.L. constitue une personne morale de droit privé dont le patrimoine est distinct de celui de ses membres, lesquels ne sont pas responsables à l'égard des tiers du passif de la personne morale. La cour considère toujours de nos jours que le patrimoine de l'association est distinct de celui de ses membres et que les membres ne sont pas responsables du passif de la personne morale à l'égard des tiers[220]. On ne peut donc assimiler l'ASL à une société de personnes mais plutôt à une société anonyme de capitaux. L'analogie avec la société est d'actualité du fait du nouveau décompte des voix dans les sociétés anonymes depuis 2019 (supra) qui tient compte des abstentions. Par analogie reposant sur une jurisprudence initiale[221] et actuellement sur la loi de modification du droit des sociétés du 19 juillet 2019 le décompte des voix dans les AG des associations et des ASL devrait être identique à celui des sociétés anonymes. Il faudrait désormais prendre en compte les votes abstentions ou nuls. De ce fait alors qu'antérieurement les votes absentions étaient considérés comme votant « contre » la résolution ils sont désormais considérés du fait du retranchement comme votant pour la résolution. Le sujet est nouveau. Il est intéressant de suivre l'évolution qui se dessine en France alors même que presque tous les pays d'Europe ont déjà intégré le vote abstention (en ce sens l'exemple précédent sous intitulé « Majorités » peut à nouveau illustrer le sujet).

[219] Cass 3 civ 12 juin 2002 pourvoi : 00-1927 Bull n° 134

[220] Cass 3 civ 12 juin 2002 pourvoi n° 00-1927 Bull n° 134 (Cassation partielle)

[221] CA Douai supra

LIVRE VII :

LA DISSOLUTION D'UNE ASL

Préambule : Notions générales sur la dissolution et intérêt de la mention de la dissolution dans les statuts

La question de la dissolution est importante et la mention de la dissolution dans les statuts est du ressort de la responsabilité du président. Il convient de rappeler par ailleurs qu'à défaut de mention dans les statuts permettant d'organiser la dissolution les sanctions relatives au défaut de mise en conformité seront applicables et qu'il existe donc un risque de perte de la capacité juridique.

La dissolution est la décision de mettre un terme à l'ASL. Elle n'entraîne pas de plein droit le transfert des biens à ses membres ni même la mort de l'association en tant que personne morale. L'ASL subsiste pour les besoins de la liquidation, sa personnalité morale demeure mais est réduite à cette dernière finalité. Le syndicat survit donc selon la Cour de cassation jusqu'à sa liquidation[222].

Enfin la dissolution ne reconduit pas comme imaginé par certains à un régime de copropriété sauf décision contraire à l'unanimité.

Section 1 Fondements juridiques relatifs à la dissolution

L'ordonnance de 2004 et le décret de 2006 sont le plus souvent silencieux sur le sujet de la dissolution des ASL à la différence de la loi sur les associations de 1901. La jurisprudence n'est pas d'une grande aide. L'assemblée peut combler des vides ou jouer un certain rôle en l'absence de précision. Les statuts ont une place déterminante.

---

[222] Cass 3 civ 13 janv. 2015 n°13-20.908

Sous-section 1 Le silence de textes sur la dissolution

Les rares textes du décret de 2004 relatif aux ASL ou de l'ordonnance de 2006 n'apportent guère de précisions sur la dissolution.

L'art 3 D du décret de 2004 indique que les statuts fixent librement les modalités de « dissolution », et de modification des statuts (ainsi que les modalités de « distraction » d'un immeuble de l'association) tant que durera son objet. Les statuts sont chargés de remédier à ce silence.

L'article 5 du décret de 2004 prévoit que la déclaration ou la modification apportée aux statuts doit être faite par le président dans le délai de trois mois à partir de la date de délibération. Il en est même de la dissolution. Dans ce cas le délai court à compter de la constatation par le président que les conditions de dissolution prévues par les statuts sont remplies.

Il s'agit donc là d'une attribution spécifique du président qui doit faire la démarche en préfecture ou sous-préfecture et sur laquelle il convient d'insister de manière d'autant plus importante que l'absence de mention de dissolution dans les statuts est comme dit supra une des causes d'absence de mise en conformité des statuts qui peut engendrer la perte de la capacité juridique de l'ASL.

Sous-section 2 La jurisprudence

La jurisprudence a statué sur certaines situations particulières telles que la question de savoir s'il y avait lieu à dissolution en cas de décès de tous les membres de l'association. La question s'est posée dans la mesure où le principe est qu'une association a une durée de vie illimitée[223]. Dès lors les membres peuvent décéder bien avant. Le décès de l'ensemble des membres ne doit-il pas conduire à la dissolution de l'association ? La réponse a été négative. L'ASL perdure tant que les biens existent. Ces biens en cas de décès seront dévolus aux héritiers. Le décès de tous les membres n'entraîne donc pas la dissolution du groupement. Mais que deviennent les biens et notamment les immeubles abandonnés ? Sont-ils considérés comme sans maître ? Sont-ils dès lors dévolus à la commune, l'établissement public compétent, ou encore à l'État ? Peut-on refuser cette attribution ? La Cour de cassation a tranché en date du 18 juin 2003[224].

---

[223] Cass., 3e civ., 3 avril 1990, n°87-11287, Bull. civ. III

[224] Cass 3e Civ 18 juin 2003 01-01 .758

« Mais attendu, qu'ayant relevé qu'il n'existait pas, dans les statuts de l'ASL, de disposition sur la dévolution de ses biens en cas de dissolution et que celle-ci avait, lors de sa dissolution, décidé d'abandonner purement et simplement la parcelle lui appartenant, la cour d'appel a retenu à bon droit que la propriété de ce bien sans maître était dévolue à l'Etat par application des articles 539 et 713 du Code civil ».

Dans cette dernière affaire les membres d'une association syndicale libre, propriétaires d'une parcelle à usage d'espace vert, décident de sa dissolution. Aucune personne n'ayant souhaité acquérir cette parcelle, les membres de l'association décident de l'abandonner, et ceci entre les mains de l'État, arguant que la parcelle devenait un bien sans maître[225]. Compte tenu sans doute des coûts que cela supposait, le service des domaines refusait d'admettre la dévolution unilatérale de la parcelle à l'État. Le service des domaines de l'État soutenait que l'opération devait être analysée comme une libéralité et qu'en conséquence l'acceptation de celle-ci par son bénéficiaire était nécessaire.

La cour d'appel a considéré que la dissolution de l'association avait entraîné l'abandon de la parcelle laquelle se trouvait dès lors sans maître et qu'en conséquence sa propriété était dévolue de plein droit à l'État.

La Cour de cassation confirme cette argumentation et approuve la décision de la cour d'appel. Elle reconnaît le caractère unilatéral de la décision d'abandon de propriété et ainsi l'absence de liberté de choix pour l'État de recueillir ces biens abandonnés dans son domaine public.

Un autre arrêt important de la Cour de cassation en date du 11 février 2016 a considéré que la caducité des règles d'urbanisme n'entraînait pas la disparition de l'ASL et que cette dernière conserve une de ses missions dont le respect du cahier des charges. Faute de texte ou de jurisprudence la question qui se pose alors est de savoir quelle est la solution à adopter. ? Le rôle de l'assemblée ne peut être négligé bien que rarement cité.

Sous-section 3 Rôle de l'assemblée en l'absence de texte ou de clauses statutaires

À défaut de clauses statutaires, l'assemblée générale est la seule à avoir le droit de dissoudre l'ASL. Il appartiendra à cette assemblée de définir et statuer sur les causes de dissolution et les modalités. Une

[225] art. 539 Code civil

décision prise à l'unanimité ne poserait aucun problème. Il convient d'être plus réservé sur des conditions autres à la majorité de l'assemblée par exemple. Dans les faits de nombreux statuts font mention d'une clause prévoyant que la dissolution ne peut être prononcée que par une délibération prise à la majorité des trois quarts des voix de tous les propriétaires.

La dissolution du fait de regroupement des lots en un seul ou scission des lots en parcelles nécessite un vote à l'unanimité des colotis.

Un autre cas de dissolution peut provenir de la volonté de transformer l'ASL en union syndicale afin que seuls les syndics participent à l'assemblée, ou de convertir l'ASL en association autorisée ou forcée.

En résumé donc le droit de dissoudre l'ASL (comme celui de modifier son objet ou de constituer une servitude de passage), n'appartient en principe qu'à l'assemblée générale des propriétaires de l'ASL. À défaut ou en cas de difficulté le président du Tribunal de grande instance pourrait aussi être saisi.

Sous-section 4 Importance des statuts (et des clauses statutaires)

Les textes sont muets sur la dissolution. Mais il est impératif que les statuts évoquent la situation ainsi les divers cas retenus à défaut de quoi il existe un risque de sanction pour absence de mise en conformité. Il convient de noter par comparaison qu'en matière de copropriété cette dernière ne peut être dissoute que dans le cas où tous les lots se retrouvent entre les mains d'un seul et même propriétaire. Plus précisément l'article 3 D du décret de 2004 indique que les statuts fixent librement les modalités de «dissolution». Les cas de dissolution de l'ASL et pour partie le formalisme nécessitent ainsi de se référer aux statuts. Il appartient donc à ces derniers de prévoir les cas de dissolution et mieux encore les modalités de dissolution.

Les statuts dans le silence des textes devraient donc s'attacher plus généralement aux personnes pouvant demander la dissolution, aux organes compétents pour la prononcer, aux motifs de dissolution, aux règles de délibération (on rappelle à ce propos que dans une même ASL les délibérations peuvent être différentes selon la nature de la modification statutaire (objet, périmètre).

La préfecture a fait paraître un modèle type des statuts. L'article relatif à la dissolution est le suivant :

Modèle type préfecture

Article 29 – Modification – Dissolution 29.1. Les modifications des présents statuts sont décidées par l'assemblée générale extraordinaire. 29.2. La dissolution de l'ASL de propriétaires ne peut être prononcée que par une délibération prise à la majorité des trois quarts des voix de tous les copropriétaires. En outre cette dissolution n'est susceptible d'intervenir que dans l'un des cas suivants : a) disparition totale de l'objet défini en tête des présents statuts, b) approbation par l'association syndicale d'un autre mode de gestion légalement constitué.

Il n'y a nulle nécessité à reprendre à la lettre en tant que modèle cet article qui fait corps avec un ensemble. Mais on peut observer que le texte fait bien mention des causes de dissolution, des personnes et organes compétents pour prononcer la dissolution.

La consultation de nombreux statuts permet de souligner que l'article relatif à la dissolution est parfois oublié ou incomplet. Par ailleurs les modalités de liquidation et de partage suite à dissolution sont presque toujours omises ce qui paraît regrettable. Certes il n'y a pas obligation dans ce dernier cas, mais il nous semble dommageable pour les membres de l'ASL que ne soient pas mentionnées de manière détaillée dans les statuts les modalités de liquidation et de partage.

Section 2 Principaux cas de dissolution

Sous-section 1 Dissolution par disparition ou réalisation de l'objet social

Les causes de dissolution peuvent être multiples. La disparition de l'objet social est classiquement citée. C'est une cause légale mais elle figure aussi souvent en tant que clause statutaire. Dans les lotissements l'objet social peut être la gestion de la voirie des réseaux et des espaces verts communs. L'attention doit être attirée sur le fait que la dissolution en cas de perte de l'objet social ne survient que lorsque la totalité des éléments communs a disparu et a été par exemple rétrocédée. C'est peut-être le cas lors du transfert des voiries et des espaces communs à la personne publique compétente. Si l'ASL a pour seul objet, pour seule mission de gérer des aménagements communs tels les réseaux d'eau ou d'épuration et que ces derniers biens communs sont repris ou sont à la charge d'un autre organisme ou d'une commune du fait par exemple de l'intercommunalité (loi « Notre » du 7 août 2015 portant nouvelle organisation territoriale de la république par exemple) la dissolution pourrait être légalement prononcée en raison de la disparition de l'objet social. Cet exemple n'est pas innocent ou choisi au hasard. Il est proche de l'actualité du fait de l'existence d'une structure publique intercommunale qui selon la loi » Notre » devrait prendre en charge dans certaines communes les eaux et la station d'épuration qui ne dépendront plus du domaine privé. Mais il convient en l'espèce de préciser que bien souvent les ASL ont aussi d'autres missions et notamment celles de faire respecter le cahier des charges. Dans ce cas l'objet social n'a pas totalement disparu et l'ASL sauf clause statutaire précise ne devrait pas être dissoute.

Il arrive assez souvent que les clauses de statuts indiquent que « l'association ASL a une durée indéterminée «tant que perdure la nécessité légale de son existence ». Cette phrase est peu compréhensible pour le profane. «Tant que perdure la nécessité légale de son existence » peut avoir pour incidence qu'en cas de disparition de l'objet social, si la mission est terminée, totalement terminée, l'ASL peut être dissoute puisque l'objet qui était le fondement de sa mission a disparu.

Sous-Section 2 Dissolution par arrivée du terme

Les statuts peuvent avoir fixé un terme et dans ce cas l'ASL est dissoute à l'arrivée du terme. Si les statuts prévoient une prorogation, une décision majoritaire prise avant l'arrivée du terme suffit.

Sous-section 3 Dissolution avant l'arrivée du terme

Pour faire disparaître l'ASL avant le terme prévu, la résolution doit être adoptée en principe à l'unanimité. Si la plupart des auteurs partagent ce sentiment la Cour de cassation en revanche a pu considérer que la majorité peut suffire si la décision est prise avant le terme prévu[226].

Sous-section 4 Dissolution du fait de regroupement des lots en un seul ou scission des lots en parcelles

La dissolution pourrait avoir lieu aussi du fait de regroupement des lots en un seul ou scission des lots en parcelles. Un vote à l'unanimité des colotis sera nécessaire.

---

[226] Cass 1 civ, 3 avril 1990

Sous-section 5 Dissolution suite à approbation par l'ASL d'un autre mode de gestion légalement constitué

L'ASL peut préférer être soumise à une réglementation un peu différente qui est celle de la copropriété. Le droit de la copropriété est mieux connu que celui des ASL. Il n'offre pas les mêmes avantages. Il est plus rigide mais moins complexe.

Sous-section 6 Dissolution par transformation d'une ASL en ASA

La dissolution par transformation d'une ASL en ASA sous réserve de l'accord des membres à la majorité qualifiée (majorité des propriétaires représentant les deux tiers au moins de la superficie des propriétés ou les deux tiers des propriétaires représentant plus de la moitié de la superficie des deux tiers) est possible. L'inverse transformation d'une ASA en ASL suppose l'unanimité[227].

L'examen de divers statuts et des articles relatifs à la dissolution fait apparaître que la cause la plus fréquente mentionnée est la dissolution suite à la disparition de l'objet social. La dissolution en raison du choix d'un autre mode de gestion apparaît en second. Bien souvent ne figurent que ces deux derniers cas.

Section 3 Formalités légales de la dissolution

Le président de l'association joue un rôle important, voire prédominant. Il est responsable des démarches. Il doit[228], dans un délai de trois mois à compter de la constatation du fait que les conditions de dissolution prévues par les statuts sont remplies, déclarer et publier ce changement (délai identique en cas de création ou de modification des statuts). Les services de la direction des Journaux officiels ont établi le formulaire type d'insertion d'une dissolution. La publication de la dissolution au Journal officiel est gratuite. Pour les ASL dont le siège est à Paris, la déclaration de la dissolution doit être faite auprès de la préfecture de la région Ile de France.

---

[227] Cass 3 civ, 6 février 2020, n° 18-22.043

[228] Article 5 du décret du 3 mai 2006

Section 4 Incidences de la Dissolution

La dissolution n'entraîne pas de plein droit le transfert des biens à ses membres ni même la mort de l'association en tant que personne morale.

L'ASL subsiste pour les besoins de la liquidation, sa personnalité morale demeure mais est réduite à cette dernière finalité. Il convient notamment de préciser que si **l'association est dissoute les stipulations du cahier des charges demeurent. Des charges peuvent être à régler, des créances peuvent être réclamées.**

La loi est silencieuse sur les suites de la dissolution qui sont la liquidation et partage.

Sous-section 1 La liquidation

Si les statuts de l'ASL doivent mentionner comme il a été précisé les modalités de dissolution[229] il n'en est pas de même des règles à adopter concernant la dévolution de l'actif et du passif de l'association dissoute. Il serait pourtant judicieux que les règles de dévolution de l'actif et du passif de l'association dissoute soient connues. Ce silence est critiquable. Rares sont les statuts qui évoquent les dispositions à prendre.

Sous-section 2 Partage

Dans l'hypothèse où l'ASL est propriétaire de biens (la gestion de biens communs ne signifie pas la propriété des dits biens) il importe de déterminer les modalités de répartition des biens après règlement des créanciers. À défaut de stipulations expresses prévues dans les statuts de l'association quant au sort de ces biens, ces derniers à la liquidation ne pourront être répartis entre les anciens et derniers membres de l'association. Ils sont réputés vacants et sans maître. Ils seront par conséquent dévolus de plein droit à l'État[230]. Dans l'hypothèse inverse le solde de trésorerie pourrait être réparti selon des modalités similaires à l'appel des charges. Toute modalité autre serait possible mais cette dernière solution semble être la moins injuste. Elle sera sans doute toutefois critiquée car une équité parfaite est impossible. Comment par

---

[229] D. n° 2006-504, 3 mai 2006, art. 3, al. 1er

[230] Article 713 du Code civil

exemple favoriser ceux qui ont cotisé depuis plus de 20 ans et ont disparu ?

En pratique il peut arriver qu'après paiement des créanciers subsiste une somme importante dans la caisse de l'association syndicale alors dissoute. Les membres de l'association syndicale manifestent alors parfois une certaine interrogation voire une inquiétude. Elle serait sans doute moindre si les statuts, car la loi est silencieuse, avaient prévu des règles (ex modalités du partage et date de la répartition).

Annexe

Modèle de statuts présentés par la préfecture

STATUTS
Association syndicale libre de propriétaires

TITRE I – définition, périmètre et caractéristiques de l'association syndicale

Il est formé une Association Syndicale Libre (ASL) de propriétaires régies par l'ordonnance n°2004-632 du 1er juillet 2004 relative aux associations syndicales de propriétaires et tous textes d'application, complémentaires ou modificatifs.

Les syndicats de copropriétaires ou propriétaires des terrains, bâtis ou non, compris dans l'ensemble immobilier dit « ..., » situé à..., rue..., cadastré section..., numéro..., sont les membres de cette Association.

Cet ensemble immobilier comprend :

– ...

Le périmètre de l'ensemble immobilier comprenant les lots dont les propriétaires sont regroupés dans la présente ASL est susceptible d'extension, moyennant l'approbation par l'assemblée générale statuant dans les formes prévues pour les modifications statutaires.

Article 1 – Membres de l'ASL

1.1. Tout propriétaire, de quelque manière qu'il le soit devenu, d'un fonds ou terrain de l'ensemble immobilier est de plein droit membre de l'Association Syndicale Libre de propriétaires.

Les droits et obligations qui dérivent de la constitution de L'ASL de propriétaires sont attachés aux immeubles compris dans le périmètre de l'association et les suivent, en quelque main qu'ils passent, jusqu'à la dissolution de l'association ou la réduction de son périmètre.

En cas d'usufruit, le nu-propriétaire est seul membre de l'association. Il informe l'usufruitier de la création ou de l'existence de l'Association et des décisions prises par elle. Il peut toutefois être convenu avec l'usufruitier que celui-ci prendra seul la qualité de membre de l'Association et l'informera des décisions prises par celle-ci.

En cas d'existence d'un syndicat de copropriétaires sur tout lot, c'est le syndicat qui sera membre de l'ASL de propriétaires, mais chaque copropriétaire devra donner individuellement son consentement à l'adhésion à l'ASL, sauf si l'adhésion résulte de l'acte de mutation à son profit dans les conditions précisées *infra*. Le syndic n'a pas à justifier d'une autorisation préalable de l'assemblée générale de son syndicat.

1.2. L'adhésion à l'ASL et le consentement prévu à l'article 7 de l'ordonnance précitée sont susceptibles de résulter de tout acte de mutation, à titre onéreux ou gratuit, de biens et droits immobiliers de l'ensemble immobilier.

1.3. Lors de la mutation d'un bien compris dans le périmètre de l'ASL, avis de la mutation doit être donné, dans les conditions prévues à l'article 20 de la loi n° 65-557 du 10 juillet 1965 fixant le statut de la copropriété des immeubles bâtis, à l'Association qui peut faire opposition dans les conditions prévues audit article pour obtenir le paiement des sommes restant dues par l'ancien propriétaire.

1.4. Le président de l'ASL de propriétaires tient à jour l'état nominatif des syndicats de copropriétaires et propriétaires des immeubles inclus dans le périmètre de celle-ci, ainsi que le plan parcellaire.

À cet effet, toute mutation de propriété d'un immeuble, bâti ou non, inclus dans le périmètre de l'association lui est notifiée, au siège de l'Association, par le notaire qui en fait le constat.

1.5. Le propriétaire d'un immeuble compris dans le périmètre de l'ASL de propriétaires doit, en cas de transfert de propriété, informer le futur propriétaire de cette inclusion et de l'existence éventuelle de servitudes. Il doit informer le locataire de cet immeuble de cette inclusion et de ces servitudes.

Article 2 – Objet de l'ASL

L'ASL de propriétaires a pour objet :

– La garde, la gestion, l'entretien, éventuellement la propriété, des installations, équipements, ouvrages et biens mobiliers et immobiliers d'intérêt collectif de l'ensemble immobilier, en particulier de ceux ci-après désignés.

– Leur amélioration et la création de tous nouveaux équipements et aménagements d'intérêt collectif, par l'acquisition ou la location de tout ouvrage ou par l'exécution de tous travaux, dans le périmètre défini plus haut, ou, par exception, à l'extérieur de celui-ci, s'il y avait lieu.

– Le cas échéant, la cession à titre gratuit ou onéreux, à la commune ou à tout autre établissement du patrimoine de l'ASL ou de partie de ce patrimoine.

– La fixation du montant de la contribution des membres aux dépenses, la répartition des dépenses entre les membres de l'ASL, ainsi que le recouvrement et le paiement de ces dépenses.

– La représentation des intérêts collectifs des propriétaires concernant l'usage et la valeur de leurs biens immobiliers.

– La police des biens communs et équipements collectifs, l'établissement de tous cahiers des charges et règlements intérieurs pour la gestion de ces biens et équipements, leurs modification et suppression.

D'une manière générale, toutes opérations financières, mobilières et immobilières, concourant aux objets ci-dessus définis notamment la réception de toutes subventions et la conclusion de tous emprunts. Biens communs ou équipements collectifs :

– ...

Biens, espaces et autres éléments dont l'utilisation sera commune à..., bien que situés en totalité ou en partie sur le sol de l'une ou l'autre des résidences :

– ...

La prise en charge des installations, équipements et autres locaux techniques interviendra dès que les travaux seront achevés et réceptionnés.

Article 3 – Dénomination de l'ASL

L'ASL de propriétaires prend la dénomination de « ... ».

Article 4 – Siège de l'ASL

Le siège de l'ASL de propriétaires est fixé à..., rue..., provisoirement au siège de son premier président.

Il pourra être transféré en tout autre endroit du département de..., par simple décision du conseil d'administration.

Article 5 – Durée de l'ASL

La durée de l'ASL de propriétaires est illimitée, sauf dissolution résultant de la loi ou d'une décision administrative ou judiciaire ou encore d'une décision prise dans les conditions prévues aux présents statuts, article 10.3.

TITRE II – assemblées générales

Article 6 – Composition de l'assemblée générale

L'assemblée générale se compose de tous les membres de l'ASL de propriétaires, tels qu'ils sont définis en tête des présents statuts.

Le syndic représente tout syndicat des copropriétaires membre de l'ASL.

Le nu-propriétaire représente le propriétaire de l'immeuble ou terrain démembré, sauf convention contraire avec l'usufruitier, notifiée à l'ASL.

Les indivisaires désignent un mandataire commun. La désignation est notifiée à l'ASL.

Tout membre peut être représenté par un mandataire de son choix, porteur d'un pouvoir écrit.

Avant chaque assemblée, le président vérifie les mutations de propriété intervenues depuis la présente assemblée et, si nécessaire, met à jour la liste nominative des membres.

Article 7 – Pouvoirs

L'ASL peut agir en justice, acquérir, vendre, échanger, transiger, emprunter et hypothéquer sous réserve de l'accomplissement des formalités de publicité prévues selon le cas aux articles 8, 15 ou 43 de l'ordonnance précitée du 1er juillet 2004. Les décisions à ces fins, le cas échéant, sont prises par l'assemblée générale.

L'assemblée générale est souveraine pour toutes les questions comprises dans l'objet de l'Association.

Elle approuve le budget et les comptes ; elle nomme ou révoque les administrateurs de l'ASL.

Elle se prononce sur la modification des statuts.

Les décisions régulièrement prises obligent tous les propriétaires, même ceux qui ont voté contre la décision ou qui n'étaient pas présents ou représentés à la réunion.

Article 8 – Convocations

L'assemblée générale est réunie chaque année à titre ordinaire. Elle peut être convoquée extraordinairement lorsque le conseil d'administration le juge nécessaire.

En outre, elle doit être convoquée extraordinairement lorsqu'une demande écrite a été faite au président par les membres de l'Association représentant au moins le quart des voix de l'ensemble.

Les convocations, faites sous pli recommandé avec demande d'accusé de réception, sont adressées à chaque membre de l'ASL, au moins quinze jours avant la réunion. Les convocations énoncent le jour, l'heure, le lieu de la réunion, ainsi que l'ordre du jour.

Les convocations sont signées par le président, au nom du conseil.

Article 9 – Voix

9.1. Les droits de vote appartiendront aux propriétaires de lots en proportion des surfaces hors œuvres nettes (SHON) attachées à chaque lot. Aucun propriétaire ne pourra détenir plus de cinquante pour cent des voix.

En conséquence, les voix seront réparties comme suit :

Lot - Copropriété SHON Voix

9.2. Lorsqu'il s'agira de voter sur un sujet ou une charge ne concernant que certains équipements désignés au titre de la répartition des charges (article 22 *infra*), les membres posséderont autant de voix que la quote-part leur incombant dans les charges.

Article 10 – Majorité

10.1. Sauf les exceptions ci-après énoncées, les décisions de l'assemblée générale sont prises à la majorité des voix exprimées par les membres présents ou représentés. Ces décisions sont qualifiées d'ordinaires.

10.2. S'il s'agit de délibérer sur la révocation d'un administrateur, un projet de création d'un élément d'équipement nouveau ou la suppression d'un équipement ou service existant ou encore sur l'engagement d'une action en exécution forcée, les décisions sont prises à la majorité des voix appartenant à tous les propriétaires et copropriétés membres de l'association. Au cas où cette majorité ne serait pas atteinte, l'assemblée générale statuera sur deuxième convocation à la majorité des membres présents ou représentés.

10.3. Les statuts sont modifiés suivant décision prise par l'assemblée générale statuant à la majorité de tous les propriétaires en nombre représentant au moins les deux tiers des voix. Ces décisions sont qualifiées d'extraordinaires.

Article 11 – Tenue des assemblées

L'assemblée générale est présidée par un membre de l'ASL (ou le représentant d'un membre), assisté éventuellement d'un scrutateur, tous deux élus, et d'un secrétaire de séance désigné par le président. Ensemble, ils forment le bureau de l'assemblée.

Il est tenu une feuille des présences, certifiée par les membres du bureau et qui doit être communiquée à tout propriétaire le requérant.

Article 12 – Ordre du jour

L'ordre du jour est arrêté par le conseil d'administration ; il est rapporté dans la convocation et au procès-verbal des délibérations.

Article 13 – Délibérations

Le vote a lieu à bulletins secrets toutes les fois que le tiers des membres présents ou représentés en fait la demande.

Les délibérations sont inscrites par ordre de date sur un registre spécial.

Article 14 – Notification

Les décisions sont notifiées aux membres qui n'ont pas été présents ou représentés, au moyen de la remise d'une copie du procès-verbal contre récépissé ou de son envoi sous pli recommandé.

TITRE III – ADMINISTRATION

Article 15 – Principe

Selon l'article 9 de l'ordonnance précitée du 1er juillet 2004, toute association syndicale libre est administrée par un syndicat composé de membres élus parmi les propriétaires membres de l'association ou leurs représentants dans les conditions fixées par les statuts.

Pour éviter toute confusion avec les syndicats de copropriétaires membres actuels et futurs de l'ASL, le syndicat administrateur de l'ASL prend le nom et la forme d'un conseil d'administration.

Ce conseil est composé d'administrateurs désignés dans les conditions de l'article 7 qui précède.

Article 16 – Composition

Le nombre d'administrateurs est au minimum de... et au maximum de....

Tant que l'ASL ne comprendra que deux membres, ceux-ci seront administrateurs de plein droit.

Article 17 – Nomination

Les membres du conseil d'administration sont désignés par l'assemblée générale pour une période de trois ans à la majorité des voix exprimées par les propriétaires ou copropriétés présents ou représentés (décision ordinaire).

Ils sont rééligibles.

Le conseil désigne son président.

Jusqu'à la tenue de la première assemblée générale qui devra se réunir dans le délai de six mois de la souscription de la déclaration administrative d'achèvement des travaux du dernier immeuble construit, la gestion de l'ASL de propriétaires sera assurée par...

Article 18 – Réunions du conseil – Pouvoirs

18.1. Le conseil se réunit à la diligence de son président ou de deux de ses membres en cas de nécessité.

Un membre ne peut représenter qu'un autre membre.

Les décisions sont prises à la majorité des membres, présents ou représentés. En cas de partage des voix, celle du président est prépondérante.

Les délibérations sont inscrites par ordre de date sur un registre spécial ouvert à cet effet et signé par tous les membres présents à la délibération.

18.2. Le conseil règle, par ses délibérations, les affaires de l'association.

Le conseil a les pouvoirs définis à l'article 20 mais ces pouvoirs sont exercés par délégation par le président, sauf l'exception rapportée ci-après en 20,2.

Le conseil représenté par son président convoque l'assemblée générale et détermine l'ordre du jour, les date et lieu de la réunion de cette assemblée.

Le conseil contrôle la gestion du président. Il vérifie la comptabilité de l'ASL, la répartition des dépenses, les conditions dans lesquelles sont passés et exécutés les marchés et tous autres contrats.

Il élabore le budget prévisionnel qu'il soumet à l'assemblée générale ; il en suit l'exécution.

Le conseil présente chaque année à l'assemblée générale un rapport sur les avis donnés au président et sur les comptes de l'Association de l'exercice écoulé. En outre, il rend compte de l'exécution des missions et délégations que l'assemblée générale lui a confiées.

Le conseil reçoit communication, sur sa demande au président, de tous documents concernant l'association.

Article 19 – Nomination du président

Le syndicat désigne le président parmi ses membres.

Article 20 – Pouvoirs et attributions du président - Délégation

20.1. Le président est le représentant officiel et exclusif de l'ASL de propriétaires.

Il a les pouvoirs les plus étendus dans le cadre et pour la réalisation de l'objet de l'association ci-dessus défini, à l'exception des pouvoirs conférés par les présents statuts à l'assemblée générale et au conseil.

Il a en particulier, sans que cette énumération soit limitative, les pouvoirs suivants :

– Il administre, conserve et entretient tous les biens communs et éléments d'équipements généraux faisant partie de l'objet de l'association syndicale.

– Il engage le personnel nécessaire à la conservation, à l'entretien et à la police des biens et équipements ci-dessus visés, fixe les conditions de son emploi et le rémunère.

– Il fait effectuer tous travaux d'entretien courants ou nécessaires et urgents, ainsi que tous travaux de remise aux normes, travaux nécessités par des prescriptions législatives et réglementaires.

– Il fait effectuer, sur décision de l'assemblée générale, tous travaux de création de biens communs nouveaux et éléments d'équipements ; à cet effet, il conclut tous marchés, en surveille l'exécution et procède à leurs règlements.

– Il reçoit, au nom de l'association, à titre gratuit, la propriété de tous biens communs et éléments d'équipements et oblige l'association à décharger pour l'avenir le cédant de toutes obligations d'entretien et de conservation desdits biens et équipements. Corrélativement, il conclut toutes cessions au profit de qui que ce soit. Le tout après décisions conformes de l'assemblée générale.

– Aux fins ci-dessus, il signe tous actes, souscrit toutes déclarations et engagements et requiert toutes publicités.

– Il ouvre tous comptes en banque, les fait fonctionner tant au débit qu'au crédit, place et retire tous fonds.

– Il fait toutes opérations avec La Poste, reçoit tous plis recommandés, lettres recommandées, donne toutes décharges et signatures au nom de l'Association.

– Il conclut toutes conventions avec toutes administrations, collectivités locales et services concédés, sociétés et groupements, reçoit toutes subventions, contracte tous engagements.

– Il établit et tient à jour la liste des membres et le plan parcellaire.

– Il procède à l'appel auprès des copropriétaires des fonds destinés à couvrir les dépenses de l'association. Il recouvre les fonds. Il effectue toutes oppositions qu'il y a lieu de faire après avoir reçu l'avis de mutation d'un bien de l'ensemble immobilier.

– Il représente l'association en justice tant en demande qu'en défense, il transige, compromet, acquiesce et se désiste de toutes actions.

– Il consent sous sa responsabilité toutes délégations partielles, temporaires ou non de ses pouvoirs.

– Il peut consentir une délégation totale pour un temps limité à toute personne membre du syndicat.

En cas de décès ou d'incapacité du président, les administrateurs devront se réunir en conseil sous quinzaine à l'effet de nommer un nouveau président. Cette réunion pourra être provoquée à la diligence d'un seul des administrateurs.

20.2. Le conseil peut déléguer, en tout ou en partie, les pouvoirs qui viennent d'être définis à une personne physique ou morale, par exemple à un professionnel de l'immobilier, aux termes d'une convention de mandat.

Le conseil fixe alors la durée des fonctions du mandataire qui prendra le titre de directeur et sa rémunération.

Si la délégation est susceptible de concerner l'ensemble des pouvoirs ci-dessus définis (20.1.) ainsi que ceux relatifs aux charges (articles 21 et suivants ci-après), elle ne pourra pas porter sur la responsabilité de la tenue de la liste des membres de l'ASL, laquelle selon l'ordonnance du 1er juillet 2004, relève du seul président ni sur les pouvoirs de celui-ci pour la convocation et la tenue de l'assemblée générale.

De même, la délégation ne peut porter sur les pouvoirs attribués aux termes des présents statuts à l'assemblée générale (article 7) ou au conseil d'administration par l'article 18.2.

20.3. Dans le cas du mandat qui vient d'être défini, comme dans celui où le président représente le conseil et exerce les pouvoirs de celui-ci, le conseil d'administration a la fonction de conseil de surveillance.

TITRE IV – charges

Article 21 – Définition des charges

Seront supportés par l'ensemble des membres de l'ASL, dans la proportion déterminée à l'article 22 ci-après, tous les frais et charges relatifs à la mise en état et en entretien des éléments d'équipements de l'ensemble immobilier, en particulier ceux désignés en tête des présents statuts.

En cas de pluralité de bâtiments, tous les frais et charges quelconques concernant les branchements et conduites particulières d'eau, d'électricité, d'écoulement des eaux desservant chaque bâtiment de la copropriété restent à la charge personnelle des copropriétaires de ce bâtiment.

Sont formellement exclues des charges de l'association syndicale, les dépenses entraînées par le fait ou la faute soit de l'un des membres de l'association, soit d'une personne ou d'un bien dont l'un de ceux-ci est légalement responsable.

Article 22 – Répartition des charges

Les charges sont réparties entre les membres de l'association de la manière suivante :

Lot - Copropriété Charges de... Toutes autres charges : gestion, autres biens et éléments décrits à l'objet

Article 23 – Paiement des charges

Les charges évoquées à l'article 21 ci-dessus font l'objet d'appels de fonds adressés par le président à chaque membre. Ces charges ne sont pas payables par imputation sur la dotation visée en l'article 24 ci-dessous, laquelle constitue la trésorerie de l'Association.

Ces appels sont faits aux époques déterminées par le président soit sur envoi d'un compte de dépenses effectuées, soit en fonction de la prévision budgétaire.

TITRE V – budget – provisions – recouvrement

Article 24 – Budget – Provisions

Le conseil d'administration doit faire approuver par l'assemblée, par décision ordinaire, avant les trente juins, le projet de budget de l'année en cours.

Le projet de budget doit être tenu à la disposition des membres de l'association avant l'ouverture de la séance.

L'assemblée générale fixe également le montant de la dotation qu'il est nécessaire de constituer pour couvrir les dépenses budgétaires, de sorte qu'il soit possible de faire face aux engagements de dépenses en attendant leur recouvrement. Elle décide de tous appels de fonds complémentaires s'il y a lieu.

Pour tous travaux d'entretien ou autres, non prévus spécialement dans le budget, le président ne peut dépasser sans l'autorisation de l'assemblée générale les sommes votées au budget.

En cas d'extrême urgence, le président a la possibilité, après consultation du conseil, de prendre les mesures indispensables. Il est néanmoins tenu de demander au conseil de convoquer une assemblée extraordinaire dans le délai maximum de quinze jours.

Article 25 – Paiement et recouvrement des dépenses

25.1. Le conseil, représenté par son président, est chargé de poursuivre la rentrée des sommes dues à l'association. Il assure le paiement des dépenses.

Le conseil, représenté par son président, procède au recouvrement des sommes dues par les copropriétaires.

Trente jours après une mise en demeure adressée par lettre recommandée, le copropriétaire qui n'est pas à jour dans le paiement cesse de pouvoir jouir des services gérés par l'association syndicale.

Les intérêts courent sur les sommes dues par lui au taux de 1 % par mois.

Compétence est donnée au président du tribunal de grande instance du lieu de situation de l'ensemble immobilier, statuant en référé, pour autoriser le conseil d'administration représenté par l'application de l'alinéa précédent.

Au cas de pluralité de bâtiments soumis à la loi du 10 juillet 1965 sur la copropriété, il y aura solidarité et indivisibilité entre tous les copropriétaires de chacun de ces bâtiments et le syndicat des copropriétaires, à l'égard de l'association syndicale, de sorte que celle-ci pourra à son choix, poursuivre le recouvrement de sa créance, soit en saisissant la totalité du bâtiment en question, sauf à exercer la saisie simultanément contre tous les copropriétaires et le syndicat, soit en poursuivant pour le tout un seul des copropriétaires ou simultanément plusieurs d'entre eux.

25.2. Tout copropriétaire est responsable tant de sa propre cotisation que de celle de ceux dont il tient son droit de propriété.

Il peut donc être poursuivi directement du seul fait de son acquisition pour le paiement des arriérés dus par ses auteurs.

25.3. Les créances de toute nature d'une association syndicale de propriétaires à l'encontre d'un de ses membres sont garanties par une hypothèque légale sur les immeubles de ce membre compris dans le périmètre de l'association.

Les conditions d'inscription et de mainlevée de cette hypothèque sont celles prévues aux trois premiers alinéas de l'article 19 de la loi du 10 juillet 1965 précitée.

Article 26 – Exercice de gestion

L'exercice social commence le 1er janvier et finit le 31 décembre. Par exception, le premier exercice social comprendra le temps compris entre le jour de la constitution définitive de l'ASL de propriétaires et le 31 décembre de l'année suivante.

TITRE VI – dispositions diverses

Article 27 – Carence de l'ASL

En cas de carence de l'association dans l'exécution de l'un quelconque de ses objets, un syndic judiciaire peut être désigné d'office par le président du tribunal de grande instance à la requête d'un copropriétaire.

Article 28 – Transformation

Les associations syndicales libres peuvent, à l'issue d'un délai d'un an à compter de l'accomplissement de la formalité prescrite par le deuxième alinéa de l'article 8 de l'ordonnance précitée et par délibération adoptée par l'assemblée des propriétaires dans les conditions de majorité de l'article 14 de l'ordonnance, demander à l'autorité administrative compétente dans le département où elles ont leur siège à être transformées en associations syndicales autorisées. Il sera alors procédé comme il est dit aux articles 12, 13 et 15 de l'ordonnance.

Si elle est autorisée, la transformation n'entraîne pas la création d'une nouvelle personne morale.

Elle intervient à titre gratuit et ne donne lieu au paiement d'aucune indemnité, droit, taxe, salaire ou honoraires.

Article 29 – Modification – **Dissolution**

29.1. Les modifications des présents statuts sont décidées par l'assemblée générale extraordinaire.

29.2. La dissolution de l'ASL de propriétaires ne peut être prononcée que par une délibération prise à la majorité des trois quarts des voix de tous les copropriétaires.

En outre cette dissolution n'est susceptible d'intervenir que dans l'un des cas suivants :

a) disparition totale de l'objet défini en tête des présents statuts,

b) approbation par l'association syndicale d'un autre mode de gestion légalement constitué.

Article 30 – Pouvoirs pour la constitution définitive

Pour faire publier les présentes dans l'un des journaux d'annonces légales du département, et pour remettre au préfet un extrait des présentes, conformément à l'article 8 de l'ordonnance du 1er juillet 2004, tous pouvoirs sont donnés au porteur d'un original des présentes.

En outre, pouvoir est donné à ce porteur pour publier les présentes au bureau des hypothèques compétent, si nécessaire.

Article 31 – Élection de domicile

Les membres de l'ASL de propriétaires font élection de domicile en leurs demeures ou sièges respectifs.

En tant que de besoin, ils demeureront soumis pour tous les effets des présentes à la juridiction du Tribunal de grande instance de...

Article 32 – Frais

Les frais des présentes seront supportés et acquittés par l'ASL de propriétaires à titre de frais de premier établissement.

Fait à...,
Le...,
En quatre exemplaires.

Conclusion

Les ASL constituent une des formes les plus anciennes des personnes morales comme le souligne le professeur Julien Laurent dans son article « Association syndicale libre de propriétaires et droit privé des biens. Pour résumer succinctement les premières lignes de son texte : « *Leur origine date du Moyen âge. La loi Le Chapelier de crainte de la réapparition de groupement pouvant s'apparenter à des corporations procéda à leur abolition. Elles furent rétablies par : la loi du 21 juin 1865* ». Cette loi fut abrogée et remplacée par la suite par l'ordonnance du 1er juillet 2004 et le Décret d'application du 3 mai 2006. Mais l'ordonnance n° 2004-632 du 1er juillet 2004 et son décret d'application comprennent peu de dispositions s'imposant aux ASL (articles 1 à 10 de l'ordonnance de 2004, complétés par les dispositions des articles 1 à 6 du décret n° 2006-504 du 3 mai 2006). L'obligation de faire administrer l'ASL par un organe de gestion collégial est particulièrement novatrice. En l'absence de respect de ces dispositions, l'ASL se voit privée de l'un des attributs de la personnalité morale, la capacité d'ester en justice. C'est principalement pour ce motif que les ASL engagent le processus de mise en conformité de leurs statuts. Dans le silence des textes pour le reste il appartient d'adopter non seulement une disposition conforme à l'esprit mais aussi conforme au droit ce qui n'est nullement évident pour les profanes tels les colotis ou membres du syndicat, ni même parfois pour le juriste lui-même. En dépit de son ancienneté l'ASL, personne morale de droit privé, est mal connue. Les diverses interventions étatiques tout au long de son existence se sont heurtées à une certaine résistance de la Cour de cassation si bien que de nos jours même les pouvoirs publics y voient une perte de leurs prérogatives publiques. Des difficultés sur le droit applicable (privé ou public) peuvent surgir. La frontière entre l'application du droit public et notamment du Code de l'urbanisme et du droit privé est parfois floue et suscite des divergences. Quelques exemples ont été cités concernant le lotissement à travers la modification des clauses du cahier des charges relatives à la hauteur des haies et à la réduction d'une voie du lotissement (voir supra modification du cahier des charges).

Les ASL sont confrontées en interne à d'autres problèmes et notamment à celui du vieillissement. Les membres d'une ASL étaient à l'origine fédérés par un sentiment commun, une volonté d'appartenir à une même tradition. Or cette caractéristique tend à disparaître. Il n'existe plus toujours cette même homogénéité voire un sentiment de communauté identique. Rien n'est pire que la constitution de clans n'adoptant ou rejetant une décision que par seul souci d'opposition au groupe adverse. Dès lors la gestion en pâtit, devient plus difficile. Le pouvoir tend alors du fait de la souplesse des statuts à organiser une direction plus ou moins dictatoriale ce qui est aisé en raison des libertés que donnent les textes.

La gestion d'une ASL nécessite par ailleurs une connaissance des statuts et des divers documents liés au lotissement. La bonne volonté du syndicat ou de son président ne suffit pas. Un savoir technique et juridique est nécessaire. Il n'est pas toujours recherché. Il est souvent négligé par le syndicat même. On préfère souvent entériner des habitudes, maintenir des pratiques anciennes, favoriser des arrangements. À plus ou moins long terme cette manière de gérer génère des conflits et l'arbitraire. De nombreux colotis dépités s'abstiennent alors de voter au point que dans certaines ASL les abstentionnistes sont largement majoritaires.

L'apport des gestionnaires professionnels spécialistes de la copropriété et des ASL, du moins l'affirment-ils, ne pallient pas ce manque et aggravent parfois même les difficultés. Il leur est souvent reproché l'absence d'analyse précise de la situation de l'ASL et la préférence certaine pour imposer des dispositions propres aux statuts de la copropriété qu'ils connaissent mieux que ceux de l'ASL. Pourtant la Cour de cassation rappelle régulièrement que le statut de la loi du 10 juillet 1965 sur la copropriété ne s'applique pas aux associations syndicales de propriétaires. Il est certes logique que le gestionnaire de l'immobilier se tourne vers le système qu'il connaît le mieux c'est-à-dire celui de la copropriété mais il serait plus judicieux qu'il approfondisse la connaissance juridique des ASL lorsqu'il est choisi pour gérer l'une de ces associations syndicales. On doit toutefois atténuer la critique dans la mesure où les règles et la jurisprudence relatives aux ASL en dépit ou en raison d'une grande liberté laissée aux dirigeants sont parfois incertaines, imprécises, d'une logique déroutante. Ce n'est pas pour rien que les écrits de la doctrine sur sujet sont si peu nombreux.

L'avenir des ASL est incertain. Ces associations étaient plus ou moins menacées de disparition il y a quelques années. Les pouvoirs publics à la recherche de terrain pour construire ne sont pas favorables au maintien de leurs privilèges. Le pouvoir de conserver dans le lotissement un pourcentage d'espace vert non constructible important ou de jouir d'une certaine autonomie au regard des règles nationales heurte l'administration. Par ailleurs de nombreuses ASL sont vieillissantes et l'homogénéité d'origine a disparu. Les résolutions ne sont pas de ce fait aisément adoptées alors qu'un tel système privilégie l'adoption de clauses statutaires et d'accord divers afin de pallier le silence des textes. Mais ces associations menacées à diverses reprises ont franchi tant d'obstacles...

Les diligences de Monsieur David Laplagne et de Madame Virginie Hureau ont facilité grandement la tâche et permis une sortie de l'ouvrage dans les temps appropriés. L'auteur tient à les remercier particulièrement.

Table des matières

SOMMAIRE **7**

INTERET DE L'OUVRAGE **11**

REMERCIEMENTS **13**

LIVRE I :
LES PRINCIPAUX DOCUMENTS CONCERNANT LE LOTISSEMENT RÉGI PAR UNE ASL

Introduction Bref récapitulatif des principaux documents qui régissent le lotissement 17
– §1 Les statuts de L'ASSOCIATION SYNDICALE LIBRE (ASL) 17
– § 2 Le cahier des charges 18
– §3 Le règlement du lotissement 19
– §4 Le règlement intérieur 20
§5 La multiplicité des confusions 20

TITRE I : Le cahier des charges 23

Chapitre I : Approche globale du cahier des charges dans les ASL 25
Section 1 Approche du cahier des charges par comparaison avec le règlement du lotissement 25
Section 2 Contenu du cahier des charges « quelques exemples » 26
Sous-section 1 Contenu originaire 26
Sous-section 2 Insertion possible dans le cahier des charges de dispositions liées à l'urbanisme. 27
Section 3 Pratique « La remise du cahier des charges » 28
Section 4 Distinction entre le cahier des charges et les statuts 28

Chapitre II : Approche plus spécifiquement juridique 31
Sous-chapitre 1 Généralités 31
Section 1 Un document intitulé « cahier des charges » n'est pas nécessairement un cahier des charges 31
Section 2 le cahier de charges contrat de droit privé au caractère hybride de facto (clauses contractuelles et clauses réglementaires d'urbanisme) 33
Section 3 La disparition du règlement du lotissement, et l'intégration de certaines des clauses dans le cahier des charges 35

Section 4 la caducité, l'inopposabilité aux tiers des clauses d'urbanisme figurant dans le cahier des charges n'exclut pas les obstacles à la construction 37
Section 5 Impact du cahier des charges en dépit de la caducité des clauses d'urbanisme du cahier des charges et (ou) de la délivrance d'un permis de construire 39
Section 6 Incidences du cahier des charges sur les propriétaires acquéreurs d'une habitation dans un lotissement 40
Sous chapitre 2 La Modification du cahier des charges 41
Section 1 Raisons et importance de la modification du cahier des charges 41
Section 2 La modification du cahier des charges est expressément prévue de nos jours par l'article L 442-10 du Code de l'urbanisme. 42
Section 3 La modification des clauses réglementaires (d'urbanisme) fondée sur l'article L442-10 du Code de l'urbanisme n'exclut pas une modification des clauses contractuelles selon les conditions du droit des contrats 43
Section 4 La modalité de modification de chacune des clauses de nature réglementaire d'urbanisme ou purement contractuelle demeure distincte 44
Section 5 Les conditions de modification du cahier des charges selon l'article 442-10 Code de l'urbanisme 45
Section 6 Divergence jurisprudentielle entre la Cour de cassation et le Conseil d'État concernant le nombre de voix par lot en cas d'application de l'article 442-10 45
Section 7 Les conditions d'application de l'article 442-10 sont diverses et complexes 46
Section 8 L'interprétation restrictive par le Conseil constitutionnel en date du 19/10/2018 (suivi par la Cour de cassation) de la notion de clause d'urbanisme au regard de l'article 422-10 du Code de l'urbanisme en raison de la décision d'opposer « la règle d'urbanisme aux clauses étrangères à cet objet intéressant les seuls colotis 47
Section 9 Rappel et synthèse Les divers types de clauses (réglementaire et d'urbanisme ou purement contractuelle) et leur réglementation 48
Sous chapitre 3 La volonté de la jurisprudence de contractualiser certaines clauses d'urbanisme (ne visant que les seuls colotis) 49
Section 1 Le fondement de la contractualisation : « La décision du Conseil constitutionnel restreignant la définition de la notion d'urbanisme ». 49
Section 2 Les décisions de la Cour de cassation reprenant à travers divers arrêts l'idée de contractualisation de règles d'urbanisme 50
Sous-section 1 Réduction de la largeur d'une voie privée 50
Sous-section 2 : Hauteur des haies 53
Sous-section 3 Caducité des règles d'urbanisme mais opposabilité des règles contractuelles 54
Annexe 1 Extraits Arrêt de cassation Modification de la Hauteur d es haies 59

Annexe 2 Réduction de la largeur de la voie privée de desserte du lotissement ... 64
Annexe 3 Rappel des articles L 442-10 et L 442-11 Code urbanisme ... 66
Sous-section 4 Réflexions sur la contractualisation des clauses de nature réglementaire en cas de modification du cahier des charges et la jurisprudence de la Cour de cassation ... 66
Section 3 De quelques décisions de jurisprudence distinctes opposées à la volonté de favoriser l'idée de contractualisation des clauses du cahier des charges ... 68
Sous-section 1 ... 68
Sous-section 2 Arrêt Clos des Pins Cour de cassation, 3e chambre civ., 4 février 2004 ... 69
Annexe ... 70
Section 4 Une jurisprudence complexe et encore floue en matière de modification du cahier des charges ... 72
Sous-section 1 Modification des clauses purement contractuelles ... 73
Sous-section 2 Modification des clauses réglementaires d'urbanisme ... 73
Section 5 Initiatives de la modification du cahier des charges (colotis, maire, collectivités) ... 75
Sous-section 1 Modification du cahier des charges par les colotis ... 75
Sous-section 2 Modification des clauses du cahier des charges par le maire dans le but d'une concordance avec le document d'urbanisme général en vigueur ... 76
Sous-section 3 Modification du cahier des charges par l'État ou la collectivité territoriale suite à déclaration d'utilité publique (DUP) ... 76
Annexes ... 78
Annexe 1 ... 78
Annexe 2 ... 80
TITRE II « Le règlement intérieur dans les ASL » ... 83
Section 1 Les diverses significations usuelles du terme « règlement intérieur » ... 83
Sous-section 1 Le règlement intérieur classique dans les associations est un ou sous-produit des statuts de l'association ... 84
– §1 Intérêt du règlement intérieur classique ... 84
– §2 Élaboration et approbation du règlement intérieur « classique » chargé de préciser les statuts ... 84
– §3 Possibilité d'élaborer un règlement intérieur dans le silence de statuts ... 85
Sous-section 2 Incidences générales du règlement intérieur usuel d'association ... 86
– §1 -Entre les sociétaires colotis le règlement intérieur a force obligatoire des statuts (s'il s'agit bien d'un véritable règlement intérieur relatif aux statuts). ... 86
– §2 À l'égard des tiers le règlement n'est pas opposable. ... 86
Section 2 De quelques autres règlements intérieurs ... 87

Sous-section 1 Particularisme et risques de confusion entre les règlements intérieurs de nature distincte dans les ASL (note 1)......... 87
Sous-section -2 Le règlement intérieur dans les entreprises (à ne pas confondre avec le règlement intérieur des statuts ou du cahier de charges) 88
Section 3 La signification parfois distincte du terme « règlement intérieur » employé à diverses reprises dans les ASL 88
TITRE III : Etude succincte des statuts de l'ASL 91
Section 1 l'ASL est une des modalités de gestion de parties communes d'un lotissement à l'instar de la loi sur la copropriété en matière d'immeuble. 91
Sous-section 1 Les dispositions légales applicables 92
Sous-Section 2 L'importance des statuts 92
Section 2 Similitudes et différences entre ASL et associations........ 93
Sous-section 1 Similitudes........ 94
– §1 Absence de répartition des bénéfices........ 94
– §2 Nécessité de publication au JO des statuts pour les rendre opposables 94
Sous- Section 2 Différences........ 94
– §1 Absence de liberté de retrait ou d'adhésion des membres d'une association syndicale libre 94
TITRE IV : Le règlement du lotissement 97
Section 1 Approche globale du règlement du lotissement........ 97
Sous-section 1 Généralités relatives au règlement du lotissement........ 97
Sous-section 2 Contenu 98
Section 2 Aspects plus spécifiquement juridiques 98
Sous-section 1 -Caducité des effets des clauses du règlement et fondement de cette caducité........ 99
– §1 Caducité de clauses liées à l'urbanisme ou dérogeant au Code de l'urbanisme 99
– § 2 – Fondement de cette caducité........ 100
Sous-section 2 Le problème particulier des effets de l'intégration de clauses propres au règlement du lotissement dans le cahier des charges........ 100
LIVRE II : COMPARAISON ENTRE L'ASL ET DIVERSES FORMES D'ASSOCIATIONS SYNDICALES ET DISTINCTION ENTRE L'ASSOCIATION SYNDICALE LIBRE ET LA COPROPRIÉTÉ
Chapitre I : Comparaison entre l'Association syndicale libre ASL, l'association foncière urbaine, l'AFUL, association syndicale autorisée, l'ASA association syndicale d'office........ 105
Préambule 105
Section 1 Les diverses associations syndicales et le droit applicable.... 105
Sous-Section 1 Les ASL et les AFUL personnes morales de droit privé sont soumises à une même législation qui est

de nos jours fondée sur l'ordonnance du 1er juillet 2004
et le décret du 3 mai 2006. 105
Sous-Section 2 Les associations syndicales autorisées
et les associations syndicales forcées ou d'office sont
des établissements publics 106
Section 2 Conversions possibles 106
Sous-section 1 Conversion d'une association syndicale libre
en une association syndicale autorisée à la demande de colotis 106
Sous-section 2 Conversion d'une association syndicale libre en
association syndicale d'office (ou forcée) ou en association
autorisée imposée par l'administration 107
Chapitre II : Distinction entre l'association syndicale libre
et la copropriété 109
Préambule 109
Section 1 Distinctions actuelles et tempéraments entre les règles
applicables à l'ASL et celles applicables à la copropriété
« Quelques exemples » 109
Sous-section 1 Divers exemples 109
Sous-section 2 Tempéraments et affaiblissements apportés aux
distinctions 110
Section 2 Pourquoi insister autant sur la distinction
entre les règles des ASL et celles de la copropriété 111
Sous-section 1 L'utilisation souvent excessive du droit
de la copropriété par le gestionnaire 111
Sous-section 2 De l'existence d'un patrimoine de l'ASL
à l'inexistence d'un patrimoine de la copropriété 113
Chapitre III : De quelques problèmes particuliers dus au fait qu'un
immeuble sous régime de copropriété soit situé dans le périmètre
de l'ASL « Incidences possibles sur la participation
des copropriétaires de l'immeuble aux assemblées de l'ASL et
éventuellement sur les charges de la copropriété » 115
Introduction 115
Section 1 « Les statuts de l'ASL peuvent priver de participation
aux assemblées de l'ASL les copropriétaires d'un immeuble
(immeuble situé dans le périmètre de l'ASL) assujettis au régime
de la copropriété » 116
Sous-Section 1 Des clauses des statuts de l'ASL peuvent imposer
aux copropriétaires de l'immeuble d'être remplacés par le syndic
de copropriété (présumé être plus compétent en matière de gestion
immobilière) 116
Sous-section 2 Le fondement juridique actuel de l'ancienne
« substitution ». La présence ou le vote du syndic de copropriété
dans l'assemblée de l'ASL au lieu et place du copropriétaire de
l'immeuble est fondé sur un mandat individuel au profit du syndic 117
Sous-section 3 Le vote du syndic peut être selon les statuts
« indivisible » 118

Sous-section 4 Maintien de la participation de tous les copropriétaires de l'immeuble à la direction de l'ASL 119
Section 2 Appel possible des charges de l'ASL par le syndic de copropriété, Contribution aux charges de l'ASL par le même syndic 119
Introduction 119
Sous Section 1 L'appel possible des charges par le syndic de copropriété 119
Sous-section 2 La contribution (très éventuelle) aux charges de l'ASL par le syndic de copropriété 120
– § 1Le syndicat de copropriété n'est pas en principe responsable des charges de l'ASL 120
Sous Section 3 Les charges d'ASL et les charges de copropriété sont de nature distincte 121

LIVRE III :
CRÉATION ET INDIVIDUALISATION DES ASL

TITRE I : Création de l'association syndicale libre, brève comparaison avec la création d'une AFUL, mise en conformité des statuts 125
Chapitre I : Règles de fond relatives à la création de l'ASL 127
Préambule 127
Section 1 La naissance originaire de l'ASL 127
Section 2 Adhésion implicite des propriétaires à l'ASL (plus que véritable consentement des propriétaires) 128
Section 3 Nécessité d'un contrat écrit à titre de validité de l'ASL 129
Section 4 Absence de document unique (contrat écrit d'ASL) sur lequel figure la signature de tous membres 129
Section 5 Tout propriétaire d'un lot n'est pas nécessairement membre de l'ASL ou soumis au cahier des charges 130
Chapitre II : Règles de forme « Formalités » 131
Section 1 Déclaration auprès de la préfecture de département ou la sous-préfecture de l'arrondissement et publication au JO 131
Section 2 absence d'obligation d'inscription auprès du Service de la Publicité Foncière 131
Chapitre III : Création d'une Association foncière urbaine AFUL 133
Section 1 Les grandes similitudes entre ASL et AFUL 133
Section 2 Distinctions 133
Chapitre IV : Mise en conformité des statuts de l'ASL 135
Introduction 135
Section 1 L'ordonnance de 2004 et le décret d'application de 2006 tentent de remédier à l'absence de prescriptions de la loi de 1865 et d'harmoniser les pratiques 135
Sous-section 1 Les mentions impératives prévues selon le décret de 2004 et l'ordonnance de 2006 136

Sous-Section 2 La Cour de cassation accroît les obligations. Elle considère que la mise en conformité des statuts doit être accompagnée du dépôt d'un plan parcellaire et d'un état nominatif des propriétaires inclus dans le périmètre de l'ASL. 137
Sous-Section 3 La nécessité en sus des mentions et du plan des parcelles de se conformer à l'esprit de l'ordonnance 138
Section 2 La mise en conformité n'est pas ou plus une question de pure forme 138
Sous-Section 1 Le seul intitulé de « mise en conformité » est insuffisant 138
Sous-Section 2 Évolution de la jurisprudence Accroissement du contrôle du respect des règles par les magistrats 138
Section 3 Sanction Nullité relative de l'assemblée et perte de la capacité juridique de l'ASL 139
Annexes 141
Annexe 1 Sanction visant l'absence de mise en conformité 141
Annexe 2 Mise en conformité : « Éléments à préciser impérativement dans les statuts afin de rendre parfaite la mise en conformité 142
TITRE II : Individualisation de l'ASL 143
Chapitre I : Dénomination de l'ASL 145
Section 1 la mention ASL permet de connaître la forme juridique (ASL) adoptée par le groupement de propriétaires et doit être suivie d'un nom qui l'individualise 145
Section 2 La mention ASL et le nom de l'ASL nécessitent une publication au journal officiel lors de la création ou en cas de modification de l'ASL 146
Section 3 L'association syndicale libre ne mérite pas le qualificatif de libre 146
Chapitre II : Membres de l'Association syndicale libre 147
Section 1 Décodage de la situation de membre de l'ASL 147
Sous-section 1 Être Membre d'une association syndicale libre sans toujours le vouloir expressément 147
Sous-section 2 L'importance de l'information de l'acquéreur par le vendeur et le notaire 148
Section 2 Distinction entre propriétaire d'un lot, membre de l'ASL, membre de l'assemblée de l'ASL, et membre de l'association droit réel de l'ASL attaché à l'immeuble et droit personnel de l'ASL attaché ou concernant le coloti 149
Préambule 149
Sous-section -1 Le propriétaire d'un lot n'est pas nécessairement membre de l'ASL 150
Sous-section 2 Le membre de l'assemblée de l'ASL n'est pas nécessairement membre de l'association 150
Section 3 Les charges de l'ASL sont plus liées à l'immeuble (droit réel de l'ASL) qu'à la personne 151
Chapitre III : Objet de l'association syndicale libre 153

Section 1 Approche de la notion d'objet social d'une personne morale 153
Section 2 L'Objet social des ASL en détail 153
Section 3 Le problème particulier du respect des règles et de la discipline dans le domaine 155
Section 4 La qualité pour agir de l'ASL, et les tempéraments en matière de trouble de jouissance 156
Annexe 158
Annexe complémentaire 160
Chapitre IV : Siège social de l'association syndicale libre 161
Section I Approche du siège social 161
Section 2 Incidences du siège social des associations syndicales libres 162
Chapitre V : Durée de l'ASL /Dissolution 163
Section 1 Le principe d'une durée de vie illimitée aussi longtemps que le bien existe en l'absence de texte légal 163
Section 2 Prorogation possible à la majorité de la durée limitée si demande formulée avant échéance 163
Section 3 La formulation des statuts « tant que perdure la nécessité légale de son existence » tempère le principe de durée indéterminée 164
Section 4 Approche de la dissolution 164

LIVRE IV :
LES ASSEMBLÉES

TITRE I : Composition et convocation 167
Chapitre I : Composition des assemblées et représentation des colotis 169
Section 1. Composition des assemblées 169
Sous-section .1 Participation de principe de tous les colotis propriétaires sans exclusion 169
Sous-section 2 Participation de principe du nu-propriétaire sauf accord distinct en cas de propriété démembrée 169
Sous-section 3 Nécessité d'un mandataire commun en cas indivision 169
Sous-section 4 Suppression d'un seuil minimum pour accéder à l'assemblée de l'ASL 170
Section 2 Représentation à l'assemblée de colotis propriétaires dans une ASL 170
Sous-section.1 Représentation possible du coloti à l'assemblée (ou au syndicat) « par une personne de son choix » (mandataire professionnel ou non) 170
Sous-section 2 Représentation possible du coloti à l'assemblée « par le syndic de copropriété en cas d'immeubles en copropriété situés dans le périmètre de l'ASL » 171
Sous-section 3 Le syndic de copropriété d'immeuble situé dans le périmètre de l'ASL peut être élu au syndicat mais n'est pas membre de l'ASL 172

Section 3 Les statuts des ASL peuvent déroger aux règles supplétives citées 172
Chapitre II : Convocation des assemblées et représentation des colotis 173
Section 1 Absence de règle spécifique et application de règles de droit commun en matière d'ASL concernant la convocation à l'assemblée 173
Sous -section .1 Initiative de la convocation 173
Sous -section .2 Demande de convocation en référé en l'absence de convocation par tout 173
Section 2 Sanction de nullité des délibérations en cas de non-respect des statuts, et d'inopposabilité de la décision par la personne oubliée et non convoquée 174
TITRE II : Voix Quorum Majorités 175
Chapitre I : « Les voix dans les assemblées et la représentation des colotis 177
Préambule. Distinction entre voix et vote 177
Section 1. Le silence des textes et l'importance des clauses statutaires libres 177
Section 2. Nullité des délibérations en l'absence de respect des règles relatives aux modalités de vote et ce en dépit de l'absence d'incidence sur la décision 178
Chapitre II : Le Quorum dans les ASL 181
Préambule. Le calcul du quorum est parfois confondu avec celui de la majorité 181
Section 1 La notion de quorum et les ASL 181
Sous-section 1 Définition et approche succincte du quorum 181
Sous-section 2 Absence de quorum obligatoire dans la législation sur les ASL 182
Section 2 Différence entre quorum et majorité 182
Section 3 Obligation des membres 183
Chapitre III : Les conditions de Majorités dans les assemblées (ASL) 185
Section 1 La libre disposition de déterminer les conditions de Majorité(s) 185
Sous-section 1 La nécessité de remédier au silence des textes et d'adopter un raisonnement juridiquement adapté 185
Sous-section 2 Les divers types de majorité 188
Sous-section 3 189
Sous-section 4 Les choix privilégiés en fonction des éléments juridiques et sociologiques 190
– §1 L'arrêt de la cour d'appel de Douai et le choix de la clause privilégiant les termes « voix des présents et représentés » 190
– §2 La loi du 19 juillet 2019 et le choix de la clause privilégiant les termes « voix exprimée » 191

Section 2 Arguments en faveur du vote abstentionniste et de la clause «majorité des voix exprimées» nouveau mode de calcul de la majorité 192
Sous -section 1 La nécessité de mesures préventives permettant d'éviter le conflit 192
Sous-section 2 L'argumentation juridique en faveur de la prise en considération du vote blanc ou nul ou abstention (vote pour) dans le recomptage des voix pour la Majorité dans les ASL 194
Section 3 Impact d'usages anciens en matière de calcul de la majorité 195
Section 4 Applications pratiques Cas concret 196
Annexes : Ce qu'il faut retenir Adaptation des règles aux évolutions actuelles et à la loi du 19 juillet 2019 198

TITRE III : Rôle des assemblées, Tenue des Assemblées, Ordre du jour, Délibérations des assemblées 201

Chapitre I : Rôle de l'Assemblée » 203
Section 1 Une certaine concurrence entre assemblée et syndicat 203
Section 2 L'assemblée ne peut agir que dans le cadre strict de l'objet social 203
Section 3 Les délibérations et votes de l'ASL 204
Sous-section 1 Les divers types de délibération 204
Sous-section.2 Absence de délai (autre que statutaire) pour faire exécuter une décision prise par l'assemblée 206
Sous-section .3 Absence de délai pour contester une décision (mise en place fréquente d'un délai statutaire) 206
Section 4 Interrogations et équivoques sur les règles applicables (majorité ou unanimité ?) en cas d'augmentation par l'assemblée de l'engagement individuel des propriétaires colotis membres de l'ASL 207

Chapitre II : Tenue des assemblées dans les ASL *(dispositions usuelles hors crise sanitaire)* 211
Section 1. Le silence des textes en matière de tenue des assemblées d'ASL autorise ou implique de nombreuses possibilités (sauf clauses statutaires contraires) et notamment 211
Sous-section 1 Tout mandataire même n'étant pas membre de l'association ASL peut présider l'assemblée 211
Sous-section 2 Tout mandataire y compris professionnel de l'immobilier peut être membre de l'assemblée ou du syndicat 211
Sous-section 3 Tout professionnel y compris administrateur de biens ou syndic immobilier peut bénéficier d'une délégation de pouvoir du syndicat (qui ne soit pas totale) 212
Sous-section 4 Une grande liberté existe sur le choix des modalités de vote d'un registre des délibérations, la possibilité de consultation écrite, la possibilité d'un vote à main levée. Rien n'est prévu mais rien ne semble être interdit ! 212
Sous-section 5 Une grande liberté est possible sur les conditions de majorité dans les assemblées 212

Section 2 Les statuts doivent être respectés sous peine de nullité.........212
Chapitre III : L'Ordre du jour.........213
Préambule : Le silence des textes sur le déroulement des élections......213
Section 1 La notion d'ordre du jour et son intérêt.........213
Section 2 Le problème des questions diverses (incertitudes sur validité).........214
Chapitre IV : «Délibération générale dans les « assemblées ».........217
Préambule.........217
Section 1 La délibération de l'assemblée, le procès-verbal, sa notification.........218
Sous-section.1 Le procès-verbal valide la décision prise et permet son exécution.........218
– §1 La notion de délibération.........218
– §2 Le procès-verbal d'assemblée.........218
Sous-section 2 La notification du procès-verbal ou son défaut.........219
– §2Le défaut de notification..........219
Section 2 Les décisions d'assemblée mêmes irrégulières sont exécutoires de plein droit sans limite de temps.........219
Section 3 Contestations de la décision.........220
Section 4 Suggestions diverses.........221
– §1 Archivage.........221
– §2 Crise sanitaire.........221
– §4 Registre des délibérations.........221
Annexe 1 Modèle de lettre de convocation à une assemblée générale.........222
Annexe 2 À propos de l'information des membres de l'ASL en vue d'une assemblée générale.........223
Annexe 3 Le recours à la consultation écrite officialisée et généralisée par l'ordonnance du 2 décembre 2020.........226

LIVRE V :
LES ORGANES DE GESTION DIRECTE, LE PRÉSIDENT, LE SYNDIC ET LE SYNDICAT

Préambule.........227
TITRE I : Le président au regard des règles de l'ASL.........229
Chapitre I : Règles relatives à la situation personnelle du dirigeant d'ASL en général.........231
Section 1 Nomination possible d'un président rémunéré et extérieur à l'ASL.........231
Section 2 Révocation du président de l'ASL (et silence des textes).....233
Section 3 Présidence et direction générale de l'association ?.........234
Section 4 Présidence et représentation en justice (nullement de droit).........236
Section 5 Questionnement sur la mise en retrait du président et l'importance de l'organe décisionnaire que semble devoir constituer le syndicat ?.........237

Chapitre II : Règles relatives aux attributions du président d'ASL « Attributions réduites et pouvoir de gestion incertain (recours à la jurisprudence ou à un raisonnement par analogie pour déterminer l'étendue de ses pouvoirs) » 241
Section 1 La rareté des textes relatifs aux pouvoirs du président d'ASL 242
Sous-section 1 L'ordonnance de 2004 et le décret de 2006 visent plus les pouvoirs du président des associations syndicales « autorisées » (ASU voir infra) que les attributions du président d'ASL.............242
Sous-section 2 Deux articles principaux seulement, l'article 4 de l'ordonnance de 2004 et l'article 5 décret 3 mai 2006 visent les attributions personnelles du président d'ASL 242
Section 2 Les solutions à adopter dans le silence des textes ou des statuts concernant les fonctions exercées à titre individuel par le président d'une ASL ? 244
Sous-section 1 La perte de pouvoir individuel du président.............244
Sous-section 2 Raisonnement par analogie avec les attributions du président d'une association syndicale autorisée.............245
Sous-section 3 Référence à la Jurisprudence 246
Section 3 Le problème particulier de la délégation de pouvoir du syndicat au président ou à un tiers (souvent un administrateur de biens) 246
Sous-section 1 La délégation générale et permanente de l'ensemble des pouvoirs du syndicat au président paraît devoir être prohibée même en l'absence de texte précis en raison de l'atteinte au pouvoir de délibération du syndicat.............246
Sous-section 2 La délégation « partielle « de pouvoir (de décision) du syndicat au président est possible.............247
Sous-section 3 La délégation complète de pouvoir d'exécution ou d'application de la décision du syndicat à un président ou à un tiers est possible 247
Annexes récapitulatives.............248
Annexe 1 Importance du syndicat organe collégial qui doit être doté d'un pouvoir d'administration France, Cour de cassation, Chambre civile 3, 13 septembre 2018, 17-22041 248
Annexe 2 Obligations et attributions spécifiques du président. Tout président d'ASL peut être tenu à défaut de respect des considérations ci-dessous pour personnellement responsable 257
Annexe 3 Étude détaillée de l'opposition sur prix de vente et de l'hypothèque légal.............258
TITRE II : Syndic et syndicat dans les ASL. Quel droit appliqué dans le silence des textes ?.............259
Chapitre I : Les syndics 263
Section 1 Élection 263
Préambule Questions dérangeantes 263

– §1 Tout propriétaire d'un lot même démembré mais aussi des personnes autres que des colotis peuvent être membres du syndicat 263
– §2 Un coloti qui ne vote pas aux assemblées peut être membre du syndicat. 263
– §3 Un syndic de copropriété peut être président du syndicat 264
– §4 Désignation possible par les statuts d'un directeur non membre de l'ASL 264
Section 2 Liste non limitative) de questions à évoquer dans le silence de textes concernant l'élection du syndic ou du président du syndicat de l'ASL 264
Sous-section 1 Les questions usuelles 264
Sous-section 2 Les questions pratiques plus spécifiques 265
– § 1 Les colotis se présentant au comité syndical de l'ASL doivent-ils être à jour des charges ? 265
– §2 L'ASL peut-elle publier la liste des colotis qui ne sont pas à jour des charges requises ?' 265
– §3 Peut-on exclure la candidature à l'élection de syndic d'un coloti en procédure judiciaire contre l'ASL ? 266
– §4 Les membres du comité syndical (syndics) peuvent-ils être élus à la majorité simple ? 267
Section 3 Démission, radiation, révocation des syndics (ou membres du conseil syndical) dans une ASL 268
Préambule 268
Sous-section1-La démission du syndic dans le silence des textes de l'ASL 268
Sous-section 2 : L'éviction du ou des syndics dans le silence des textes et statuts ou les dispositions générales applicables en cas de « radiation du syndic par le comité syndical » et de « révocation du syndic par l'assemblée 269
Préambule 269
– §1 Radiation du syndic par le syndicat ou le conseil syndical dans le silence des textes 271
§1 a-Les conditions relatives à la radiation du syndic (ou membre du comité syndical) à la demande du syndicat (ou plus accessoirement de l'assemblée) 271
– §1a1Conditions relatives à la faute 271
– §1a2 Conditions relatives au Vote (Majorité simple ou absolue) et aux recours 272
– §1 b La limitation des pouvoirs du tribunal au regard de la sanction de la procédure de radiation en interne 272
§1 c Liste (non limitative) de recommandations et de questions à évoquer dans le silence de textes de loi ou des statuts ou dans le but d'élaborer des clauses statutaires concernant la radiation du syndic de l'ASL par le syndicat 273
—§2 La révocation du syndic par l'assemblée 274
Préambule : « Des quiproquos fréquents liés à une terminologie inadaptée » 274

– §1 a Conditions équivoques de révocation du syndic par l'assemblée 274
– §2 b La procédure de révocation en externe par l'assemblée 275
– §1 c Questionnement sur la majorité pour révoquer « Simple ou Absolue » 276
– § 2c1 Arguments usuels en faveur d'une révocation à la majorité simple, ad nutum, sans motif ni préavis 276
– § 2c2 Tempéraments à apporter aux arguments usuels en faveur d'une révocation immédiate sans motif à la majorité simple 277
§ 2c3 Éléments en faveur d'une décision de révocation à la majorité absolue 278
§2d Révocation abusive 280
§3 Quitus, absence de quitus et révocation 280
Chapitre II : Le syndicat 283
Section 1 La volonté du législateur d'établir une direction collégiale 283
Sous-section 1 Les modalités d'organisation du syndicat sont libres, mais juridiquement subtiles à établir 284
Sous-section 2 -Les modalités de « gouvernance » du syndicat sont éludées 284
Section 2 La compétence de principe du syndicat organe collectif de décision dans une ASL suscite des interrogations 286
Sous-section 1 -La compétence de principe du syndicat ne pourrait-elle pas réduire le rôle et les pouvoirs de l'assemblée ? 286
Sous-section 2 La compétence de principe du syndicat en tant qu'organe collectif de décision exclut-elle véritablement le transfert de pouvoir du syndicat à un tiers gestionnaire ou même au président ? 287
Section 3 Tempéraments au pouvoir du syndicat ? 288
Annexe Délégations de pouvoir attribuées par le syndicat à des mandataires et restrictions 289

LIVRE VI :
DE L'ASL : CREANCIERE (CHARGES/ REPARTITION DES CHARGES /IMPAYES /REGLES COMPTABLES, RECOUVREMENT DES CHARGES) A L'ASL DEBITRICE

TITRE I : L'ASL créancière 293
Préambule 293
Chapitre I : Charges et répartition des charges 295
Section 1 Les charges des ASL sont de nature différente des charges de copropriété 295
Annexe Le vendeur peut-il demander à l'ASL le remboursement partiel de sa cotisation annuelle ? 296
Section 2 Répartition des charges au sein d'une ASL ou d'une AFUL : quelle majorité ? 298

Sous-section 1 Modalités de répartition des charges et le silence de textes 298
Sous-section 2 Modification de la répartition des charges en ASL sans augmentation des engagements des copropriétaires 298
Sous-section 3 Modification de la répartition des charges en ASL aboutissant à une augmentation des engagements des copropriétaires 299
Sous-section 4 Focus sur les certitudes et incertitudes concernant la modification de la répartition des charges 299
Sous-Section 5 Opposabilité de la modification de répartition des charges et délai de contestation 301
Section 3 Prescription en matière de contestation des clauses de répartition des charges 301
Chapitre II : Charges et règles comptables dans les ASL 303
Section 1 Les règles comptables des ASL n'ont pas fait l'objet d'une réglementation légale spécifique 303
Section 2 En l'absence de législation spécifique les statuts des ASL reprennent souvent de nombreuses dispositions relatives à la loi sur la copropriété en matière de paiement des charges 304
Section 3 L'avance de trésorerie et de fonds de travaux ou fonds spéciaux 305
Sous-section 1 Fonds de travaux - avance de trésorerie : Notions distinctes ignorées en matière d'ASL 305
Sous-section 2 L'impact de l'adoption par les statuts des règles de l'ASL des règles de la copropriété ou du droit comptable « l'avance de trésorerie » 305
Sous-section 3 le principe du droit à restitution de l'avance de trésorerie et l'exception en cas d'emploi de l'avance avant la date cession du lot 306
Sous-section 4 Les créanciers de l'ASL ne peuvent saisir l'avance statutaire qui n'est pas la propriété de l'ASL 307
Sous-section 5 Interrogation sur l'atteinte éventuelle à la modification de la répartition des cotisations ou la rupture d'égalité ? 307
Chapitre III : Recouvrement des charges impayées 309
Introduction 309
Section1 Conditions pour recouvrir les dettes 309
Sous-section 1 La charge de la preuve en cas d'impayés appartient à l'ASL 309
Sous-section 2 Le nouvel acquéreur doit régler les arriérés de l'ancien propriétaire 310
Sous-section 3-Nécessité de l'approbation des comptes et du vote régulier du budget 310
Section 2 Les diverses procédures de recouvrement 311
Sous-section -1 Les procédures légales 311

Sous-section 2 Procédures légales « spécifiques à l'ASL » (émanant de la législation) à titre de garanties contre les impayés « **Hypothèque légale et l'opposition au versement des fonds en cas de vente** » 312
– §1 L'hypothèque légale 312
Préalable à l'hypothèque légale 312
– §-2 L'Opposition par l'ASL au versement des fonds si vente en cas d'impayés 313
Section 2 Procédures émanant de dispositions statutaires 314
Sous-section 1 Application statutaire de la loi Elan 314
Sous-section -2 Quelques autres dispositions statutaires fréquentes relatives à la clause pénale en cas d'impayés ou à la collecte licite des charges par le syndicat des copropriétaires (en cas d'immeubles) en copropriété attirent l'attention en raison d'une validité parfois douteuse. Il en est ainsi de 314
– §1 La clause pénale insérée dans les statuts selon laquelle le propriétaire du fait d'impayés cesserait de jouir des services de l'ASL 314
– §2 La clause selon laquelle le syndicat des copropriétaires (syndic d'immeuble) peut - collecter les charges de l'ASL et est responsable des charges de l'ASL de l'immeuble 315
Section 3 Délai de prescription 316
TITRE II : L'ASL débitrice 317
Section 1 L'autonomie patrimoniale de l'ASL (et l'impact sur les créanciers) 317
Section 2 Les créanciers de l'association ASL ne peuvent poursuivre les membres sur leurs biens personnels 318

LIVRE VII : LA DISSOLUTION D'UNE ASL

Préambule : Notions générales sur la dissolution et intérêt de la mention de la dissolution dans les statuts 321
Section 1 Fondements juridiques relatifs à la dissolution 321
Sous-section 1 Le silence de textes sur la dissolution 322
Sous-section 2 La jurisprudence 322
Sous-section 3 Rôle de l'assemblée en l'absence de texte ou de clauses statutaires 323
Sous-section 4 Importance des statuts (et des clauses statutaires) 324
Section 2 Principaux cas de dissolution 325
Sous-section 1 Dissolution par disparition ou réalisation de l'objet social 325
Sous-Section 2 Dissolution par arrivée du terme 326
Sous-section 3 Dissolution avant l'arrivée du terme 326
Sous-section -4 Dissolution du fait de regroupement des lots en un seul ou scission des lots en parcelles 326
Sous-section 5 Dissolution suite à approbation par l'ASL d'un autre mode de gestion légalement constitué 327

Sous-section 6 Dissolution par transformation d'une ASL en ASA 327
Section 3 Formalités légales de la dissolution 327
Section 4 Incidences de la Dissolution 328
Sous-section 1 La liquidation 328
Sous-section 2 Partage 328
Annexe Modèle de statuts présentés par la préfecture 330
CONCLUSION 343

Structures éditoriales du groupe L'Harmattan

L'Harmattan Italie
Via degli Artisti, 15
10124 Torino
harmattan.italia@gmail.com

L'Harmattan Hongrie
Kossuth l. u. 14-16.
1053 Budapest
harmattan@harmattan.hu

L'Harmattan Sénégal
10 VDN en face Mermoz
BP 45034 Dakar-Fann
senharmattan@gmail.com

L'Harmattan Cameroun
TSINGA/FECAFOOT
BP 11486 Yaoundé
inkoukam@gmail.com

L'Harmattan Burkina Faso
Achille Somé – tengnule@hotmail.fr

L'Harmattan Guinée
Almamya, rue KA 028 OKB Agency
BP 3470 Conakry
harmattanguinee@yahoo.fr

L'Harmattan RDC
185, avenue Nyangwe
Commune de Lingwala – Kinshasa
matangilamusadila@yahoo.fr

L'Harmattan Congo
67, boulevard Denis-Sassou-N'Guesso
BP 2874 Brazzaville
harmattan.congo@yahoo.fr

L'Harmattan Mali
ACI 2000 - Immeuble Mgr Jean Marie Cisse
Bureau 10
BP 145 Bamako-Mali
mali@harmattan.fr

L'Harmattan Togo
Djidjole – Lomé
Maison Amela
face EPP BATOME
ddamela@aol.com

L'Harmattan Côte d'Ivoire
Résidence Karl – Cité des Arts
Abidjan-Cocody
03 BP 1588 Abidjan
espace_harmattan.ci@hotmail.fr

Nos librairies en France

Librairie internationale
16, rue des Écoles
75005 Paris
librairie.internationale@harmattan.fr
01 40 46 79 11
www.librairieharmattan.com

Librairie des savoirs
21, rue des Écoles
75005 Paris
librairie.sh@harmattan.fr
01 46 34 13 71
www.librairieharmattansh.com

Librairie Le Lucernaire
53, rue Notre-Dame-des-Champs
75006 Paris
librairie@lucernaire.fr
01 42 22 67 13

www.ingramcontent.com/pod-product-compliance
Lightning Source LLC
LaVergne TN
LVHW011153061026
849535LV00003B/710